人性的弱点 全集

[美] 戴尔·卡耐基 著　亦言 译

完整全译本

How To Win Friends And Influence People

中国友谊出版公司

图书在版编目（CIP）数据

人性的弱点 /（美）戴尔·卡耐基（Dale Carnegie）著；亦言译.--北京：中国友谊出版公司，2016.11（2023.8重印）

书名原文：How to Win Friends and Influence People

ISBN 978-7-5057-3896-6

Ⅰ.①人… Ⅱ.①戴… ②亦… Ⅲ.①心理交往－通俗读物 Ⅳ.①C912.1-49

中国版本图书馆CIP数据核字(2016)第261624号

书名	人性的弱点
作者	[美]戴尔·卡耐基
译者	亦言
出版	中国友谊出版公司
发行	中国友谊出版公司
经销	新华书店
印刷	唐山富达印务有限公司
规格	710×1000毫米 16开 23印张 375千字
版次	2017年5月第1版
印次	2023年8月第37次印刷
书号	ISBN 978-7-5057-3896-6
定价	68.00元
地址	北京市朝阳区西坝河南里17号楼
邮编	100028
电话	（010）64678009

版权所有，翻版必究
如发现印装质量问题，可联系调换

电话 （010）59799930-601

目 录

序言　戴尔·卡耐基的成功之道／1
前言　如何有效地从本书中获利／11

第一篇　如何与他人友好相处

第一章　喜欢批评就没有朋友／3
第二章　真诚地赞赏他人／12
第三章　站在他人的角度看问题／20

第二篇　如何赢得他人的喜爱

第一章　真心地关注他人／33
第二章　留下好的第一印象／44
第三章　记住别人的名字／50
第四章　领会倾听的艺术／56
第五章　谈论对方感兴趣的话题／64
第六章　让别人觉得自己很重要／68

第三篇　如何让他人认可你

第一章　不要与他人争论／81
第二章　尊重他人的意见／87

第三章　学会认错 / 96
第四章　从友善待人开始 / 101
第五章　试着让对方说"是" / 110
第六章　给对方说话的机会 / 115
第七章　让别人与你合作 / 120
第八章　学会换位思考 / 126
第九章　了解他人的需求 / 129
第十章　激起他人高尚的情操 / 134
第十一章　学会包装你的观点 / 139
第十二章　对固执的人用激励法 / 142

第四篇　如何让他人接受你的观点

第一章　用聪明的赞赏开始谈话 / 147
第二章　如何批评容易被接受 / 152
第三章　永远先谈自己的错误 / 154
第四章　没有人喜欢被他人命令 / 157
第五章　顾全别人的面子 / 159
第六章　不要吝惜溢美之词 / 162
第七章　给人戴一顶高帽子 / 166
第八章　让错误看起来容易改正 / 169
第九章　荣誉是性价比最高的奖赏 / 172

第五篇　如何让你的婚姻更幸福

第一章　切莫喋喋不休 / 177
第二章　不要改造对方 / 181
第三章　停止相互指责 / 183

第四章　好好赞美爱人／184

第五章　细节决定成败／186

第六章　尊重对方的感受／188

第七章　不做"婚姻的文盲"／191

第六篇　如何消除忧虑

第一章　揭开忧虑之谜／195

第二章　不畏将来，不念过去／200

第三章　消除忧虑的万能公式／209

第四章　忧虑是健康的大敌／216

第五章　驱逐思想中的忧虑／225

第六章　不为小事烦恼／232

第七章　将忧虑减半／237

第八章　用概率战胜忧虑／241

第九章　勇敢面对事实／246

第十章　让忧虑到此为止／254

第十一章　不为过去的事忧虑／259

第七篇　如何让自己平安快乐

第一章　憧憬生活的美好／265

第二章　不要报复你的敌人／272

第三章　付出不求回报／277

第四章　珍惜所拥有的／282

第五章　保持自我的本色／287

第六章　化不利为有利／293

第七章　忘掉自己，关心他人／299

第八篇　如何保持充沛的活力

第一章　刻薄的批评也表明尊敬 / 311
第二章　不去理睬不合理的批评 / 314
第三章　学会自我反省 / 318
第四章　每天多清醒一小时 / 322
第五章　是什么让你疲劳 / 326
第六章　让疲劳永远消失 / 329
第七章　四个良好的工作习惯 / 333
第八章　如何预防烦闷 / 336
第九章　不再为失眠忧虑 / 341

序言　戴尔·卡耐基的成功之道

那是去年冬天的一个寒冷夜晚，2500名男男女女挤在纽约一家名叫"宾夕法尼亚饭店"的舞厅里。这家面积宽敞的舞厅，在7点半前已座无虚席。时至8点钟，仍有一些情绪激动的男女往舞厅里涌。

这个时候，所有的包厢都挤满了人，晚来一步都很难找到站的地方。他们工作劳累了一天之后，还要来到这个地方站一个半小时……这是为什么呢？

是欣赏时装表演，还是观看大明星登台现场演出？

不，全不是，他们是看到报纸上的一则广告，因好奇而来。那是前一天纽约《太阳报》上占整幅版面的一则引人注目的广告。

那广告是这样刊登的：

怎样增加你的收入；
学习怎样有效力地说话；
如何使自己具备领导者的资格。

不管你信不信，在这个世界上最为繁华的都市里，在社会经济不景气，以致有20%的人依赖社会救济金生活时，2500个人因为看到这个广告，离开自己的家到"宾夕法尼亚饭店"来听演讲。

这则广告不是刊登在普通小型报纸上，而是刊登在纽约市资格最老的《太阳报》上的广告。《太阳报》的大部分读者是公司高级职员、股东、老板、企业家等经济地位属于社会上层的人，他们的年收入在2000美元至50000美元之间。

他们是来听由戴尔·卡耐基主讲的，一个最实用、最新颖、以"有效力的讲话,以及事业上影响他人的方法"为主题的演讲,这个演讲是由戴尔·卡耐基演讲研究会及人际关系讲习会主办的。

是什么原因让这2500名企业界人士来参加这项演讲研究会的?

难道是由于社会经济不景气,人们反而产生了强大的求知欲?

当然不是这样……卡耐基演讲研究会在纽约市每个季度都有类似演讲,已经进行了24年。

在这24年里,已经有1.5万名以上的商人和工商专业人士接受过戴尔·卡耐基的培训。甚至于像"西屋电器公司""马克意尔出版公司""白罗克联合煤气公司""白罗克商会""美国电气工程师协会""纽约电话公司"等规模庞大而观念保守的机构,为本公司的普通职员和高级职员的利益考虑,也在公司内部举办了类似的培训课程。

让这些已在小学、中学、大学毕业了10年至20年的人,再来接受这种专业培训,很明显,我们的教育体制存在惊人的弊端。

他们要学习、研究什么?就这一重大问题,芝加哥大学、美国成人教育协会和联合青年会学校,曾耗费两年的时间,花费了2.5万美元,做了一次调查。

这次调查充分表明,成年人最关心的是自身的健康情况,其次是想更多地掌握在人与人之间发展关系的技巧,他们迫切地想学习与人交往的生活技巧。他们并不想成为演说家,也不想听那些不靠谱的心理分析……他们想听到的是那些能够立刻在事业上、在社交上、在家庭中应用的建议与忠告。

这些方面的知识,是不是成年人需要学习研究的呢?

"是的,"负责此次调研的主管郑重地说,"非常正确,我们正是想给人们提供他们所急切需要的知识。"

但他们四处寻找有关这方面知识的书籍时,却发现从来没有人撰写过能够帮助人们解决在人际关系中遇到的日常问题的著作。

人类悠久的历史文化发展到现在,有关希腊文、拉丁文以及高等数学的高深著作极其丰厚,但这些著作在当前并不受普通成年人的欢迎。现在人们渴求的是那些指导自己解决日常生活中的人际关系问题的书籍,却完全找不到。

这就是为什么会有2500人看到那则广告,冒着严寒,抱着急切的心情来到"宾夕法尼亚饭店"听演讲。因为这里才有他们寻找了很久而没有找到的东西。

以前这些人在学校里看了很多书,学习了很多书本上的知识,他们相信只要拥有书本里的知识就能够解决生活中的一切问题。当他们在事业中经历了数年的困难与挫折之后，他们终于对过去所学的那些知识失望了！他们发现那些成功人士所拥有的知识，并不是从书本上能够学到的。那些成功人士善于言谈，能够影响和左右他人的行为与思想。

不久他们还发现，如果想做一名大型企业的总裁，人格魅力和交流能力比死记拉丁文和哈佛大学的文凭更为重要。

在纽约《太阳报》刊登的那则广告里明确指出，参加"宾夕法尼亚饭店"集会的人们将会感到对自己的人生"极有意义"，事实也确实如此。

15位曾接受过这门课程培训的人士，被请到主席台的扩音器前。主持人给予他们每人180秒钟的演讲时间，让他们说出他们经历的各种事情。每人一用完180秒钟，主持人"砰"的一声击响槌子，大声宣布："演讲时间到，换下一位！"

整个演讲的过程就像一群水牛在平原上迅速跑过，台下的观众就是为了欣赏这样的表演。

站在主席台扩音器前的，有连锁商店高级职员、面包商、商业公会会长、银行家、卡车推销员、化学品推销员、保险商、造砖公会秘书、会计师、牙医、建筑师、威士忌酒推销员、基督教科学施行人、从印第安纳保力司斯专程来纽约进修这门课程的药剂师、为了自己重要的3分钟演讲而从哈佛纳赶来的律师，这些人涵括了美国商业界的各个方面。

第一位上台演讲的人叫"奥海亚"，他生长在爱尔兰，只上过4年学，之后来到美国，刚开始从事机械方面的工作，后来换了职业。

到他40岁的时候，家庭成员逐渐多了起来，他没有足够的钱维持生活，便改行从事卡车销售的工作。奥海亚原来是一个很自卑的人，正如他所说的，他在走进一间办公室之前，总会在外面走来走去，犹豫很长的时间，直到心里鼓起非常大的勇气才敢推开办公室的门走进去。这份卡车推销员的工作让他觉得毫无趣味，当他失去信心，正想重拾以前的工作，回到机械工厂去时，他接到一封信邀请他去参加卡耐基有效力的讲话课程的研究会。

奥海亚并不愿意去参加这个研究会，他害怕自己在和大学毕业的人交往时会不知所措。可是他的妻子却一再要求他去，她说："或许这个研究会会对你有些帮助……上帝明白你需要这些。"奥海亚听从了妻子的劝说，来到集会的地方，但他还没有充足的勇气和信心走进门，当时他在人行道上站了5分钟之久才进去。

最初几次尝试演讲的时候，奥海亚紧张得昏天黑地。但几周之后，他面对听众时的恐惧心理已经消除了，并且喜欢上了这样的演讲……听众越多就越高兴！奥海亚的自卑感和对客户的恐惧心理从此消除了，月收入增加了很多。现在，他已经是纽约市的"明星推销员"之一了。

那个在"宾夕法尼亚饭店"的夜晚，奥海亚来到了2500位听众的面前，他无比高兴地讲述了自己成功的经历。全体听众被他的故事所感染，不时发出一阵阵愉快的笑声……在观众的眼里，即使是一个职业演讲家，也不会有他那样的演讲效果。

接下来上台演讲的是一位白发苍苍的银行家——梅雅，他是11个孩子的父亲。他首次参加卡耐基研究会讲习班培训的时候，发现自己的大脑一片空白，半天都说不出话。现在，他极好的演讲口才和幽默感向大家生动地证明，只有拥有与他人有效交流的技能，才能成为一名优秀的领导者。

梅雅现在在华尔街工作，而在过去的25年里，他在新泽西州克里夫顿生活。在那时候，他极少参与社会活动，与他相识的人不超过500个。

自从参加卡耐基课程培训以来，与以前相比，他发生了很大的变化。有一次，梅雅收到了报税账单，看后，他发现账单上的数目很不合理，这让他非常愤怒。要是在过去，他只会在家里生闷气，或是对附近的邻居发点牢骚。但在这件事情的处理上，梅雅同过去大不一样。他立刻戴上帽子出门，来到镇里集会的地方，在大众面前指出税单上不合理的地方，将心里的愤怒发泄出去。

因为梅雅这次在愤怒中发表的演讲，克里夫顿镇上的人们都极力劝说他去参加镇参议员的竞选。他接纳了人们的建议，连续几周到镇上各个公共集会场所发表演说，指出当地镇政府许多政策的不当。

当时竞选镇参议员的有96个候选人，选举开票时，梅雅居然以绝对优势的票数名列第一。就在宣布他当选的这一天，他成为这个有40000人口的镇子的名人。短短几个星期的演讲，他认识的朋友，是他过去25年里认识的朋友总和的80倍以上。梅雅从政之后，他的经济收入和他以前相比，增加了10倍。

第三个演讲的，是规模宏大的全美食品制造公会的会长，对着2500位听众，他讲述了当初在董事会站出来发表意见的缘由。

在卡耐基演讲研究会培训后，他的身上发生了两件惊人的事情：一是不久他当选为该公会的会长，二是他担任会长这个职位，要求他在全美食品行业的各个集会上发表演说，演讲摘要将由美联社刊登在全美各家报纸和商业期刊上。

在学习演讲后的两年当中，他为其公司产品做的免费宣传，比过去耗费25万美元做产品广告的效果还要好。这位会长坦率承认，过去他打电话到下曼哈顿地区，邀请该区商业界主要人物吃饭时，会感到紧张和不安。可是，自从他有了到全美各地演讲的经历之后，现在那些人打电话邀请他吃饭，都会因感到占用了他的宝贵时间而向他道歉。

提高演讲口才能力是一个人成名和成功的捷径，它能使人成为大众瞩目的焦点。讲话能博得别人好感的人，能得到意料之外的功绩和成效，那是单凭他的真实才学所达不到的。

当前，成人教育运动风靡全国，本书的作者戴尔·卡耐基便是在此项运动中获得最强大力量的人。他曾听过或评点过的演讲比任何一个人都多。根据漫画家力波黎的一幅"你相不相信"的漫画，我们知道了卡耐基曾倾听、评点过的演讲，有15万人次。要是这个数字没有给人留下深刻印象的话，那么把这个数字做另一种比喻——那就是从哥伦布发现美洲的日子算到今天，几乎每天都会有一次演讲。再打个比方，要是所有在卡耐基面前做过演讲的人，每个人只花3分钟的时间，一个个地出现在他眼前演讲的话，他就必须花费整整一年的时间来倾听，而且在这一年里日夜不停，才能把他们的话听完。

卡耐基的事业充满了成功与挫折，他的经历让人感到惊诧，并且向人们证明，当一个人充满创造意识与事业激情时，是能够成就一种在平时难以想象的事情的。

卡耐基出生在密苏里州一个距铁路有10英里远的乡村，12岁之前，他没有看见过电车；而现在，46岁的他，对世界各地的情形，从香港到哈摩费斯特，已相当熟悉了，甚至有一次，他差点就到了寒冷的北极。

这个在密苏里州长大的孩子，为了每小时能挣到5美分，捡过杨梅，割过野草；而现在他组织研讨会、办讲习班、培训大公司高级职员发表演讲，每分钟能够挣到1美元。

这个曾经在南达柯托西部牧牛的孩子，后来在英国威尔士亲王的赞助下来到了英国，并在那里举行了他的精彩演讲。

他曾经有过6次在听众面前演讲失败的经历。在那之后，他做了我的私人经理，而我通过对卡耐基的训练，使他在很多方面取得了成功。

卡耐基在年轻的时候努力奋斗，就是为了受到良好的教育。那个时候，他在密苏里州西北部的老农场上，命途多舛，受尽磨难……他的船具被暴涨的河水冲走，船身被撞坏，年复一年的大水淹没农田，冲走稻谷。因为瘟疫，家里圈养的肥猪都死了，牲畜价格持续走低，牛骡卖不出去，而银行威胁他们，要取消他们家抵押品的赎取权。

因为对生活失去了信心，卡耐基病倒了，他的家人迫不得已，出卖了家里的田地产权，在密苏里华伦斯州立师范学校附近另购置了一个农场。当时，每天用1美元可以在镇子上获得食物和住宿，可是年轻的卡耐基却支付不起。所以，他只能住在乡下，每天骑马往返于学校和家之间3英里长的路程。在家时，他挤牛奶、砍木头、喂猪，点着煤油灯，在微弱的灯光下研究拉丁文动词，直到眼睛疲惫得看不清楚，累得低着头打瞌睡。

有的时候，卡耐基要到半夜才能睡觉，可是他把闹钟定在凌晨3点。他父亲饲养了一种优良品种的猪，在冬天寒冷的夜晚，小猪要是经受不了，就会有冻死的危险；因此，根据小猪的习性，人们一般会将小猪安放在有保暖设备的地方，并且在凌晨3点的时候，给它们吃下热乎乎的猪食。在那寒冷的深夜，卡耐基只要听到闹钟响声，就会毫不犹豫地从温暖的被窝里爬起来，把篮子里的小猪带到它母亲的身边，等它们吃完母乳之后，又将它们领回到火炉那里。

当时，他所在的州立师范学校，有600名左右的同学，卡耐基没有钱居住在学校附近，所以每天必须骑马回家，因为他没有适合骑马的服装，这让他感觉有点屈辱。这样的生活环境让卡耐基的内心蒙上了自卑的阴影，同时也使他迫切地想通过成功的方式实现自我价值。他看到学校里一些同学享有特殊的声望与地位，比如足球、棒球队里的球员，以及辩论会、演讲比赛中的优胜者，等等。

卡耐基知道自己是个没有运动才能的人，所以他下定决心要在一次演讲比赛上做一个优胜者。为了准备这个演讲比赛，他花费了几个月的时间苦练。在家和学校间的路上飞驰往返时，他坐在马鞍上练习；在家里干活时，他一边挤牛奶一边练习；他爬到谷仓里的一堆稻草上大声演讲，题目是"制止日本移民的必要"，洪亮的声音吓跑了一群鸽子。

虽然卡耐基费尽心思做准备，可还是一次又一次地失败，这让他失去了勇气和信心，几乎要去自杀！可是后来情况慢慢变了，他不止一次地取得优胜，学校里每次演讲比赛都是如此。

别的学生向他请教，经过他的指导和训练，也取得了优胜！

毕业后，卡耐基开始将他的函授课程出售给尼白雷斯加西部以及华敏东部沙山里从事农业和放牧业工作的人们。

卡耐基为此付出了极大精力和热情，可是却丝毫不见进展，他失望极了。中午，他回到尼白雷斯加的一家旅店里，因为失望而倒在床上失声痛哭。他多么想回到学校读书，远离这艰难的生活，可是他不能这样。他决心到奥玛哈寻找别的工作，可是他连买车票的钱都没有，没有办法，只能搭乘货车；为了抵消车费，一路上他要为拉车的马喂食。

在奥玛哈南部，卡耐基找到了一份为"亚马公司"贩卖咸肉、肥皂和动物油的工作。他负责达柯脱西南部地区，它属于印第安人村落间的畜牧地。卡耐基搭乘货运火车、长途马车，或是骑着马在工作的地区来往。晚上他在简陋的小旅店里住宿，那里套房之间只用一块布帘隔开。

他开始钻研阅读推销方面的书。有的时候，他骑着野性的小马去和当地的土著人玩纸牌游戏。他也开始学习如何收账。如果有从内地来的店主无法支付咸肉或者火腿的货款时，卡耐基就从橱子里拿一打鞋子卖给在铁路上工作的人，用卖鞋子的钱付清"亚马公司"的账单。

卡耐基经常搭乘货运火车每天行驶100英里的路程。每当火车停下来卸货，他就会赶到市镇里去，得到三到四个商人的定货。当火车准备启动，响起汽笛声时，卡耐基又匆忙地从市镇赶回来。他跳上火车的时候，车子已经开始缓缓移动了。

在这两年中，卡耐基的工作表现非常出色，可是他却在即将晋升的时候辞职了。之后，他到了纽约，在美国戏剧艺术学院搞研究，然后，又游历全美各地，还曾出演舞台剧。但是卡耐基明白自己的条件，知道自己不可能在戏剧表演方面有任何发展，于是，他再次回到了推销工作的岗位上，为"展克特汽车公司"做推销卡车的工作。

卡耐基在机械方面一窍不通，也不情愿费心研究，那段时间他情绪低落，过得很不开心，每天都要说服自己去工作。他希望能够有空闲时间，写他在学校的时候曾经想过要写的那种书。于是他再次辞职，决定到夜校当老师来维持生活，其他时间全部放在了写作上。

虽然卡耐基下了这样的决心，可是他却不知道要教些什么。他回忆起自己在大学里取得的成绩，他发现让自己自信、勇敢、镇静起来的，就是曾经接受过的演讲术训练。他从演讲训练中获得的与人沟通交往的能力，比他在大学所有课程里获得的还要多。于是，他请求纽约青年会学校给他一个机会，为社会各个阶层开设一个演讲术的学习班。

让一个商人变成演讲家？这简直是荒唐的事儿，太可笑了！纽约青年会学校曾经尝试办过这样的学习班，但是从来都没有成功过。

学校拒绝每晚支付2美元给卡耐基，但卡耐基依然愿意按收取学员的雇佣金的方法，来为这些人讲授培训课程。如果按照卡耐基自己的方式计算，那么被培训的人们在这3年内，要依照雇佣金的形式来支付卡耐基为他们培训的酬劳，这已经不是每晚2美元，而是每晚30美元了。

就这样，卡耐基的培训讲习班逐渐得到了发展。各地的青年会、其他城市的商业机构都知道了这件事，他们纷纷邀请他去演讲，于是卡耐基成为一个著名的演讲教授。他得以往返于纽约、费城白地玛等地方，随后又去了法国巴黎、英国伦敦。这段时间里，卡耐基撰写了《演讲与商业的关系》一书。此书完成后立刻成为所有青年会、美国银行公会、全美信用人协会的正式教材。

现在，每一个季度到卡耐基那里接受演讲培训的人，比在纽约22个学院和大学所附设的演讲培训班学习的人还要多。

在演讲方面卡耐基有他自己独到的见解，他认为在情绪激动的时候，无论是谁，都能说得出话来。即使一个最软弱无能的人，在街上被人一拳打倒在地，他也能够立刻站起来说话。这一刻，他所显示出来的口才和激动的情绪，所说的话句句指向重点，当时的他，完全可以与大演说家威利姆相比。对此，卡耐基解释道：只要一个人内心充满热情与坚定的自信，那么他在众人面前发表演说是非常容易的。

卡耐基说，要想让自己自信起来，就要做好你害怕做的事情，并得到一次成功的体验。所以，每天卡耐基讲课的时候，都要强迫在座的每一个学生说话。来上课的学生都会互相同情，因为他们都有相同的状况。这样不断地训练，让他们增加了勇气、信心和热情，并且能够自然地将这些体现在他们私人的交谈中。

卡耐基可以告诉你，这些年他依靠教授演讲术所得的收入只是偶然而已，并不是他用来维持生活的全部。他说，他最重要的工作是帮助别人克服他们自身的恐惧，增加他们的勇气。

一开始，卡耐基设立的培训只有演讲，可去他那里的人都是一些工商界的人士，而并非学生，那些人里有的已经30年没有进过课堂了。大部分去卡耐基那里接受培训的人，都是分期支付学费的，他们希望通过培训迅速取得成效，甚至能够在第二天的业务接洽或是公司的全体会议上运用他们所学到的东西，因此，他们要求培训的内容高效、实用。

于是，卡耐基开发出一种奇特的培训方法——将推销方法与演讲术、人际关系及应用心理学有效地结合起来。

卡耐基所建立的培训班，从来就不受死板的规则约束，他的培训课程真实而且有趣。毕业后，培训班的学员成立起一个俱乐部，每两星期都要聚会一次。费城就有一个19人的俱乐部，每年冬天聚会两次，这样已经持续了17个年头。他们中有的人开车行驶50英里到100英里的路途到聚会地点，其中一个在芝加哥的学员每星期都要赶到纽约参加聚会。

哈佛大学著名教授威利姆·詹姆士评价卡耐基的培训课程时说，普通人在生活工作中只使用了自己十分之一的潜能，而卡耐基通过自己开发的方式，帮助人们释放出自己的全部潜能，这是成人教育的一项极其重要的内容。

洛维·汤姆士

前言　如何有效地从本书中获利

这本书告诉你的定律和原则，必须在实行时，发自内心才能生效。

我希望阅读这本书的人，不用各种方式去欺骗他人。

在这本书里，我要告诉人们的只是一种全新的生活方式。

（一）如果你想在这本书中获取最大的益处，就必须具有一个基本条件，这个条件比这本书里讲述的任何定律或技巧更为重要。你一定要具备这个基本条件，否则，即使你花费更多的时间来学习、研究这本书，都不会有任何用处。如果你天生拥有这种才能，那么，即使不去看书中那些最能够让你得到益处的建议，也能够在生活中创造奇迹。

那么，这种神奇的条件是什么呢？它就是驱使你深入学习的冲动，一种要增强你社交能力的强烈愿望。

你怎么触动这样的一种欲望呢？那就是要时刻提醒自己，使自己明白书里的这些原则对于你是何等的重要。你还要为自己做以下的假设：我如果能够将这些规则在日常生活和工作中运用自如，那么我的生活将变得多姿多彩；这些知识将帮助我在经济收入方面取得意想不到的成效。你得每天反复地跟自己说："我之所以受到人们的欢迎，我之所以能够在生活和工作中获得快乐，我的经济收入之所以增加，那是因为我学会了如何与他人相处。"

（二）把每一个章节迅速地阅读完，或许你从中得到了一个概念，于是你想接着看下一个章节，我建议你不要这样做。除非，你是为了打发无聊的时光这样去做。如果你是为了增强在生活和工作中与人有效交往的技能而阅读这本书的，那么请你仔细研读这个章节，因为这才是你最节省时间又能够取得成效的办法。

（三）在读这本书的时候，你不妨稍微停下来，想一想你读到的是一些什么东西。你要这么向自己提问——我将在什么合适的时间与地点，如何很好地运用书中的每一个建议。

（四）当你阅读的时候，请在手上拿一支红色钢笔，或一支红色圆珠笔，这样，在你读到一个觉得能够在日常生活中运用的建议时，就可以在这行字的下边划上一条线作为标记。如果遇到的是一个对你非常有帮助的建议，你就在这行字旁边做出"××××××"的记号。这本书上遍布像这样的线条与记号，不但能够让你的阅读变得更有趣味，而且也能够使你有效地温习，让你受益良多。

（五）我认识一个在一家规模很大的保险公司工作的人，他担任经理职务已经15年了。他每个月都要看一遍公司发出去的保险单，每年都是如此。他这样做有什么意义呢？他的经验表明，这是唯一能让他记住保险单上条款的方法。

有两年时间，我几乎花费了全部精力，写出了一部关于演讲术的专著，之后，我发现我如果不一遍一遍反复阅读这部书稿，就无法将它的内容很好地记住。

因此，你要是想从这本书上学习到能够长时间有价值的东西，就不能认为简单地看一遍就够了。在你仔细地阅读完这本书之后，每个月要拿出一些用来复习的时间，而且要把这本书放在容易取到的地方，以便随时翻开看看。切记，要想把书中的原则变成你生活中的习惯，就必须持久而周密地复习。

（六）萧伯纳曾就学习这样的事情说过："如果一个人只是接受教导，他就不会自己去学。"萧伯纳这样说是对的，因为学习永远是一个自觉的过程。

因而，你要是想把这本书所探讨研究的与人相处的规则运用自如的话，那就得在相应的时机加以运用。你要是不这样去实践，那么你将很快地忘记你从这本书上学到的知识。因为只有将自己从书本里学到的知识灵活地运用到生活工作当中，它才会在你脑海里留下深刻的印痕。

也许你会觉得，将你所学习到的知识时刻运用到你的生活和工作当中是一件困难的事情。你是对的，因为我自己也常有这样的感觉。就在我编写这本书时也意识到，要在已经习惯的生活当中实施我在书中的建议，会有相当的难度。

我能够随手列举出一个事实，那就是，当他人让你感觉不愉快的时候，批评和指责的方式要比去主动了解对方的想法的方式容易。我们能够轻易地找出他人身上的错误，而找出他人值得赞美的地方确实很困难。在日常生活当中，谈论自己所需要的，比谈论他人所需要的事情显得正常与自然。因此，你在阅读这本书的时候，千万不要忘记，你不仅是要从书本里获得新的知识，与此同时，还要通过学习新的知识来培养自己新的生活习惯。因为你是在尝试一种需要时间与耐心，而且每天都要实践的新的生活方式。

因此，你得经常阅读这本书，并且把它看成改善自己与他人关系的活手册。因为无论何时，你在生活当中都会遇到一些特殊问题，比如怎么教育孩子，怎么让妻子明白你的想法，怎么满足一个气愤的顾客，等等。这些都是在日常生活里经常要遇到的事情，当你翻阅本书，并试着去实施书中的某个建议时，说不定就会有奇迹出现。

（七）这也许是个冒险而又有突破性的尝试，那就是当你的妻子、儿女，或者同事，在你实施新的生活习惯时，找出你违背某个原则的事，你有必要付出10美分或者1美元，作为自己违规的罚款。

（八）有一次，在我的学习班里演讲的人中，有一位在华尔街一家极负盛名的银行里担任经理职务的人，他讲到一项对于改进自我很有效的方法。这个曾经只接受过短期正式教育的银行经理，现在是美国的一位非常著名的理财家。他认为他所想到的方法决定了他现在取得的一切成就，我把他当时所讲的话记下来，以下就是他所做的：

> 我有一本记录所有约会时间的记录本。我的家人从来不替我预定周六的约会，他们知道周六晚上是我自我反省和思考的时间。每到周六晚上，我都要把自己一个人关在房间里，翻看我这一周的约会记录，回忆所有的讨论和谈话以及各种会议，我不断地向自己发问：
>
> "那一次，我有没有做错什么？"
>
> "我该怎样让自己有所进步，怎样做才是正确的？"
>
> "那次的经验让我收获了什么？"
>
> 每个周六，这样的反省总会让我感到很不高兴，可是我却诧异于自己犯过的错误，就这样，经过了很多年，我犯的错误慢慢变少，直到不再犯了。现在，这种自我反省的方法对我来说，比我尝试过的任何其他方式都要有效，所以我将这种方式坚持了下去。这种方式已经让我在决策能力和社交方面有了很大进步，我从中受益匪浅。

为什么不试试这位银行经理的方法呢？检验一下你从这本书里学习到的东西是否已经在生活中得到了实践。这样做，你将发现自己正在从事一项生动有趣而又重要的学习课程，还会发现在你学习了新的知识后，自己的社交能力随着新知识的增长得到扩充与成长。

（九）在以上的基础上，你不妨随身携带一个记录本，时刻记录你在生活和工作当中灵活运用书中那些建议后的效果，并且写清楚事情的经过、与你打交道的人的姓名，以及这件事最后的结果。在记录本上记录这些，是有趣而富有意义的，它能够激励你在今后的生活和工作当中更加努力。

做到以下几点，能使你从这本书中得到更多的收获：

1. 养成一种深入探索人际关系潜藏原则的习惯，并且将这一习惯带入日常的生活中加以灵活运用。

2. 在阅读下一章前，先把本章认真地读两遍。

3. 当你阅读这本书时，要经常停下来问问自己，怎么才能将书中的每一项建议都运用到实践中去。

4. 在你觉得有重要帮助的字句下面加一些符号。

5. 每个月都要复习这本书。

6. 把这本书当作你解决工作和生活当中遇到问题的活手册，一有机会就将这些原则运用到实践中去。

7. 让你的朋友监督你，每当他们发现你违反某条原则，你就要交出1美元，像游戏一样地学习。

8. 每周自我反省一次，问问自己这一周都做了什么错事，哪些地方有待进步，该如何改进。

9. 最好再准备一个记录本，用来记录你的实践经历。

戴尔·卡耐基

第一篇
如何与他人友好相处

第一章　喜欢批评就没有朋友

1931年5月7日那天，在纽约的人们见到了一宗闻所未闻的警察围捕罪犯的行动。被围捕的罪犯是一个烟酒不沾，绰号为"双枪"，名叫克劳雷的人。当时，克劳雷被包围在他情人位于西末街的一间公寓里。

一百五十多名警察将克劳雷包围在他情人公寓的顶楼。他们准备凿穿罪犯藏身公寓的屋顶，用催泪弹将他熏出来。这之前，警方已经将机枪布置在克劳雷藏身地附近的建筑物上，一个小时之后，纽约市居民区原本的清静被一阵接一阵刺耳的机枪、手枪声打破。克劳雷隐藏在一把堆满杂物的椅子背后，用手里的短枪接连不断地向警察开枪射击。那天，上万人怀着莫名其妙的激动和兴奋心情，围观了这一幕警匪枪战的场面。久住于纽约的人都清楚，在纽约，这样的事情是以往从来都没有出现过的。

警察抓捕到克劳雷之后，警方发言人玛罗兰总监说："克劳雷是纽约治安史上最危险的暴徒，他杀人如同切菜，他将被判处死刑！"

那么，双枪克劳雷在内心又是如何给自己定位的呢？在警方围剿他藏身公寓的时候，克劳雷在藏身之地写了封公开信，因为伤口流血，写的时候，信纸上留下了他的血迹！他在信中这样写道："我衣服的里面，是一颗疲惫的心，是仁慈的、不愿意伤害任何人的心。"

克劳雷在被捕之前，有一次驾车在长岛的一条公路上和一个应召女郎调情时，一个值勤警察走到他停着的汽车旁，说："请出示一下你的驾照。"

克劳雷一个字也不说，从身上掏出短枪，朝着警察连开数枪，警察应声倒地而死。可是，克劳雷并没有因为警察的死亡而停止行动，他从汽车里跳出来，捡起那个警察的手枪，又朝着尸体开了一枪。这就是克劳雷说的："在我衣服的里面，是一颗疲惫的心，它是仁慈的、不愿意伤害任何人的心。"

当他罪有应得地走进行刑室，坐在死刑电椅上，你以为他会忏悔说"这就是我多行不义、罪恶多端的下场"之类的话吗？不！他死前最后的话是："我是为了自卫才杀人的。"

讲这个故事的目的是想说，罪犯克劳雷从来就没有对自己所犯下的罪恶在内心有丝毫的愧疚。

难道，这真是罪犯对于自己所犯下的罪恶最常见的态度吗？如果你真这样想，那就听听下边的话："我把我一生中最美好的时光给予了社会大众，让他们幸福快乐，过着舒坦的日子，而我个人在社会上获得的回报，却是被人任意侮辱，遭警方搜捕。"

这是美国头号公敌卡邦所说的话，这个在芝加哥一带横行的凶残匪首，竟然认为自己是一个有益于社会与公众的人，而且还认为自己是一个从来没有得到过社会公众赞许，而且经常被误会的人。

休斯在纽约黑帮枪战中中枪死亡前，也如此表白过。他在接受新闻采访时就明确地说，自己是个有益于社会公众的人。但事实上，他在纽约是个无恶不作的罪犯。

为了证实上面我说的话，我曾与"星星监狱"的监狱长华赖·劳斯有过一回有趣的通信。他在来信中说："在我的监狱里，极少有人承认自己是罪犯，他们认为自己的人性与普通的善良人一样，他们对于自己犯下的罪行有这样或那样的见解与解释。在问及他们为什么犯罪时，他们一般这样告诉你，为什么自己要去撬保险箱，为什么要连续开枪伤害他人，他们为自己的犯罪行为进行狡辩，甚至说自己这样的行为是反抗社会现实的行为，而政府不应该把他们关在监狱里。"

连卡邦、"双枪"克劳雷、恶徒休斯，以及被关押在监狱里的暴徒，都对自己所犯下的罪恶行径完全不自责，把所犯下的罪恶归咎在他人身上，那么，我们生活中随时都能够接触到的人，又能是怎么样的呢？

华纳梅格生前说过这样的话："早在30年前，我就已经明白，责备他人是件愚蠢的事情；就算我对于上帝分配才智不均没有任何抱怨，但是，对于克制自己的缺陷，我已经觉得非常吃力了。"

华纳梅格很早就学会了克制自己，而我自己却盲目地在这个世界生活了三十多年之后，才领悟到——绝大多数人不会主动地为某一件事情来责备自己，即使那错误严重到无法挽回的地步。

批评和责备他人是没有意义的，因为那只会让人在心理上增加一层防护，并且被批评的人也会因为受到批评而竭力为自己的错误辩护。批评与责备他人也是危险的，因为它会伤害到一个人的自尊，并因此激发他对你的反抗。

德国军队有一项不成文的规定，即士兵在发生一些意外事情的时候，不允许立即申诉与辩驳，他需要的是忍气吞声，直到他自己想明白整个事情。要是他当即申诉，会立即受到惩罚。我们日常的生活当中，到处都有唠叨埋怨的父母、喋喋不休的妻子、斥责怒骂的老板等一些吹毛求疵、使人厌烦的人，似乎也有必要用德国军队的潜规则来约束。

在人类有记载的历史当中，我们随便就能够找出无数个批评对于他人无效的例子。老罗斯福总统和塔夫脱总统那次著名的争论，使美国的共和党产生了分裂，也使得威尔逊进驻白宫。在第一次世界大战中，威尔逊总统留下勇敢与光荣的痕迹，从而改变了人类历史发展的方向。

还是让我们快速地回顾一下那段历史：

> 1908年，罗斯福总统离开白宫，他帮助塔夫脱当上了美国总统后，就去非洲狩猎狮子去了。他从非洲回来，发现塔夫脱政府施行的政策，违背自己当初扶植塔夫脱上台时的初衷，当即发表看法指责塔夫脱过于守旧，宣布自己要竞选美国总统，并且成立了"雄鹿"党。罗斯福的这一行动几乎是共和党的噩梦。在那次美国总统选举中，共和党与塔夫脱只获得了两个州的选票——佛蒙特州和犹他州。这是共和党历史上最惨重的一次失败。

塔夫脱在被罗斯福指责批评的时候，他有没有责备自己呢？肯定没有。他只是流着眼泪说："我不清楚自己该怎么去做，才能与自己已经做过的有所区分。"

历史上，他们中到底是谁做错了？这是我不知道的，也是我无须去关心的。可我现在想说的是，罗斯福对塔夫脱所有的批评，并没有让塔夫脱认为自己不对，只是使得塔夫脱在公众面前眼含泪水反复为自己辩护。

还记得让舆论炒作了很多年，震惊了全美的蒂波特山石油丑闻吗？这个丑闻影响之大，在美国人的记忆里是极其罕见的。

下面是这个案件的事实：

当时，艾伯特·福尔是哈定总统上任后任命的内政部长，哈定总统还委派他主持政府在埃尔克山油田与蒂波特山油田保留地出租的事情。这两个油田是美国政府为美国海军未来用油准备的保留地。

出租保留地，福尔有没有公开投标呢？没有！他将这份投资就会有丰厚回报的合约，给了他的一个叫图海尼的朋友。那么图海尼又是怎么做的呢？他以"债款"的名义把10万美元送给了这位福尔部长作为回报。

在拿到回报之后，福尔利用手中的权力，派遣美国海军陆战队进驻该地区，目的是把邻近的有竞争力的石油商赶走。那些被驱逐出保留地的石油商，内心并不甘心接受被驱逐的事实。他们将福尔告上了法庭，这样就像拉开拉链一样地牵扯出蒂波特山油田10万美元的舞弊案。这件事情曝光之后，全美哗然，其恶劣的影响，几乎让哈定政府瘫痪，共和党也差点垮台。而事件主要责任人福尔也被判刑坐牢。

在美国联邦政府的高官中，极少有人像福尔那样被谴责得焦头烂额。坐牢后，他悔悟了吗？答案是：绝对没有！

几年之后，美国安全局长胡佛在一次公共演讲里暗示说，哈定总统的死亡跟他精神受到刺激和内心感到压力有关，其原因是他的朋友中有人出卖了他。那次演讲的现场，福尔的妻子也在，当她听到这话，马上就从座位上站起来，情绪失控地放声大哭。她紧握拳头，质问胡佛："哈定怎么是福尔出卖的？绝对不是这样！我丈夫从来就不是出卖朋友的人，就是这个房间堆满了黄金，也无法诱惑他。哈定之所以会过早死亡，那是因为是别的人为了保护自己的利益把他出卖的结果，而不是因为我丈夫。"

从这样的例子中，我们就能够看清楚人的自然天性，即自己做错了事情，只会想法推卸责任，只会指责别人。因此，当我们在批评指责他人之前，一定要去想想卡邦、克劳雷和福尔这些人的例子留给我们的启示。

批评就如同我们自己饲养的鸽子，它们被放飞之后，还会飞回到我们身边。我们要明白这样的事实，我们对他进行批评，他也一定会为了替自己辩护，反过来指责我们的。这就如同温和的塔夫脱在面对老罗斯福指责时所做的那样："我不清楚自己该怎么去做，才能与自己已经做过的有所区分。"

1865年4月15日，这一天是星期六，清晨，林肯总统躺在一间简陋公寓的卧室里。这间公寓就在他遭到枪击的福特剧院的对面。在身体消瘦的林肯躺着的这间公寓靠墙的床上方，挂着一张朋罕复制的油画"群马展览会"，一盏煤气灯散发出幽暗昏黄的光。

在林肯总统即将去世前，陆军司令斯坦顿心情沉重地说："躺在这里的，是全世界有史以来最完美的领袖。"

我曾花了10年左右的时间来研究林肯总统待人处世的成功秘诀，仔细地在他的一生事迹里寻找，与此同时，我还用了3年的时间，撰写了一本关于他的书籍，我为这本书取名为"人性的光辉"。

我能够自信地说，我已经把有关林肯总统的人格以及他家庭生活的研究工作，做到了任何人所尽力能做到的极限程度了。我还从林肯事迹中特别找出他待人的方法，并做了详尽的研究。林肯总统一生中有没有发生过随意批评指责人的事情呢？肯定有，那是在印第安纳州的鸽溪谷，他年轻的时候；他不但批评过，而且还写信写讽刺诗嘲笑他人，他把自己写好的东西放到别人随手就可以捡到的路上去，其中就有一封他终身感到后悔的信。

林肯在伊利诺伊州的春田镇做了执业律师之后，曾在当地的报纸上发表文章，公然对与他敌对的人进行谩骂，但这种事在他一生中仅做过一次。

1842年秋季，年轻的林肯在春田报上刊登一封匿名信，讽刺一个名叫西尔兹的爱尔兰政客，这封公开信引得全镇人哈哈大笑。西尔兹是个极为敏感和自尊心很强的人，这封信让他感到非常愤怒。他来到报社查寻写信的人，当知道是林肯写的之后，他立即找到林肯，要用决斗的方式来维护自己的尊严。

林肯从来就是个不喜欢打架的人，更反对用决斗的方法解决问题，可为了顾及自己的颜面，他还是答应与西尔兹进行决斗。林肯早年向一个西点军校毕业的军官练习过刀术。林肯的手臂很长，因此，在西尔兹让他自己选用武器时，他选择用马刀。到了约定决斗的那天，他和西尔兹来到了密西西比河的沙滩上，准备为彼此的尊严生死一战。在决定生死的最后一分钟，他们的朋友成功地劝阻了这次决斗。

这次事件对林肯来说，是极其恐怖和危险的。可是这个事件的发生给了林肯在待人处世方面一次极为宝贵的教训。自此以后，林肯再也没有写过侮辱他人的公开信，更不用说做些什么嘲笑讥讽他人的事情了。

美国南北战争时期，因为北方军队与南方军队作战时经常打败仗，林肯会经常更换统帅军队的将领。每一次失败都会令林肯心情沉重，他失望地在房间里来回踱步。每当在这样的时刻，几乎所有人都会指责那些打了败仗的将领，唯独林肯面对那些将领时，始终保持着平和的态度。他一生最喜欢的座右铭是："不要轻易地评议他人，这样就会免遭他人评议。"

每当林肯的妻子与他人用刻薄的语言谈论南方人的时候，他就会这样规劝他们："请不要这样批评他们，在相同的情况下，也许我们和他们一样会做同样的事。"

可是，林肯批评他人的事情也不是完全没有，要是必须去批评某个人时，他一定会去批评的。我们看看下面的这个例子就会知道：

1863年7月4日晚，南方邦联军在罗伯特·李将军的率领下，开始向南边撤退。当时正值雨季，河水泛滥成灾。当罗伯特·李将军带着他溃败的军队退到波托麦克时，因为密西西比河暴涨，他们无法渡河，而在南方邦联军的后面是乘胜追击的北方联军。前有洪水，后有追兵，这样就让罗伯特·李与他的军队进退不能，处在困境中。

林肯知道这是歼灭南方邦联军，俘虏罗伯特·李将军，结束这场战争的好时机。他满怀希望地命令北方联军司令米德，要他无须召开军事会议，当机立断地对罗伯特·李所率领的残余部队进行攻击。林肯先拍电报发出进攻命令，随后又派遣特使督促北方联军司令米德采取行动。

可是在这个绝佳时机，北方联军司令米德将军又是怎么做的呢？他采取了与林肯总统命令恰恰相反的行动，违背了林肯总统的命令，召开了军事会议，而且在行动方案做出来时还犹豫不决。他找了无数个借口致电林肯，并拒绝对罗伯特·李将军溃败的军队采取军事行动。事情的结果是，洪水退去，罗伯特·李将军带着他溃败的军队，从波托麦克顺利渡河逃到了密西西比河的对岸。

林肯得知这个消息后，愤怒到了极点，他对着自己的儿子劳伯托大声喊道："我的上帝啊，米德他到底干了些什么？罗伯特·李的军队已经被我们包处，用潦草的字迹写了这样的话："你向他人请教的方式，真让人不敢恭维。"

是的，在这件事上，我的做法完全错误，也许我真应该受到应有的指责。但人类那种天然的弱点，让我对泰维斯心怀愤恨。这种愤恨，以至10年之后的某天听到泰维斯去世的消息时还存在。在这件本来就是我做错的事情上，我却羞于承认。

要是你觉得激起一个人的愤恨，使他对你痛恨10年甚至到死，这样的事情很好玩的话，那么你就放任自己，对他人进行最具有刺激性的斥责与批评吧。

在我们与他人相处时，我们应该记住，我们不是与模式化的理论上的人相处，而是和一个个有血有肉、活生生、有情感的人在相处这个事实。

对他人的一切批评与指责，都是导致人际关系危险化的导火索。因为这是一种能够让自尊炸药库爆炸的导火索，是能够置人于死地的。福特将军因为受到外界言辞激烈的批评，导致他不能率领他的部队赶赴法国前线作战，自尊心因此受到了严重的伤害，几乎要了他的性命，这就是个著名的例子。

苛刻与不负责任的批评，曾令英国历史上最好、最敏锐的小说家哈代，永远地丧失掉创作小说的勇气。

著名的美国外交家本杰明·富兰克林，青年时代并不显得机智聪明，然而在他成年之后，却在为人处世上极富个人魅力，曾出任美国驻法大使。后来，他在谈到自己为人处世的成功秘诀时，这样说："我从来不说他人的不好！"他接着补充道，"我说的都是我所知道的每一个人的优点！"

即使是个普通人，他也会有批评、斥责、抱怨他人的天性，可是，只有最愚蠢的人，才会情绪失控地去那样做。

但是，如果一个人，想要性格上做到宽恕，有意图去了解他人，那么，就必须在人格与克制自己上下功夫了。

卡莱尔先生曾讲过这样的话："想看一个伟人的伟大之处，那就必须看他在一生中是如何对待卑微的人的。"

约翰逊博士说过一句值得我们思索的话："在世界末日的那天里，也许上帝也没有审判人的打算。"

因此，我们要学会与他人相处时，不要抱怨、责怪他人，更不能轻易地批评与斥责他人。

第二章　真诚地赞赏他人

世界上只有一种方法可以让任何人去做任何事，你有没有安静地想过这个事情呢？没错，只有一种方法可以让人心甘情愿地做事情。

切记，绝对没有第二种方法。

你当然也能够拿一把左轮枪，逼迫一个人将他手腕上的手表交给你。你也能够使用恐吓解聘的方式——在他尚未离开之前——让你的员工与你合作。你还能够使用殴打与威胁的方式，使一个孩子为你做事情。但是这每粗劣的行为方式，都会引发对你极端不利的反应。

我能够让你情愿去做任何一件事情的唯一方法，就是给你所需要的东西。

你需要的东西是什么？

维也纳的弗洛伊德是 20 世纪最负盛名的心理学家，他曾经说过这样的话：我们所做的一切事情都源于两种动机，一种是对性的冲动，另外一种是渴望成为伟人的欲望。

美国著名的哲学家杜威教授对此说法有不同的意见。杜威博士认为：成为重要人物的欲望是人类天性中最深切的冲动。

切记，"成为重要人物的欲望"这句话是非常重要的，你将从这本书中看到很多与此有关的话。

你需要的东西是什么？你需要的东西并不多，但是你毫不放弃地追求着你真正需要的那些东西。以下，是几乎每个正常的成年人都想得到的：

　　1. 健康和生命安全；
　　2. 食物；

3. 睡眠；

4. 金钱以及金钱能够买到的东西；

5. 生命无后顾之忧；

6. 完美的性生活；

7. 儿女们的健康；

8. 自尊感；

  这些欲望几乎全都能够满足，可是却有一种深切的欲望，和食物、睡眠一样难以满足，那就是弗洛伊德所说的"成为伟人的欲望"，也就是杜威所说的"成为重要人物的欲望"。

  林肯有一次在信件的开头写道："每个人都喜欢被人尊敬的感觉。"威利姆·詹姆士也曾说过："人类天生就有深切的渴求被人重视的本质。"他说的并不是"希望""欲望"或是"渴望"，而是"渴求"。

  人类的这种"饥渴"是非常痛苦的，并且急需迅速解决，能够满足这种心灵饥渴的人可以将任何人控制在他的范围内。

  人类和动物之间的一个重要区别便是对自尊感的渴望。有一个例子是这样的：童年时期，我在密苏里州的农村家里和父亲饲养一种优良品种的猪，还有一种白色脸的牛，我们曾经在牲口展览会上几十次展览它们，并且多次获得一等奖。

  我们获得的蓝色缎带的奖章被我父亲用针线缝在一条白色的布上，每当有亲戚朋友来我家作客，我父亲就把这条白色的布拿出来，握着一端，让我握着另外一端，让亲戚朋友观赏我们获得的奖章。

  猪和牛根本不会在意它们获得的奖章，可是父亲对此却非常重视，因为，这些成就给他带来了自尊感。

  如果我们的祖先对自尊感没有强烈的欲望，人类就不会有任何文化方面的发展，那样，人类就和别的动物没有什么区别了。

  正是这样一种对自尊感的欲望，使得一名未曾接受过良好教育的杂货店穷店员，找遍装满杂物的大木桶，翻出他曾经用5美分买来的几本法律书籍，下定决心去钻研法律。或许你对这个穷店员的名字很熟悉，他叫"林肯"。

  这种对自尊感的欲望还激发了狄更斯写出他著名的小说，也让华伦完成了他的设计。而且，洛克菲勒因为这种对自尊感的欲望，积累了一辈子都花不完的钱财。同样也是这种欲望，让你所居住的城市里的富翁建造起他自己的大别墅。

这种欲望能把你打扮得非常漂亮，能让你开着豪华轿车在公路上行驶，在别人面前，你可以自豪地谈起你聪明的小孩。

同样也是这种欲望，让许多年轻人变成强盗、匪徒。美国前任警察总监玛罗尼曾经这样说道："因为盲目追求虚荣，现在很多年轻的罪犯在被捕后的第一个要求，就是要求阅读那些把他们当作英雄来编写的街头小报。他们看到自己的照片像名人一样登在报纸上占有一席之地就觉得满足了，然而他从来没有考虑过，进入受刑室坐电椅就完全是另外一回事了。"

只要你告诉我你的自尊感是怎样得到的，我就可以知道你是什么样的人。对你来说，明确知道自己的性格是件很重要的事情。有这样一些例子：洛克菲勒资助中国北平建造了最新式的医院，救助了很多贫困的人们，那些人，他从来都没有见过，而且永远也不会见到，但是，他从中获得了自尊感。

另一方面，狄林克当土匪，杀人、抢劫，同样也是在满足他的自尊感。当警察搜捕他的时候，他跑进一家农舍，他认为作为一号公敌对他来说是件自豪的事情，他大声地说："我是狄林克……我不会伤害你，但你要知道，我是狄林克！"

没错，狄林克和洛克菲勒获得自尊感的方式就是他们最大的区别。

历史上很多名人身上发生的趣事都是出于自重感。甚至连华盛顿都愿意别人称呼他为美国最高总统；哥伦布主动向西班牙王室提出要求获得"海军大臣""印度总督"的头衔；俄罗斯女沙皇叶卡捷琳娜二世遇到没有称呼她为"女皇陛下"的信件，就拒绝拆阅；在白宫，林肯夫人像只老虎一样对着格兰脱夫人吼叫道："我没有邀请你来，你怎么胆敢坐在我的面前！"

一些资助皮尔里将军去南极探险的富翁，要求用自己的名字为南极的冰山命名。而那法国著名作家雨果甚至想把巴黎换成他自己的名字。

人们会为了博取别人的同情和关注以及自尊感而故意假装生病和虚弱。比如，麦金利夫人要求作为美国总统的丈夫每天花几个小时，把国家要务放在一旁，陪在她床边，安抚她睡觉，她从中获得自尊感。

麦金利夫人看牙医的时候，强迫丈夫陪在她身边，这样，可以满足她治疗过程中疼痛时想要被关注的欲望。有一次，麦金利总统和强海有约，无法陪同她看病，她大发雷霆。

有一次，琳哈特夫人向我说起她认识的一个很有才干的少妇，这个少妇为了能够得到自尊感，装成生病的样子。琳哈特夫人说："这个少妇有一天会无可奈何地接受一个事实——也许是年龄的原因，她可能再也无法结婚了。每当想到寂寞孤独的晚年就要来临，她就觉得对将来没有任何期望了。

"她在床上躺了足有 10 年的时间。她年迈的老母亲，每天要在 3 层楼间上上下下，伺候她吃喝。终于有一天，年迈的母亲因为疲劳过度而去世，伤心的少妇几个星期后起床穿好衣服，所有的疾病也在这一瞬间都消失了。"

一些专家表示：如果想要在幻想世界里找到残酷而冷漠的现实中找不到的自尊感，一个人可能真的会因此发疯。在美国医院里，一般精神病患者的人数要比其他疾病患者的人数总和还要多。假如你居住在纽约，而且年龄在 15 岁以上，那么你一生中可能会有 5% 的机会在精神病医院里待 7 年以上。

是什么导致了这些人的精神错乱？

这样模糊的问题，没有人能够回答上来，但是，我知道有很多种疾病，比如性病，会让脑细胞受到伤害，导致癫狂。而事实上，有一半以上的精神疾病都是起源于这样的生理因素。

例如，脑损伤、酗酒、中毒，以及其他原因导致的生理上的伤害。

但是让人担心的是另外那一半精神病患者，他们的脑组织很明显没有一点毛病。在他们去世后，解剖他们的大脑，用最高性能的显微镜进行检测，发现他们的脑细胞组织和正常人的完全一样。

那么，这些人的精神错乱，究竟因为什么？

我认识一位精神病医院的主治医生，他在精神病理方面有渊博的学识，也因此得到过最高荣誉，我曾向他请教过以上的问题。他如实告诉我，他也无法解释为什么人们会患上精神疾病。但是，他认为，大多数精神病患者，在他自己的疯狂世界里，找到了现实中无法找到的自尊感。他对我讲了以下这个真实的事例：

> 我有一个病人，她的婚姻简直就是一场悲剧，她需要感情、子女以及社会名声，可是现实却没有给她所幻想的一切。她的丈夫并不爱

她，连和她一同吃饭都不愿意，还命令她伺候他在自己的房间吃饭。她没有生小孩，在社会上也没有任何地位。这些终于让她患上了精神疾病，现在，她已经和丈夫离婚，恢复了小时候的姓，她终日生活在自己的疯狂世界里，她坚信自己嫁给了英国贵族，并且要求别人称呼她为史密斯夫人。

　　在她的幻想中，她想要孩子的愿望也已经实现了。每次，我去看她的时候，她都会对我说："大夫，昨天晚上，我生下了一个孩子。"

这是个悲惨的故事吗？我无法解释。那位医生还说了这样的话：

"即使我可以用我的双手治愈她的疾病，让她恢复清醒的头脑，我也不情愿这样做，因为现在的她，似乎才得到了自己真正想要得到的幸福。"

从宏观来看，精神错乱的人似乎要比正常人过得快乐幸福得多。从整体来讲，精神失常的人，似乎要比你我快乐。给你签一张百万美元的支票或者写封介绍信让你去面见名人，对于他们来说，是轻而易举的事情，在他们自己的幻想世界里，他们得到了渴望已久的自尊感。

如果一个人如此渴求自尊感，甚至为此变成了精神错乱的人，如果在他们精神正常的时候，就真心地称赞他们，让他们获得自尊感，那样，又会有什么不一样的事情发生呢？

据我所知，在历史上，年薪超过百万美元的只有克莱斯勒和司华伯两个人。

为什么司华伯会获得百万美元的年薪，或者说，平均每天三千多美元的薪水呢？究竟因为什么呢？因为他是个天才？不是这样的。因为他在钢铁制造业成绩突出？也不是这样的。

司华伯曾经对我说过，在他手下做事的人中有许多人在钢铁制造业方面的学识比他多得多。司华伯能够获得如此高的薪水待遇，全是因为他在社交方面有特殊的能力。他亲口告诉我他是如何去做的，在我看来，这些话应该刻在能够永久保留的铜牌上，并且悬挂在全美国的所有家庭、学校、商店和工作室里。每个人，在孩提时代就应该把这些话熟记在心。如果人们真的可以将这些话付诸行动，那么所有人都将过上和以往截然不同的生活。

司华伯这样说道："我认为我所拥有的最大的资源，就是能激发人们的热情和潜能，我用赞美和鼓励，让每个人的潜能得以充分地发挥！"

他还说："在这个世界上，上级的批评，能够轻易毁掉一个人的理想和抱负。我从没批评过任何一个人，在工作方面，只给予他们鼓励。我总是迫切地想称赞别人。而对于别人的错误，我不会急着计较。诚于嘉许，宽于称道便是我的座右铭。"

司华伯平时便是这样做的，这也是他和一般人最不一样的地方。一般人如果不喜欢什么，就会尽可能地从中挑三拣四，如果喜欢什么，就一言不发。

司华伯又说："我一生中交往无数，在遍及世界各地的名人中，没有一个是在充满批评声的环境中成就大事业的，无论他有多么高的地位，都是在赞美声中成长起来的。"

没错，司华伯说的就是他的老板安德鲁·卡内基取得显著成就的原因之一，安德鲁·卡内基就是如此公开地赞美他的同事的。

安德鲁·卡内基甚至在自己的墓碑上赞美他的同事："葬在这里的是个知晓如何与比自己优秀的人相处的一个人。"

洛克菲勒在人际关系处理中的成功秘诀便是给予对方真诚的赞美，有这样一件事：洛克菲勒有个名叫倍德福的伙伴，在南美洲因为错误的手段，在一宗买卖上让公司损失了100万美元，然而洛克菲勒却没有批评或者指责他。

洛克菲勒知道倍德福已经竭尽全力，而且事情已经过去了。洛克菲勒称赞倍德福在这次事故中保全了他60%的投资金。"任何事情都不可能做到完全让自己满意，所以，做到这样已经很不错了。"洛克菲勒这样说。

齐格飞是百老汇众多歌舞剧明星中最闪耀的一颗星。他可以把人们忽视的平凡女子改变成明星，很多经他包装的女子，都成为舞台上的亮点。

齐格飞是个很实际的人，他将歌女们的薪水提高，从一周30美元涨到175美元。他也是个讲义气的人，福利斯歌舞剧开幕的那个晚上，他给每位出演的人员发出贺电，并且为每位参与演出的歌女献上一朵玫瑰。

有一段时间流行绝食，我还因为深陷其中而连续6天6夜没有进食。这并不是一件难事，第六天的饥饿感，好像还没有第二天严重。可是我们都知道，如果有人连续6天禁止他的家人或者下属吃东西，那就是犯罪的行为。然而，那些家人或是下属会连续6天或6个星期，甚至60年都得不到赞美，这却似乎一点都不稀奇，即使他们对赞美的渴望和对食物的渴望一样强烈。

爱尔法利特·仑脱在"维也纳的重合"一剧中当主角的那年也曾经这样说

过："受尊重感是滋养我成功的土壤，是我最不可缺少的东西。"

无论是儿女、亲友还是下属，我们可以让他们充分得到他们生理所需的营养，而他们心理上所需的营养，我们给予他们的，却是多么的稀少啊。我们给了他们土豆和牛肉，让他们有了力气，却忘记了给他们赞美，以及那些让人温暖的话语。

读到以上那些话时，有些读者可能会说："这一套已经过时了，奉承和恭维，还有拍马屁都是没用的，我已经试过了，用这一套对付受过教育的人是一点效果都不会有的。"

没错，阿谀奉承的那一套，对聪明人是不起作用的，那只是虚假、浅薄而且自私的做法，那样做只会一次又一次失败。相反，发自内心的赞美，却是每个人都需要的。

结婚多次的狄文尼两兄弟，为什么会这么多次求婚成功？这两个花花公子，为什么能和两个耀眼的电影明星结婚？一个与著名的歌剧主角结婚，一位和拥有百万家产的哈顿结婚，究竟是因为什么？他们是如何做到的？

在《自由》杂志中，圣约翰曾经这样解释道："对于女性，狄文尼所散发出的魅力，是人们心里长久以来难以琢磨透的。"

他还说道："妮格雷是个女艺术家，也很能识别男人，有一次，她对我解释这件事：'狄文尼兄弟对谄媚和恭维非常有研究，实际运用起来，也比我所见过的其他所有人要成功得多。在这个现实的世界里，赞美的艺术似乎已经被人遗忘了，对于女性，狄文尼兄弟的魅力，也许就来源于此了。'"

赞美和谄媚之间的不同是很容易被识别出来的。赞美是发自内心的，而谄媚却是虚假的。一个出自真心，是无私的，被众人称道；一个流于口头，是自私的，为人们所不齿。

我最近去了趟墨西哥城，在吉伯尔铁匹克宫看到了奥伯利根将军的半身像。半身像的下面刻着奥伯利根将军的一句名言：敌人的进攻不可怕，朋友的谄媚却很可怕。

我并不是要大家去阿谀奉承，那和我的本意相差甚远，我所讲的是一种新的生活方式。

英国国王乔治五世有一套六句格言，挂在白金汉宫书房的墙壁上。其中，有一句是这样的："不要奉承或者接受低贱的赞美。"句中所说的"低贱的赞美",也就是"谄媚"。我觉得有必要将我曾经看到过的一句关于谄媚的话写在这里:谄媚的人只会让别人清楚地明白他自己是怎样的人。

利夫华尔特·爱默生说:"无论你使用什么样的话语,说出来的东西都是以自我为中心的。不管你用任何的言语,你所要说的,总离不开自己的种种目标。"假使我们要做的只不过是阿谀奉承,那么所有人都可以轻而易举地做到,所有人都可以做人际关系学家了。

在没有思考特定问题的时候,我们一般会有95%的时间在考虑自己。即使我们只用一分钟时间去找找别人身上的优点,而不是考虑自己,那么我们说出的话就不再是虚情假意的了,也可以避免违心地谄媚。

爱默生还说道:"我见过的所有的人,都有比我强的方面,在这些方面,我都会向他们学习。"

爱默生所说的话是完全正确的,我们需要重视这一点:少考虑自己需要的东西和取得的成绩,多想想别人身上的优点,停止阿谀奉承,发自内心地去赞美别人。你对别人的赞美,他们会牢记在心,终生难忘,就算你已经把这样的话抛在脑后,他们还会念念不忘。

第三章　站在他人的角度看问题

　　每年夏天,我都要去缅因州钓鱼。我喜欢吃杨梅和奶油,但是我知道,水里的鱼喜欢吃小虫子,而不是杨梅或者奶油。所以,每当我去钓鱼,用的鱼饵并不是我喜欢的杨梅或者奶油,而是鱼儿喜欢吃的小虫子或者蚂蚱,我把鱼饵挂在鱼钩上,放到水里,问鱼儿:"你喜欢吃这个吗?"

　　用同样的方法,可以"钓"到人才,你为什么不尝试一下呢?

　　英国前首相劳合·乔治在其他一战时的各国领袖如美国总统威尔逊、意大利首相奥兰多、法国总理克里蒙梭等人都归隐后,仍然在英国政坛有巨大影响力,他是怎样做到的呢?对此,劳合·乔治的回答是这样的:"如果只能为其找到一个理由的话,那么就是因为我明白,鱼饵的选择,对于钓鱼是最关键的。"

　　时刻只为自己考虑,这样做是幼稚而且自私的。你关注的只是自己需要的东西,这一点是不可避免的,你要明白,别人也和你一样,关注的只有自己,别人对你也如同你对他们一样漠不关心。

　　谈论对方所需要的,并且提出建议,这是世界上唯一能够影响他人的方法。

　　当你对别人有要求的时候,请你牢记这句话!比如,当你看见你的小孩在吸烟,而你想阻止他时,你不要呵斥他,而是要告诉他,吸烟会让他在棒球队选拔中被淘汰,或者让他在赛跑中落后他人。

　　你要做到这一点,不管你面对的是一个孩子,还是一头小牛,或者一只小猴子。

　　有这样一个故事:一次,爱默生和他的儿子想把一头小牛赶进牛棚,他们和一般人一样,只想到自己想要达到的目的,而并没有想到小牛不情愿这样。于是,爱默生负责在后面推,他的儿子负责在前面拉。小牛也和他们一样,只想到自己不愿意进去，死死地站在那块草地上，坚决不移半步。

有个爱尔兰女仆看到这个情景，决定帮助爱默生父子，虽然她文化水平不高，但她至少了解牲畜的习性特点，知道小牛究竟需要些什么。女仆将自己的大拇指放在小牛嘴里让它吮吸，然后温柔地把它引进牛棚里。

从你出生开始，你的一切所作所为，无一例外，都是出于为自己考虑，因为你明白自己需要什么。

即使你向红十字会捐献100美元，又能算什么呢？没错，就算那样，也不能说明什么，你捐献100美元，只不过是因为你想要做件善事，或者觉得这样做很神圣，也有可能是因为你无法拒绝，所以才捐款的。但是，你捐款，只是因为你要从中得到你需要的东西，这点毋庸置疑。

奥佛瑞教授曾在他的《影响人类的行为》中写道："我们最基本的欲望决定了我们的行为，无论在商务中、家庭中、学校中还是政治中，每当你想要让别人信服，都要将对方迫切的需要激发出来，这样，任何事情都可以顺利得多，不会遇到很大的困难。"

安德鲁·卡内基小时候家里非常贫穷，他为别人做工，每个小时只有2美分的工资，可是后来，他捐赠出去的钱，多达3.65亿美元。他小时候就明白了，要为别人的需要考虑，这是影响别人的唯一途径。他只接受过4年的正规教育，可是却知道了对待他人的方法。

在安德鲁·卡内基身上，曾经发生过这样一件发人深省的事情：他的嫂子有两个儿子，都在耶鲁大学读书，或许是因为太忙碌，他们都没有时间去理会家里寄来的信，他嫂子因为两个儿子迟迟没有回信而忧愁得生了病，可是她的儿子们却完全忘记了家里担心着急的母亲。

安德鲁·卡内基听说这件事情后，给两个侄子寄去一封问候信。在信的最后，他附上一句，说是信封里有两张5美元钞票，是送给他们一人一张的。

其实，他没有在信封里装一分钱。

侄子们的回信很快就到了，他们感谢叔叔的问候，并且在结尾写道：信封里没有钱。

所以，当你打算劝说别人去做一件事情的时候，不妨在开口前先问问自己："我怎样做才能让他觉得自己有必要做这件事？"深思熟虑之后的决定，可以避免我们在别人面前只能说出自己想要的，而无法顺利达到目的。

我为了举行演讲研究会，每个季度有20天晚上，必须在纽约一家饭店里租用大舞厅。

有一次，在研究会开始前，那家饭店突然通知我，舞厅的租金要增加两倍，当时，研究会的通知已经公布出去了，入场券也已经全部卖出去了。

当然，我不情愿把增加的租金补上，可是对饭店方面诉说我的意愿，又能起什么作用呢？他们只关心他们需要的。于是，两天后，我决定去面见那家饭店的经理。

我对那位饭店经理说："刚接到你的通知的时候，我觉得有些害怕。我当然不会因此而责怪你，如果我是你，我也会和你有同样的决定。经理的职责就是要让饭店盈利，如果不能做到这点，就会而且也应该被撤职。但是，如果你坚持要求增加租金的话，我想让你清楚其中的利弊。"

我拿出一张纸，在中间划了一条分割线，在线的一边写上"利"，在另一边写上"弊"。

在"利"的那一栏，我写上"舞厅可以空出来"，然后，我说道："这样，你就可以自由地出租舞厅，举办聚会，这会让你有更多的收入，比我作为演讲之用所付的租金要多很多。这一个季度，舞厅有20个晚上被我租用，这20天，你肯定损失了很多收入。"

我接着说："然后，我们来看看'弊'的这一边，你的收入却因为我的离开而减少。对我来说，无法付出如此多的租金，没有办法，演讲只能另换他处。但是，我想你也应该知道一个事实，参与我的演讲会的，很多都是社会上层的知识分子，这些人群能够为你宣传你的饭店，就算你用5000美元，恐怕也无法让这么多人来你的饭店。你难道不觉得这一切对你来说是很有价值的吗？"

我将利弊会产生的两种情况写在纸上，然后把纸递给饭店经理，我说："希望你认真想想这两种情况，然后再下决定，如果你想好了，请再通知我。"

转天，我接到那家饭店寄来的租金改为只增加50%的通知。要明白，对于我所需要的减少租金的要求，我只字未提，我告诉他的，都是他所需要的，以及他该怎样做才能得到那些。

按照一般人的做法，我会气呼呼地冲进饭店经理的办公室找他理论，我会这样对他说："我的入场券都已经卖出去了，通知也已经发布出去了，这个时候，你突然要把租金调到300%，你这到底是什么意思？三倍啊，真是可笑！太可耻了，我坚决不付！"

如果是这样，又会有什么样的事情发生呢？争吵和辩驳恐怕就要爆发了。最终的结果又能如何呢？就算经理认识到了自己的失误，碍于面子，也很难承认自己的错误，租金也不会重新下调了。

亨利·福特曾经说过这样的话："能够站在对方的立场，从对方的角度去考虑事情，就如同你为自己所想一样，这便是成功的秘诀。"在建立良好的人际关系方面，亨利·福特的话，就是一个很好的建议。

在这里，我要将他的话再重复一遍："能够站在对方的立场，从对方的角度去考虑事情，就如同你为自己所想一样，这便是成功的秘诀。"这是如此简单的事情，很明显，每个人都清楚地明白这个道理，可是90%的人，在90%的时间里，都忽略了这一点。

你的身边随处可以找到这样的例子，让我们来看看每天早上你收到的那些信件吧！你可以从中看到，有很多人都违背了这种常识性的规律。现在，我挑选出其中的一封信作为例子，这是一家规模宏大、分公司遍布全美的广告公司的一位无线电部门主任写给全美各家广播电台负责人的信件。我将在括号里写出我对信中每一句的想法和见解。

尊敬的白来克先生：

我公司希望能保持在无线电界广告业务的最高地位。

（谁会有时间去对你们公司的希望感兴趣？我自己还有很多烦心事情呢！我的房产抵押赎取权要被银行取消了；我养的花花草草正在被害虫侵害；混乱的交易市场让我不知所措；我没有赶上我的早班火车；朋友家里举办舞会，却没有邀请我去；我被检查出有高血压、神经炎等等疾病……）

全国广告的账户，对于我公司，是营业网的基本保障，我们已经保持每年在广播中所需时间位居各家公司之上。

（你觉得自己很强大，觉得自己很有钱，别人都比不过你，是不是这样？但是那又如何？就算你有全美汽车公司、全美电气公司、美国陆军总部加在一起那么大，我也从来都不会关心的。如果你还不明白，那我就告诉你，我不管你是如何的"大"，我只在乎我是如何的"大"。）

我们希望以无线电台的最新消息服务于我们的客户。

（"你"希望！"你"希望！一切都是"你"希望！笨蛋！你希望的那些，我一概不关心，不管是墨索里尼希望还是平克劳斯贝希望的，都和我无关。我这样告诉你吧，我从来都只关心"我"希望的，你这封自私的信件中，丝毫没有提到过我想要的。）

所以你要将本公司列入优先名单，每周电台中凡是有对于广告公司的有用消息，请逐一告知。

（"优先名单"？你吹嘘自己的公司，就是想让我产生自卑的心理，你对我提出要求的时候，连个"请"字都没有。）

立刻回信给我们，提供你们最新的消息，以双方互利。

（你真笨得透顶，你寄给我的不过是一封到处分发的普通油印通知，你发出去的，恐怕多得像秋天的落叶。现在，我正为房产抵押愁得不可开交，你却要求我在这关头坐下来单独给你写那封油印通知的回信，而且还要"立刻回信"。"立刻"？你这是什么意思？你难道不知道我也和你一样忙。你说，是谁给了你这个权力，让你来对我指手画脚？你说什么"双方互利"，你最后终于说到我的好处了，可是这些到底对我有什么好处？你却一个字都没说。）

附件：随信赠阅《白来克维尔报》复印本，如果愿意，可在电台广播时作为参考。

（你总算在附件中提到了对我有用的事情，你为什么不在信的一开始就说这个？可是，即使是那样也没用，无论哪家广告公司，只要是寄来像你这封信的，肯定是大脑有毛病。）

　　一个将自己的一生献给了广告业的人，他以为凭借自己的力量就能影响他人，可是写出的信件却是那个样子，这让他再也无法获得更高的评价。

　　我手里还有另一封信，是我的学习班里一个名叫"夫姆雷"的学员收到的，它来自一家规模宏大的运输站的总监。收到这封信的人，会有什么样的反应呢？让我们先来看看这封信的内容吧：

爱德华·夫姆雷执事先生：

　　在敝处交运货物的大部分客户都在傍晚才送到货物，因此引起运输停滞，敝处的员工不得不延长工作时间，也降低了货车的运输效率，这严重影响到了敝处外运收货工作的正常进行，不可避免地造成了交货缓慢。

　　11月10日下午4点20分，我们接收到了贵公司交运的510件货物。

　　为了使之前所说的不好影响有所减少，我们希望能得到贵公司的理解和合作。以后如果有大批货物需要交运到敝处，能否尽早送来敝处，或者在上午先送来一部分也可以。

　　如此也对贵公司的业务有益，你们的货车也可以立即返回，不会在敝处耽搁时间，同时，敝处也保证在收到贵公司的货物后将立刻发货。

　　　　　　　　　　　　　　　　　　　　　　　　总监某某上

读了这封信后，夫姆雷先生在后面写下了他的想法给我看：

　　这封信真正达到的效果，实际上和写信者的本意相反。他们在信的一开始说的都是自己方面的困难，我们一般都不重视这些的。接下来，他们也一点都没有考虑到，他们对我们提出的要求是否会给我们带来麻烦。一直到信的结尾，才说出他们的要求能给我们带来的好处。

　　也就是说，我们真正关心的事情，在信的结尾才被提到，写信者想说明的是合作的精神，而他们信中所体现的却恰恰相反。

现在，我们试着重新写一下这封信，让情况有所改善，我们不需要在我们自己的问题上浪费笔墨，就如同亨利·福特说过的，我们要"站在对方的立场上，从对方的角度思考问题，就像我们为自己所想那样"。

以下是重写后的一封信，或许不是写得最成功的，但情况是不是能够因此改善呢？

尊敬的夫姆雷先生：

贵公司在14年间一直都是受我们欢迎的好客户，我们非常感激你们这些年对我们的关照，并且非常希望能够为你们提供更优质的服务。但是我不得不怀着抱歉的心情写这封信给你们，因为11月10日，贵公司货车直到傍晚才运来大批货物，这样，我们就无法将优质的服务提供给你们了。

具体是这样的原因：我们有很多的客户都是在傍晚交货，这样，就会引起运输停滞，贵公司的货车有时也无法避免被堵在交货处外面，你们的货运也会因此被耽搁。

这种情况糟糕透了，该怎样避免这样的事情发生呢？

我们有这样一个建议：如果贵公司在上午有空闲时间，请在上午将货物送到我们这里。这样，贵公司的货车，也不至于因为堵塞而耽搁时间；我们会立刻将你们交运的货物发出去。而我们的员工也得以每天早点回家，能够吃上贵公司制作的美味面点。读过此信，请不要介意，我们并不是建议贵公司在业务指导方面进行改善，而是希望能够更优质有效地服务于贵公司。

无论贵公司何时送达货物，我们都仍旧愿意竭尽全力以最快的速度为你们服务。

你们业务繁忙，不必劳神回复！

某某上

在当今社会中，每天有成千上万的推销员不知所措地走在大街上，他们疲劳而且沮丧，也拿不到足够的薪水。这究竟是因为什么？因为他们一直都只为自己考虑，而没有看看手里要推销的东西是不是别人需要的。

我们如果需要什么东西，会自己主动去买，因为我们知道怎样解决自己的问题，并且时刻都在关心这一点。如果一个推销员手里的产品或者他的服务是我们真正需要的，我们就会买他的东西，而不需要他大费口舌向我们讲他的东西如何好。一个人若是买了什么东西，肯定是出于自己的需要，而不是因为推销员推销得多么好。

然而，有很多人做了一辈子的销售工作，却从来都不替顾客考虑。

我居住的地方是纽约中心的林邱小区，有一次，我从住的地方走去车站的时候，在路上碰到一个长年在长岛一带经营房地产的经销代理。他很熟悉我居住的林邱小区的情况，于是我就针对我所居住的房子使用的建筑材料向他请教。他讲了很多我原本就知道的，对于我提出的问题，他回答不出来，让我去向小区的咨询部门打听。

转天早上，我收到这位经销代理寄来的一封信，一开始，我以为他是想回答我的疑问，如果是那样，他根本没有必要写信，只要花一分钟给我打个电话就行了。然而实际上，他在信中只是说想代理我的保险业务，对于我的问题，他依然让我去向小区的咨询部门打听。

他根本没有想到该怎样解决我的问题，他想到的只是解决他自己的问题。

或许我应该送给他两本欧文·杨的书，分别是《去赐予》和《幸运的分享》。如果他能够明白书中的道理，又能付诸行动，他获得的收益将会是代理我的保险业务收益的千倍。

即使是专业人士，也常常会犯类似的错误。很多年以前，我的扁桃腺出了问题，于是去费城一位著名的鼻喉科医生那里看病。在对我的扁桃腺进行诊疗之前，医生先询问我的职业。他关心的只是能从我这里拿到多少钱，而不是我的疾病，他觉得我的钱包大小要比我的扁桃腺大小重要得多。对于他的态度，我很是鄙视，决定不再让他为我治疗。到头来，他没有从我这里得到一分钱。

世界上到处都是这样的人，他们自私，贪婪，永远都无法满足。然而那些少数的无私的愿意多为别人着想的人，反而得到了更多的收益。欧文·杨说过这样的话："如果一个人能够设身处地为别人着想，站在他人立场上考虑问题，他根本无须为自己的将来制订太多计划。"

读完这本书，你将学会一件事：永远要把自己放在别人的位置上去思考事情，知道别人的意愿和目标，以此做出决定。如果你真的学会了这一点，它将改变你一生的事业和生活。

很多高学历的人，研究的都是些深奥的问题，却忽视了自己的内心的影响。有一次，一家空调装配公司请我为他们公司大学学历的年轻员工们进行培训，于是，我开了一项名为"有效的演讲术"的课程，为了能够准确地打比方，我准备了这样一个例子：

> 有个人想叫几个人一起去打篮球，他说道："我想打篮球，你们和我一起去。前几次人凑不齐，不能分队打对抗，只能玩简单的投球游戏，我的眼睛因为失误被打肿了，但是我还是想打篮球，我希望你们明天晚上能过来。"

他提到你所需要的东西了吗？你根本不想去那个没有人气的体育馆吧？你可不想把眼睛弄肿，他想要什么，你根本不在乎。他可以告诉你从打篮球中你能够得到的东西吗？当然！饱满的精神、增加的食欲、清晰的大脑以及休闲娱乐等等。

对此，奥佛瑞教授有这样明智的解释："将对方迫切的需要激发出来，这样，任何事情都可以顺利得多，不会遇到很大的困难。"

我的学习班上有这样一个学员，他的孩子不好好吃饭，非常消瘦，他为此担心不已，经常责怪孩子，要求他吃这个吃那个，要求他快点长身体。

孩子会关心这些吗？当然不会。你不会去关心与你无关的一场盛大的宴会，孩子也是如此。

一个30岁的父亲希望自己3岁的小孩儿能明白自己的意思，这是没有任何常识的做法。那个学员最终发觉自己的所作所为是没有道理的。他问自己："什么才是我的孩子最需要的？我又该怎么做，才能从他需要的东西和我需要的东西间找到契合点？"

当他考虑到这一点时，问题就简单得多了。他的孩子有一辆儿童自行车，孩子喜欢在屋子前面的便道上玩自行车。他们的邻居家里有个很淘气的孩子，比他们的孩子大几岁，那个大孩子经常把小孩子从自行车上推下去，然后将自行车霸占过去。

每次遇到这样的事情，小孩子都要哭着跑回家向母亲告状，他的母亲就会出来把淘气的大孩子赶下自行车，把车子归还给自己的孩子，这样反复很多次。

这个小孩子需要些什么东西？这不是个很困难的问题。他怒气冲冲，他有强烈的自尊心，他想报复，他的自尊心让他希望能够将那个淘气的大孩子一拳打倒在地。假如他的父亲告诉他，多吃些食物，就能快点长大，有强壮的身体，以后可以轻而易举地对付那个淘气的大孩子，这样的话，一切都不再只是吃饭的问题了。现在，这个孩子已经不再厌食了，无论是蔬菜还是肉类，他都爱吃，他希望能够快点长成强壮的身体，去打败那个可恶的敌人。

这个问题解决以后，另外一个问题又出现了，这个孩子有尿床的坏习惯，他的父亲为此烦恼不已。

孩子和奶奶睡在一起，早上，奶奶发现床单湿了，责问男孩："强尼，你看看，这就是你昨天晚上干的好事儿。"

每次，强尼都会这样回答："这不是我干的，是你尿了床，我没有尿床。"

他的家人为此打骂他，用这件事羞辱他，一遍又一遍地要求他不要再尿床，可是这没有任何作用，强尼依旧会尿床。所以，强尼的父母向我询问："怎么才能让我们的孩子改掉坏习惯，不再尿床呢？"

我们来看看强尼想要的都是些什么：首先，他不喜欢像现在这样穿着和奶奶一样的睡袍睡觉，他想得到像父亲那样的睡衣。强尼的坏习惯让奶奶每天晚上都睡不踏实，所以她非常愿意为强尼买套睡衣，帮助他改掉坏习惯；其次，强尼不想再和奶奶一起睡，他想单独睡一张床，奶奶对此也很赞同。

强尼的母亲带他去百货公司，用目光暗示女售货员，这个孩子要买点东西。

女售货员问强尼："你想买什么，小伙子？"这样让他有了受尊重感。

强尼踮起脚，让自己显得高一些。他回答道："我想买张自己的床。"

强尼逐一挑选床，他的母亲喜欢其中一张，当他刚好走到那张床旁边时，他的母亲再次用目光暗示女售货员，于是，女售货员立即向强尼推荐这张床，详细地做了介绍。

当天晚上，床送到了，父亲下班回家的时候，强尼兴奋地奔跑到门口，要求父亲上楼参观他自己买的床。

父亲看到那张床的时候，想起了司华伯的那些话，于是，点头夸奖强尼，并且问他："强尼，你不会再尿床，弄脏自己的床了，对不对？"

强尼一个劲儿地摇头:"不会的!我不会再弄脏这张床了。"因为自尊心,强尼没有违背自己做的保证,再也没有尿过床,因为那是他自己买的床,他倍加珍惜。他想做个"大人",现在他做到了,他穿着睡衣的样子,简直就是个小"大人"。

除此以外,我的学习班上还有一个名叫达屈曼的父亲,他是一位电话工程师。他也遇到了类似的烦恼,他3岁的女儿拒绝吃早饭,无论父母如何呵斥、哄骗,都没有办法让女儿吃一口早饭。

这个女孩总是觉得自己已经长大了,她经常模仿自己的母亲。于是,一个早晨,她的父母请她为全家人准备早餐,这些正是女孩心理上真正需要的。当她准备早餐的时候,她的父亲走进厨房,女孩高兴地对父亲说:"爸爸,快来看,我做得怎么样?"

那天的早饭,没有任何人呵斥或者哄骗女孩,她自己主动地吃了两大碗饭,她从准备早餐中找到了快乐,得到了展现自己才能的机会,她珍惜自己的成就,因为她从中获得了受尊重感。

威立姆·温德曾经说过:"人性中最大的渴求就是展现自己。"我们为什么不将这个道理运用到自己的生活和事业中去呢?

第二篇
如何赢得他人的喜爱

第一章　真心地关注他人

我们为什么要买这本书来学习结交朋友的方法？我们为什么不虚心地向这个世界上最善于与人打交道的动物学习这种技巧呢？这是哪一种动物呢？我来告诉你，要是明天你上街，你就一定会认识它的。当你走到离它3米左右的地方时，它就会摇着尾巴，目光凝视着你，向你示好。要是你停下来，用手轻轻拍它，它就会用欢蹦乱跳围着你打转的方式，对你表示它是多么喜欢你这样对待它。你知道它这样做是没有任何企图与自私的打算的，它不会想如何向你推销一幢楼房或者一块地皮，更不会有要与你结婚的打算。

在和众多动物交往之后，我们是否想过，在众多动物里，狗是唯一不需要为自己生活而工作的动物？家禽里母鸡要下蛋，家畜中母牛要生产牛奶，金丝雀要鸣唱，等等。然而，狗是不需要付出任何东西就可以维持它的生活的，因为它付出的是"爱"。

我5岁时，父亲为我买了条一头黄色毛发的小狗，这条狗曾在我童年的那段时光为我带来无比的欢乐。它几乎每天下午4点半左右都蹲在我家庭院门前，凝视着我放学回家的那条小路，等候我的到来。当它一听到我的脚步声，或者看到我拿着饭盒转过那片矮树林时，就会像射出去的箭一般冲上小山，欢快地叫着跳着迎接我的到来。

这条叫作"迪贝"的小狗，做了我5年的朋友后，惨死在一个我永远都无法忘记的雷电之夜，那是我童年时代的一幕悲剧，它在离我只有3米的地方被雷电击中。

要是你从来没有研读过心理学著作，现在你就不必去读它。因为你只要懂得发自内心地真诚关心他人，那么，在未来的两个月里你所结交的朋友，要比你用两年的时间，让别人对你感兴趣，主动来结交你，得到的朋友还要多。请允许我重复一下，在你的生活和工作当中，如果你时刻关心你周围的人，时刻对他们好奇、感兴趣的话，即使在短短的两个月时间里结交到的朋友，都会比让别人关心你，对你有好感，在两年里所结交的朋友还要多得多。

但是，我们都清楚，有的人终身没有朋友的原因，就是他一心想得到别人的关心，让别人对自己感兴趣。

希望他人关心自己，对自己感兴趣，而又能够成为自己的朋友，这些愿望都不会得到实现。

纽约电话公司，为了研究人们在使用电话时最常使用的词语是哪些，曾做过一项调查。结果也许你已经知道，那就是人称代词中的"我"。有人曾在五百多次电话谈话里，为"我"这个词做过记录，在这五百多次电话交谈里，这个"我"被反复使用了3950多次。

现在请教你一个问题：当你看到一张有你在里面的集体照片时，你最先看到的是谁？

要是你一直认为在你的生活和工作当中，人们都关心你，他们对你都有好感，那么，请回答：如果你今天晚上突然去世的话，你会认为有多少人来参加你的葬礼？

在我们的生活和工作中，除非你主动去关心他人，不然的话，人们怎么会对你有好感，对你有兴趣呢？请拿出你的钢笔与记录本记下下边的这段话：

> 在生活当中，如果我们只是想得到他人的关心，而不是自己主动去关心他人，让他人对自己感兴趣，而不是我们主动地对他人感兴趣的话，那么，我们永远都不会拥有对我们真诚的朋友！因为，我们真正的朋友，不是这样做能够得到的！

拿破仑与妻子约瑟芬最后一次见面时，对妻子说："我亲爱的约瑟芬，你知道的，在我失败之前，我是这个世界上最幸运的人之一。可是现在，在这个世界上只有你是我唯一可以信赖的朋友了。"而在历史学家的眼里，约瑟芬是不是真的得到了拿破仑的信任，这还是个谜团呢。

著名的奥地利心理学家阿德勒，在他撰写的《生活对你的意义》一书中说道:"一个在生活中不懂得关心他人,对他人从来不感兴趣的人,他的生活必将遭受到严重的阻碍与困难。与此同时,他的这种生活习性,也会给他的亲人和朋友带来极大的心理伤害和心理困扰,以致在整个人类历史中发生的那些悲剧事件里面,都能够看到这些人自私的身影。"

也许你已经阅读过很多研究人类心理的专著,然而你却没有深刻理解阿德勒这本著作中的这句话对于我们的真实意义。我是个不喜欢过于重复的人,可是阿德勒所说的这句话对我们非常重要,我不得不再次写下来:

"一个在生活中不懂得关心他人,对他人从来不感兴趣的人,他的生活必将遭受到严重的阻碍与困难。与此同时,他的这种生活习性,也会给他的亲人和朋友带来极大的心理伤害和心理困扰,以致在整个人类历史中发生的那些悲剧事件里面,都能够看到这些人自私的身影。"

年轻时,我曾在纽约大学选修短篇小说写作课程。当时给我们授课的是位很有名气的文学杂志的编辑。他在一次教学演讲中跟我们讲到,他每天都要收到数十篇的小说稿件,他只需在这些稿件中随便看上几个片段,就能够感觉出这个作者是不是喜欢别人,因为职业的直觉告诉他,一个不能和他人很好相处的作者的作品,是无法去感动作品的阅读者的。

这个有丰富社会经验的老编辑,在演讲过程中有两次为自己在演讲中偏移主题而向我们道歉。他在那次演讲中说:"现在我必须像一个牧师那样,对你们进行忠告,如果你们中有谁要想成为一个成功的小说家,千万不要忘记,先要做一个和他人友好相处的人,必须关心他人,关注他人。"

如果小说写作的诀窍是这样的话,那么,你也可以确定,在生活和工作中想成为一个有效率的人,也必须如此。

著名的魔术家塞斯顿,40年来凭借他惊人的魔术绝技,赢得了无数的观众,他走遍了世界各地,约有6000万观众观看过他的表演,这使得他有了200万美元的演出收入。在百老汇演出时,我曾有幸在他的化妆室进行过采访,并和他促膝交谈了一个晚上。

与在塞斯顿先生聊天的过程中,我问了他事业成功的诀窍。他告诉我,自己幼年时就离家出走,成了一个四海为家的流浪儿,没有上学的经历;有逃票乘火车,在乡间的柴草堆里过夜,挨家挨户地讨饭的生活经历。他能够识字是由于他经常看铁路两边的露天广告。

塞斯顿先生天生就有高人一等的魔术天赋吗？没有！这是他本人亲口告诉我的。虽然当下有关魔术知识的书籍出版了几百本，但是，能够和塞斯顿一样有高超魔术技能的人，最多也不会超过几十个。塞斯顿先生之所以能够成功，是因为他在表演中有两个别人没有的优势。

这两个优势是：独特的人格魅力，懂得如何取悦观众。他表演时的每一个动作，说话的音调，都是经过精心设计、严格排练的，这使得他在演出时举止优雅，动作敏捷而迅速，反应灵活到位。

除此之外，塞斯顿先生对如何与他人相处的技巧，有浓厚的兴趣。他说，许多魔术家表演的心态是：看我表演的都是些乡巴佬、傻瓜，我只需好好欺骗一下他们就够了。而他却完全不是这样的，塞斯顿告诉我，他每次上台演出前，都要对自己说这些话："我要感激来观看我演出的人们，是他们让我过上舒适的生活，我一定要尽最大的努力，为他们表演好。"

他说，每当他走上表演舞台之前，总要告诉自己："我爱我的那些观众，我爱那些来观看我表演的所有人。"这事情显得可笑吗？不符合人的逻辑吗？你可以按照你的意愿去想，而我只是把这个深受人们爱戴的著名魔术家待人处世的方式，不加评价地提供给你参考而已。

著名的歌唱家苏蒙·亨克夫人也对我讲述过同样的事。在她事业成功之前，因为贫穷，生活环境恶劣，有一次她不堪忍受这样的生活，还差点抱着刚出生不久的孩子一起自杀。虽然那个时期她穷困潦倒，但是她依然将自己喜爱的歌唱事业进行下去，经过不断的个人努力，最后她获得了成功，成为一个轰动一时的歌唱家。她告诉我，她之所以能够成功，那是因为她对怎么与他人相处，与如何赢得观众喜爱等为人处世上的技巧发生了浓厚兴趣的结果。

事业上有惊人成就的老罗斯福总统深受人民的爱戴，这与他在平常的工作和生活中和他人友好相处的、关爱他人的生活习惯密切相关。甚至连为他做日常服务的工作人员，也与他有深厚的感情。为他工作过的黑人侍从爱默士，在他自己撰写的《西奥多·罗斯福心目中的英雄》一书中，曾为人们讲述过一则感人的故事：

> 我从来没有看见过鹌鹑，有一次向罗斯福总统询问这种鸟的样子，总统不厌其烦、详细地为我讲解了多次。这件平凡的事过去不久的一

天，我家的电话突然响起来——当时，我和我妻子就居住在总统牡蛎湾住宅内的一间小房子里。我妻子接的电话，打电话过来的是罗斯福总统，他在电话里告诉她，在他们家的窗外就有一只鹌鹑，要是她有时间去看的话，就可以看到她一直想了解的那种鸟了。

在日常的生活和工作中，关注每一件细小的事物，友善地对待每一个在自己身边的人，这正是老罗斯福总统的人格魅力所在。爱默士在书里写道，当他经过我们屋子的时候，无论是否看到我们，我们总能够听到"嗨，爱默士！""嗨，安妮！"那让人亲切的打招呼声。

像老罗斯福总统这样的人，在生活和工作中怎么会不让身边的工作人员喜爱他呢？谁又会在心理上去拒绝一个时刻关注自己的人，而不去喜欢他呢？

老罗斯福总统在白宫任职的时候，真诚地对待在他身边工作的每一个人，甚至做杂务的女工，他也能够准确地叫出她的名字并问好。亚切·伯德在他的回忆录里有过这样的记录：

有一天，离任的罗斯福总统去白宫拜会塔夫脱总统时，恰巧塔夫脱总统与夫人有事外出。

他看到在厨房里工作的女佣爱丽丝时，问她现在是不是还经常做玉米面包。爱丽丝告诉老总统，现在不经常做那种面包了，因为塔夫脱总统的家人都不爱吃，即使有时做一些，那也是为用人们做的。

罗斯福总统听后，用他洪亮的声音告诉她说："他们不吃，那是他们没有这样好的口福。我见到塔夫脱总统时，一定会告诉他，玉米面包是种美食。"

爱丽丝从厨房拿了块玉米面包给罗斯福总统，他边走边吃地向塔夫脱总统的会客厅走去，在经过园丁等工作人员身边时，向每一个人打招呼问好。

罗斯福总统那天和在白宫工作的每一个员工打招呼，并亲切地与他们交谈，就像他以前在白宫做总统时所做的一样。有一位老用人在回忆那天的情形时，眼含泪花地说："这是我这几年在白宫工作以来最快乐的一天了，这样令人愉快的经历，即使我们中有人想用金钱来换取，我也不会答应。"

著名的哈佛大学校长依利亚博士，在日常的生活和工作中，也有关心、爱护他人的良好习惯，因此，他赢得了哈佛大学里所有师生的欢迎与爱戴。下边就是依利亚博士待人处世的一个事例——

有一次，哈佛大学一年级学生克列顿去校长办公室领取50美元贫困学生助学贷款。后来，他回忆说：

我拿到助学贷款后，内心充满感激，正当我要离开办公室时，依利亚校长叫住了我，他对我说："请坐会儿……我听说你经常在学生宿舍亲手做饭，要是你觉得那样做能够吃得好，我并不认为那是件不好的事，我自己在读大学的时候就曾经那样做。"听了依利亚校长的话后，我感到非常惊讶，他接着又对我说，"你是否尝试过做肉饼，要是你能够把它弄得又熟又烂的话，那一定很好吃的，我在读大学的时候，就非常喜欢吃这个。"然后，他向我介绍了做这种美食的详细过程。

得出如此的经验，是由于我多年潜心研究怎么与他人相处的结果：如果我们在日常的生活和工作中，做到真心地关爱他人，那么，即使是全美国工作最忙的人，也会因感动而与我们合作。请让我为此列举下面的经历来证明：

几年前，在伯洛克林科学研究院，我曾举办过一个以小说写作为主题的讲习培训班，当时，我们希望能够请到诺里斯、赫司德、塔勃尔、许士等当时的著名作家来讲述他们写作的经验。就这样，我与培训班的学生们联名给他们每个人写了封信，说我们是如何喜欢他们的作品，诚恳地希望他们在有时间的时候来我们培训班，讲述他们成功写作的经验与诀窍。

在每一封信上，都有我们这个培训班150名学生的签名。并且我们还在信中写道，我们知道他们工作一定很繁忙，他们没有为我们演讲的多余时间，因此，我们在每一封信里都附上一张关于他们如何写作的问题表，请他们在有时间的时候填写好寄回给我们。这些作家非常喜欢我们在这件事上的做法。于是，他们都抽出时间从老远的家中赶来伯洛克林，为我们做了有关写作的专场演讲。

我们还成功地使用同样的方法，邀请到老罗斯福总统执政时期的财政部长、塔夫脱总统执政时期的司法部长等其他的许多名人，来我们培训班做了他们的专场演讲。

在这个世上，无论是屠夫、面包师，或者高高在上的国王，无论是谁，都喜欢尊重他的人。一战时期的德国皇帝威廉就是这样的一个例子。第一次世界大战结束后不久，全世界没有人不认为世界大战的罪魁祸首就是德皇威廉，在他逃亡到荷兰之后，就连德国人也不原谅他。残酷的战争使得憎恨他的人何止千百万，有的人甚至还想把他抓来碎尸万段。

在到处都遍布着对威廉的憎恨的时期，一个小男孩的一封简单而又充满钦佩之情的信件，让这位威廉皇帝大为感动。他立刻邀请这个小男孩与自己见面。陪同小男孩前去晋见威廉皇帝的是他的母亲。这事过去不久，威廉皇帝就和这个孩子的母亲结了婚。从这个事例上可以看出，有的人根本不需要看那些关于如何结交朋友和影响他人的书籍，天生就知道自己在生活和工作中应该怎么去做。

爱德华亲王还是英国王储的时候，有一次他准备周游南美洲，在出发之前，他花了很长一段时间来学习西班牙语，这样做的目的是让自己到时能够直接与南美各国人士很好地交流。因此，在他到达南美洲的时候，受到了那里所有人的热烈欢迎与爱戴。如果我们想为自己赢得朋友，我们首先要做的是为他们着想，体恤他们的感受，无论为此花费多少时间都是值得的。

在这些年里，我认真地向我新认识的朋友打听，并随后记住了他们的生日。当然我不是为了研究星相学才这样做的。那么我在这件事上是怎么做的呢？首先我和新认识的朋友见面闲聊时，问他们是不是相信出生日期与人今后的性格、个性、喜好有关系，然后，我请他们告诉我他们出生的年月日，然后牢记住这个日子。在他们走后，我就将他们的姓名、生日记录到我的一个笔记本上去。

就这样，在这几年里，我养成了在每一年的年初，将那些记录在笔记本里的朋友的生日，分别誊写到我办公桌上的台历里去的习惯。每当到了我那些朋友的生日，我就会写封祝福信函，或者打封祝贺电报。朋友在生日里接到我的贺电或信函时，他会非常高兴，因为除了他的亲人，在这个世界上还有一个人——我，在他生日那天送去了祝福。

对他人热情、友好的处世态度，是让我们获得朋友最快捷的方式。如果有人打电话给我们，我们也应该如此，并在刚接通电话的时候，用热情亲切的语气说："嗨，你好！"纽约电话公司曾举办过培训电话接线员的培训班，他们要求培训人员在回答询问者所问的电话号码之后，再向对方说一声"很高兴为你服务"。

这种处事方式在我们的日常商业活动当中使用有成效吗？这是可以肯定的，现在，我就可以随口举出很多例子来，为了不浪费大家宝贵的时间，在这里我就举两个例子。

查尔斯·华特曾就职于纽约一家声誉极佳的银行，有一次，他被指派去调查一家与他所在的银行有业务来往的公司的财务状况。在多方调查之后，华特得知另一家实业公司的经理对他所要调查的那家公司的财务状况非常了解，可以为他提供所需的材料，因此，华特立即就去拜访这位了解情况的经理。在华特刚被人引进经理办公室的时候，一个年轻女人从门外探进头来，对那位经理说，这几天她那里没有什么好邮票给他。

这位经理朝那年轻女子点了点头，接着对来访的华特解释道："我在为我12岁的孩子收集邮票。"

华特坐下后就对这位经理说明他的来意，随后对他提出了自己感兴趣的问题。可是这位经理却含糊其词，笼统而不着边际地应付了华特一阵，很明显，他是不想把他知道的告诉华特。随后，无论华特怎么努力，那经理就是闭口不说。这次见面就这么尴尬地结束了。

查尔斯·华特也是我讲习培训班里的一个学员，当时他对我们说：

> 说真的，当时在这样的情形下，我真不知道自己怎么办才好。后来，在我感到无能为力的时候，我突然想到那天经理的那位女秘书跟他的对话，邮票、12岁的孩子，与此同时，我还想到了我们银行外汇兑换部，因为业务的关系经常与世界各地银行通信，有不少罕见的外国邮票。我想，这些邮票现在可以派上用场了。

次日下午，我带上从银行外汇兑换部弄来的邮票去见那位经理，同时在他约见我之前，通过他的秘书转告他，我这次特意为他儿子带来了很多邮票。你们猜，这次我是否受到了很热情的欢迎呢？那肯定理所当然了。我一进门，这位经理就满面笑容地迎上来，紧握我的双手。在他看到我带来的这些邮票的时候，一再跟我说："唔，我儿子乔治肯定会喜欢这张，看，这张更稀少，这是我们平日里很难找到的……"

这次我与这位经理的见面相当友好，谈话也很投机。我们谈了半个钟头关于集邮方面的事情，他还拿出他儿子的相片给我看。这之后，不等我开口，他就回答了我感兴趣的所有问题。并且，他还花了一个多小时的时间，为我详尽地提供了这次调查所需要的各方面的资料。他还叫来公司里熟悉这个问题的职员，询问他自己所不了解的情况，又打电话问了一些知情的朋友，使我对自己受命所要调查的那家公司的财务状况有了深刻的了解。

以下是另一个我参与过的真实例子：

克纳福在费城一家煤炭厂做推销员，很多年以来，他一直想把自己所在的煤炭厂的产品，推销到一家在全美很有影响的联营百货公司去。可不知道是什么原因，这家联营百货公司始终不买他的产品，而向费城市郊的一家煤炭厂购买。况且，那家联营百货公司每次运煤时，又正好从他办公室的门前经过，这让他感到非常生气。为此，克纳福在我的学习班接受培训时大发牢骚，并大肆斥责联营百货公司的垄断对国家以及社会造成了潜在的危害。

虽然他嘴上这样讲，可还是不甘心事情的结果仍是如此。为什么他在那家联营百货公司推销不了自己的产品呢？

为此，我劝他采取另一种方式推销他的煤炭产品，我把学习班的学员分成两组，就克纳福所面临的问题举行了一场辩论会，主题为"联营百货公司的业务垄断对于国家与社会的危害"。

克纳福接纳了我的建议，参加了这次辩论会反方的那一组，并且同意为那家他反感的联营百货公司辩护。辩论会之前，我建议他直接去见那个不买他产品的联营百货公司主管采购的负责人。

克纳福在见到那个负责人时，马上就开门见山地对他说："我这次来不是向你推销我的煤炭产品的，我现在有件事情想请先生帮个忙……"随后，他把他此次的来意告诉这个负责人，接着请求他说："因为我想不到除了得到你的帮助外，还有其他的方式可以让我在这次辩论中获胜，因此，我希望你能够为我提供更多的相关资料。"

下面就是克纳福向我描述的关于那次约见的情况：

> 那天我去那家联营百货公司，要求见那个负责人的时候，我让他的秘书转告那个负责人，请他给我一分钟的谈话时间，这样那个负责人才答应与我见面。当我对他说明这次的来意后，他请我坐下。其结果就是我和这个负责人，在他的办公室里会谈了1小时47分钟。他还打电话给另一家联营百货公司中写过相关书籍的高级职员，向那人索要了相关的资料。这次会谈之后，他又写信给全美联营百货公司公会，为我找来有关这方面的辩论记录。
>
> 在谈到他所在的联营百货公司时，他觉得自己所在的公司已经做到了为社会服务的宗旨；他对自己现在的工作感到满意和自豪。当他谈到这些的时候，我看见他的眼睛放射出热忱的光芒。这让我感到惊讶，我现在必须承认我开拓了自己的眼界，这次拜访让我看到了做梦也看不到的事，它让我改变了以前对这个负责人的看法。
>
> 当我离开他的办公室时，他亲自把我送到公司门口，并把他的手放在我的肩膀上，预祝我在这次辩论会上取得胜利。最后，他对我说："明年春末你再来，我愿意订购你们厂的煤炭产品。"
>
> 这件事于我个人而言，不是什么奇迹，因为在这次拜访中，我并没有向他推销或央求他订购我所在公司的煤炭产品，可结果却是他主动要向我订购。我想，是我的真诚感动了他，而且，我真心地帮他解决他遇到的问题。在这次近两个小时的拜访中，我在他那里取得了比我在这10年里多得多的进展。原因是我以前只关心我自己和我推销的产品，而现在我所关心的却是他和他所关心的问题。

克纳福发现的真理并没有什么新鲜的，早在耶稣基督诞生前的100年，著名的古罗马诗人西拉斯就曾说过："要想让别人对我们感兴趣，我们必先对别人感兴趣。"

因此，你要想让别人喜欢上你，你必须遵守的第一条原则就是：

发自内心地对他人以及他所从事的事情感兴趣。

如果你想拥有在生活和工作中令他人着迷的人格魅力，以及使他人愉悦的个性，并在与他人的交往中拥有一种更有效的技能的话，我建议你去书店买一本琳柯博士写的《回归宗教》。

你不要一看到这本书的书名就内心恐惧，心生反感，我要明确地告诉你，这可不是一本满纸说教的书。

写作此书的作者琳柯博士是一位著名的心理学家，他曾亲自会见三千多名自认为内心苦闷的人，指导并解答过他们关于人格、个性等诸多心理问题。

琳柯博士曾告诉我，他的这本书还可以更名为《如何丰满你的人格》，因为他这本书讨论的问题就是关于人格的。因此，我深信你在阅读这本书时不难发现，它是一本写得简洁明快而又新颖有趣的书。

第二章　留下好的第一印象

最近，我参加了一个在纽约举行的宴会。会上，有一位不久前刚刚得到一笔遗产的妇人，身穿昂贵的貂皮大衣，身上装饰着珍珠和钻石，或许是想在外表上给人们带来好印象。然而她的脸上没有一点愉快的表情，显得自私而苛刻。她不知道，愉快的表情能够让一个女人显得更有气质，更会让男人倾心，这是单靠华丽的装扮无法达到的。

司华伯对我说过，他的微笑值100万美元。他想表达的也许就是这个道理。司华伯的人格魅力和不一般的才能决定了他现在的成就，而他那让人动心的微笑，便是他最大的魅力。

有一天，我用了一个下午的时间去拜访莫里斯·雪佛莱。他不爱说话，和我以前所想象的完全不同，这让我从见面的一开始就很失望。直到他露出微笑的一瞬间，气氛才立刻明朗起来，和之前一点都不一样了。如果不是因为那一瞬间的微笑，雪佛莱恐怕现在还在巴黎继承他父亲和兄长的行业，做一名木匠。

一个人的行动比言语更有影响力，一个人的行动，比他所说的话，更具表现力，人们面带微笑，就好像是在说："我喜欢你，你让我感到愉快，能够见到你，我觉得非常高兴！"

为什么狗这么惹人喜欢？我相信，这也是出于同样的原因，它们如此喜欢亲近我们，它们见到我们的时候，那种开心的样子是发自内心的，一点都不做作，所以人们见到它们，也是同样的愉快。

而虚假的微笑又是什么样子的呢？微笑应该是发自内心的，虚假的微笑是机械的，应付别人的，也就是我们常说的皮笑肉不笑，任何人都能看出其中的虚假，并且深深地厌恶它。

纽约一家规模很大的百货公司的人事部主任对我谈起过这样的事情。他说他从来都不愿意雇用一个表情冰冷刻薄的博士，而宁愿雇用一个小学毕业证都没有拿到，但是有灿烂笑容的女孩。

美国一家很大的橡皮公司的董事长对我说，根据他的经验，一个人是否对自己的事业感兴趣，决定了他能否在这项事业上取得成功，单凭苦心钻研，恐怕无法取得成功。

"有些人是带着很大的兴趣开展一项事业的，他们对这项事业充满了信心和希望，所以，在一开始，他们能够取得一些成就；但是时间长了，他们逐渐感到厌倦和反感，对自己的工作再也提不起兴致，他们的成绩也逐渐下滑，最终导致失败。"

你以令人愉悦的表情去面对别人，别人也会用相同的态度来对待你。

我曾经在学习班上向众多商业界人士提出这样的建议：每一天，无论任何时候，无论遇到谁，都露出一个发自内心的微笑，一周后回到学习班来讲讲自己从中得到的收获和感想。下面是在纽约证券交易所工作的威廉·史坦哈先生写来的信，他的情况并不特殊，甚至可以说是随处可见的。

　　我结婚已经18年了，这18年来，每天早上，我从起床到离开家去上班的时间里，从来没有对我的老婆展现过笑容，也不会说什么。

　　你让我们就微笑的力量做演讲，于是我就按照你所说的，试着做了一星期。转天清晨，我对着镜子洗漱的时候，看见自己冷漠的脸，我对着镜子提醒自己："皮尔，你的脸硬得像石头，你今天必须松开你的眉头，露出笑容来，现在，立刻就要做到。"吃早餐的时候，我面带温和的笑容，亲切地对我的老婆说："亲爱的，早上好。"

　　你曾经说过，当我们这样做的时候，我们身边的人一定会感到很惊讶，但实际上，他们不只是惊讶。那一刻，她觉得非常疑惑，呆住了，我知道，那是因为我的表现给她带来了出乎意料的快乐，这是她期待已久的。这两个月以来，我家的气氛和以前大不一样了。

　　现在，每当我坐电梯到办公室去时，都会向电梯员微笑问好，对司机和银行柜台的工作人员也是微笑面对。在交易所里，见到那些不相识的人，我也一律致以真诚的微笑。

没过多久，我发现每个人见到我时，也面带笑容了。我以温和关怀的态度对待前来向我诉说烦恼的人，在不知不觉中，他们遇到的烦心事也变得不是那么难以解决了。我发觉微笑给我带来了丰厚的财富，数之不尽。

我的办公室是和另外一个经纪人合用的，他雇用了一个优秀的年轻职员，自从我学会了微笑待人，那个年轻职员也逐渐亲近我了。这一切让我感到快乐和自豪，所以我也向那个年轻人讲解了人际关系学这一新的处世哲学。那个年轻职员曾经对我说，他刚刚到这个办公室工作时，觉得我是一个严厉而且脾气坏的人，而最近他已经完全改变了对我的看法。他说："你笑起来的样子很亲切，我也要学着不再批评指责别人，而去多多赞美别人。我再也不会只表明自己的需求，而是学会站在别人的立场思考问题。环境的变化让我的生活也发生了变化，现在我比以前更加快乐富有，好像重生了一般。"

你要牢牢记住，这封信是一位出色的股票经纪人写的，他有丰富的阅历。如果想在纽约证券交易所以买卖证券谋生，没有足够的专业知识是做不到的，很少有人能胜任这项事业，100个人中有99个会被淘汰。

你觉得很难笑出来吗？那该如何是好呢？你不妨试试以下两点：一是强迫自己微笑，自己一个人待着的时候，哼下歌，吹下口哨，让自己放松，愉快起来，即使你不快乐，也假装很快乐，慢慢地，你就会真的觉得愉快起来了。哈佛大学有一位已经去世的教授，名叫詹姆士，他说过以下的话：

一个人的行动应该跟随着他自己的感受。但实际上，行动和感受是并肩而行的。所以，当你想快乐起来时，可以强迫让自己快乐起来，这样，就真的可以快乐起来。

每个人都想得到快乐，都在寻找得到快乐的方法，有一个方法可以让人快乐起来，那就是明白快乐是发自内心的，不是外界给予的。

无论你现在拥有什么，无论你是谁，身处什么境地，也无论你的职业是什么，只要你真的想快乐，你就可以快乐起来。现在有这样的例子：有两个人，他们的职业和地位都相同，薪水也一样，但其中一个过得轻松快乐，另外一个却总是满脸忧愁，这是为什么呢？很简单，他们各自的心情不一样。

莎士比亚曾经说过这样的话："好的东西和坏的东西本来是没有区别的，只是因为每个人的想法，让它们有了不同。"

林肯也曾这样说过："大部分人的意念决定了他们是否快乐。"他的话很对，最近，我为这句话找到了一个验证的例子：

> 有一次在纽约，我正沿着长岛车站的岩石阶梯向上走时，看到前面不远的地方有三四十个行动不便的残疾儿童，他们正用手里的拐杖很吃力地沿着台阶一级级攀登，有的甚至还需要别人抱着才能上去。可那些残疾孩子脸上充满了快乐的欢笑，这让我感到非常震惊。
>
> 在这不久之后，我找到了管理这些孩子的学校老师，在谈及那件事情给我的感受时，这位老师对我说："当然，在一个小孩子意识到自己将要终身残疾时，他内心会感到难受与不安。可在这种不安和难受过去之后，他也只好听天由命，在将来的生活里继续寻找快乐。就像现在这样，他们的快乐并不比一个行动正常的儿童少。"

这件事给我深深的触动，让我从内心对这些残疾孩子保持了永久的敬意，因为他们给了我一个难以忘怀的教训。

在玛丽·匹克福准备与道格拉斯·费尔班离婚的那段时间，有一个下午我与她待在一起。当时人们也许觉得她会因此心情复杂、难受，但事实并非如此。那个下午，她在我面前依然神情镇定而安详，心情也相当愉快。她是怎样做到的呢？那就是，事情既然已经如此，自己就没有必要去自寻烦恼，而应该忘记这一切，在心底寻找快乐。

当今美国最成功的保险商人富兰克林·贝特格，过去是一个棒球队里的三垒手，你认为他有事业成功的诀窍不？当然有，经过多年对怎么和他人相处的研究之后，他发现对他人微笑的人永远会受到人们的欢迎。这些年以来，他已经养成了进入办公室前在门外停留片刻的习惯，他利用这个短暂的时刻在记忆里找出让自己心情愉快的一两件事，直到脸上涌现出一丝发自内心的微笑，才走进办公室。

因为他相信，对他人微笑虽是件微不足道的小事，但与他从事的保险业务有莫大的关联，甚至能够帮助他在业绩上取得巨大的成就。

现在，让我们再看一下艾勃·哈巴德为我们提供的关于在日常生活、工作中如何与人相处的建议——千万不要忘记，学习这些之后，你必须在日常生活当中灵活地运用，否则你只是学习理论，它对于你依旧是没有什么用的。

他的建议如下：

每天，从你走出自己家门的那一刻开始，抬头挺胸，把你的下巴往里收，让你的胸腔肺叶里充满新鲜的空气。每当你遇见一个朋友，与他握手时，必须全神贯注地把你的祝福与爱倾注于你的手掌里。不要怕他人误解，不要想那些让自己不愉快的事情，更不要让和你敌对的人进入你的意识中，就这样，认真地跟你的朋友握手。

一定要在内心确定你喜欢做的是什么，之后，勇往直前地行动起来。只有你集中全部的精力在自己喜欢的事业上，在以后的岁月里，你才会发现所有的机会都没有从你的手中溜走。

要时刻把自己当作一个有能力做好一切事情，对待他人诚恳热心又有益于整个社会的人。只有这样，你才会时刻提醒自己改掉身上不良的习性，将自己逐渐改造成一个充满迷人魅力的人。你还必须知道，个人的心理暗示能够形成一股强大的力量。

在生活中要让自己始终保持一种诚实、勇敢、乐观的良好心态，因为良好的心态能够激发人的创造力。理想和欲望成就了很多事情，凡是你真正想要并且为之努力的，都会有所收获，我们只需要将渴望埋藏在心里，就一定能够得到想要的。所以，要放松心态，相信自己的力量。

中国的古人是有无限智慧的，他们说过很多格言，其中有一句，你甚至应该将它写在帽子里面，以便随时能够看到，这句格言是"和气生财"，意思是：如果你不能面带笑容，那么千万不要做生意。

谈到做生意，弗雷克·依文在考林公司工作时，曾为他们写过这样几句富含深刻哲理的广告词：

在圣诞节露出微笑：
这让你付出很少却得到很多。
这让得到它的人受益匪浅，付出的人也毫无损失。
它转瞬即逝，带来的美好却是永恒的。
富人需要它，穷人因它致富。
它为家庭带来欢乐，为交易带来良好气氛。它让疲劳的人得到安慰，让失去信心的人得到力量，让悲伤的人得到幸福，让天地豁然开朗，它买不着，要不来，借不到，想偷都不知道去哪里偷。你不给予，没有人会得到它。
圣诞节最后的忙碌时间里，我们的店员也许是因为太累了，来不及把他们的微笑送给你，那么，你是否愿意将自己的微笑留给他们？

因为没有给他人微笑的人，自己更需要他人的微笑。
所以如果你想让人人都喜爱你，你要做到的第二条原则是：
留下好的第一印象！

第三章　记住别人的名字

1898年,在纽约郊外的洛克雷镇发生了一桩悲剧。那一天,村里给一个去世的小孩举行葬礼,全村的人都准备去送葬。吉姆·法里也是送葬行列里的一员,他到自家马棚牵出一匹马,因为那时正是冬天最冷的时候,雪下得很大,马被关在马棚里好几天,所以一被牵到外面,就在地上打转撒欢,高高抬起两条前腿,吉姆·法里想驯服马,却一不小心被马踢到,倒在地上死了。就这样,那一个星期里,洛克雷镇举办了两场葬礼。

吉姆·法里死后没留下多少遗产,他的妻子和三个孩子从他那里只得到了几百美元的保险金。

当时,吉姆·法里的长子小吉姆只有10岁,家庭的贫困促使他去一家砖厂工作。他把泥沙搬运到砖瓦模里,压成型,然后再运送到烈日下晒干。因此,小吉姆失去了接受更多教育的机会,但他血脉里有爱尔兰人豁达开朗的性格,让周围所有人都喜欢上他。这种经历使得他在以后的政治生涯中,逐渐养成了将每一个曾见过面的人的名字牢牢记住的能力。

这个从来没有上过初中的人,在他46岁的时候,却已经被4个大学授予了荣誉学位;还曾当选过民主党全国委员会主席,出任过美国邮政部长等职务。

出于好奇,我曾专程拜访过小吉姆·法里,并请求他告诉我成功的秘密所在。他简洁明了地用四个字告诉了我:"能够吃苦!"当然我不会对他的回答满意,于是,我对他摇着头说:"你在开玩笑,吉姆先生!"

他看见我这样说就反问我:"卡耐基先生,那么你认为我成功在哪呢?"

"我知道你,吉姆先生,你有种神秘的能力,可以随口叫出一万个人的名字。"

"不，卡耐基先生，你错了！"他更正我的话说，"我现在至少能随口叫出5万个人的名字。"

不要对吉姆有超人的记忆力感到惊奇，他正是靠这种能力，帮助富兰克林·罗斯福进入白宫做总统的。

在吉姆还是一家公司的推销员时，他还兼任洛克雷镇的公务员，那个时候，他就为自己建立了一套记住他人名字的方法。

他的这套方法使用起来并不复杂，那就是，每当他认识一个新朋友的时候，问清楚对方的名字，家里有几口人，那个人的职业以及他的政治观点，然后，把这些情况牢记在脑海里。在下次再见到这个人时，即使这次见面是在一年之后，他也能够拍着这个人的肩膀，询问对方的妻儿，甚至那人后院花草的情况。

在罗斯福竞选总统的活动开始前的几个月里，吉姆每天都要写好几百封信给遍布美国西部和北部各州的朋友。随后，他又在19天内，搭乘火车走遍美国20个州，行程1.2万英里，有时以马车、汽车、轮船代步。他每到一个地方，都要找熟人、朋友一起吃早餐或午餐，喝茶或吃晚饭，做一次极为诚恳的谈话后，再踏上下一站的旅程。

他一回到东部，就立刻写信给这次旅程经过的每一个城镇里的朋友，向他们索要一份所有与他谈过话的人的名单，然后整理出来。按照这份名单，给成千上万的新朋友每人写一封私人信件。这些信件都是以"亲爱的××"开头，结尾处总签上"您的朋友：吉姆"。

吉姆早年就在与他人交往时发现了一个秘密，那就是：所有人对自己的名字，比对地球上所有的名字加起来还要感兴趣。记住他人的名字，并且能在见面时轻易地叫出来，这就等于给对方一个巧妙的赞美。如果把一个人的名字写错，或者叫错，这不但会让对方感到难堪，而且还会让自己处在非常不利的位置。

有一次，我在法国巴黎开设了一个关于怎样在公共场所演讲的课程班，给该地区所有的美国人邮寄一封复印信件。我雇用的法国打字员显然不怎么熟悉英文，在填写姓名时经常打错字母。我的学员里有一位是美国驻巴黎银行的经理，写了封信责备我，原因是他的名字被拼写错了。

这个被人叫作"钢铁大王"的人，自己对钢铁的制造却懂得很少，而替他工作的成百上千的人，都要比他了解钢铁。这个人就是安德鲁·卡内基。

安德鲁·卡内基之所以能够发财致富，是因为他懂得如何为人处世。他很早就显现出高超的组织能力与领导他人的才华。在他10岁左右，他就已经了解了人们对于自己的名字非常看重的事实。有了这一了解，他在生活里加以利用，从而赢得了很多与他人合作的机会。

下面是安德鲁·卡内基童年的一个故事。他在苏格兰度过他的孩提时代，有一次，他在草丛里捕获到一只母兔子。喂养不久后，这只母兔生下了一窝小兔，但他没有东西喂养它们。于是他想出一个绝妙的主意，他对附近的小伙伴说，如果他们中谁能够找到足够的食物喂饱小兔，他就用他们的名字为小兔命名。这个方法太灵验了，安德鲁·卡内基一直牢记在心里。

很多年之后，他从事商业活动，经营过多种事业，也使用类似的手段，使得他从中获得了几百万美元的利润。比如，他想和宾夕法尼亚铁路公司合作，而艾格·汤姆森那时正是这家公司的董事长。安德鲁·卡内基就在匹兹堡建立起一座巨大的钢铁工厂，并取名为"艾格·汤姆森钢铁工厂"。

这是个谜题，你猜猜吧，当宾夕法尼亚铁路公司要采购钢轨时，艾格·汤姆森会将自己手中的订单交给谁？

安德鲁·卡内基在经营小型汽车业务时，有一次与乔治·布尔门发生了激烈竞争，他再一次想起那只兔子给予的启示。

当时安德鲁·卡内基控制的中央交通公司正因为想得到联合太平洋铁路公司的订单，和乔治·布尔门所负责的那家公司你争我夺，大杀其价，以致在这桩生意里双方毫无利润可言。因此，卡内基与布尔门都去了纽约游说联合太平洋铁路公司的董事会。一天晚上，他们突然在圣尼古拉饭店相遇了，安德鲁对布尔门说："晚安，布尔门先生，现在的情况是不是我们在出自己的洋相？"

"你这样说是什么意思？"布尔门反问卡内基。

于是，安德鲁·卡内基把他内心的想法跟布尔门讲了出来——他希望他们两家公司合并，这样他们之间不但没有了竞争，而且还可以在业务上获得更大的利益。

布尔门很认真地听着，但并没有完全接受。在要结束这次谈话的最后时刻，布尔门问道："这家新的公司，你准备叫什么名字呢？"安德鲁马上说："当然，那肯定叫作布尔门皇家卧车公司。"

这个时候，布尔门原本严肃的神情一下子就变得轻松了。"安德鲁，到我的房间里来，"他说，"让我们坐下来，好好地谈谈。"就是这次谈话改写了一项工业史。

安德鲁·卡内基成功的秘密之一，就是他这种记住以及重视朋友和商业伙伴名字的方式。他以自己能够叫出每一个员工的名字为荣；他经常自豪地说，当他亲任公司主管的时候，他所掌控的公司、企业从来没有发生过员工罢工的事件。

人们对自己的名字如此看重，甚至不惜代价让自己的名字在世间流传下去。即使是脾气暴躁、盛气凌人的阿迪·巴纳姆先生，也曾为没有子嗣继承巴纳姆这个姓氏而感到绝望苦恼。他甚至愿意支付 2.5 万美元给自己的外孙希柯·西雷，如果外孙愿意将自己的名字改为"巴纳姆·西雷"的话。

几个世纪以来，贵族和有钱的商人都资助艺术家和作家，以求他们在作品里表现现实中的自己。图书馆和博物馆中一些极有价值的收藏，大都来自那些一心想把自己的名字流传在世的人们。

多数人记不住他人的名字，那是因为他们从来不肯为此花费更多点的时间，在脑海里重复这些名字。他们的借口就是："我太忙了。"但是他们中又有哪个会比富兰克林·罗斯福总统更忙，这个伟大的人却肯花费时间和精力牢记身边每一个人的名字，甚至连一个只见过一次面的汽车机械师的名字也牢记下来了。

事情具体是这样的：克莱斯勒汽车公司为罗斯福专门制造了一辆汽车，因为是总统使用的，所以这辆汽车不同于其他汽车，很特殊。张伯伦带着一名技术工人一起把汽车送到了白宫。张伯伦曾给我写过一封信，在信中，他说："我为罗斯福总统详细地介绍了这辆汽车上的所有特殊装置，并且教他如何驾驶，然而那天，他教给我的东西更多，我从他身上学会了为人处世的艺术。"

张伯伦描述了当时的情景：

> 我刚到白宫，总统就出来迎接我，他满脸愉快的笑容，并且亲切地叫出我的名字，这让我非常高兴。当我向他介绍汽车的每个细微之处时，他都全神贯注地听着，他认真的样子，我永远都忘不了。
>
> 这辆车子是经过精心设计过的，可以完全依靠双手来驾驶。罗斯福总统在他的随从围绕车子参观的时候，对他们说："我认为这辆车的存在本身就是个令人叹服的奇迹。你只需在那个按钮上按下，它就启

动了，根本就不必费力气。实在是太完美了。我个人对于汽车制造的知识懂得太少，要是我有时间，我真希望把它一一拆开，看看它内部的动力结构是怎么回事。"

当罗斯福总统身边的朋友和工作人员赞美这辆车子的时候，他转过身来对我说："张伯伦先生，我非常感谢你为我设计出这样一辆汽车，你花费了这么多的时间和精力，这车子简直太棒了。"他赞叹车子内部的冷却器，特殊设计的后视镜，车内的钟表和特殊的前灯，座椅上的椅套，驾驶者的座椅，车厢里专门设计并刻有他姓名缩写字母的行李箱。换句话就是，他关注每一个他清楚我花费不少心思的细节。

他还特意把各个零件指给罗斯福太太、柏金斯小姐、劳工部长和他的秘书们看。甚至叫来那个年老的黑人司机，说："乔治，你要帮我好好照顾这些行李箱。"

在我把有关驾驶方面的资讯介绍完后，罗斯福总统带着歉意对我说："哦，张伯伦先生，到此刻为止我已经让联邦储备委员会等待30分钟了，现在我必须回我的办公室去了。"

那次我带了名机械师去白宫。我们到达白宫时，这个机械师就被介绍给罗斯福总统。他没有跟罗斯福交谈过，总统也是头一次听到他的名字。这个机械师天生是个腼腆的人，在这次会面期间一直躲在角落里。但在我们离开白宫之前，罗斯福总统找到这个机械师，握着他的手，叫出这个头次见面而且没有交谈过的人的名字，并感谢他来到华盛顿。他的言语发自内心，我想，在场的每一个人都能够感觉出来。

回到纽约后不久，我就收到了一张罗斯福总统亲自签名的照片，以及写了一小段话的致谢函。

富兰克林•罗斯福清楚一个最简单而又最重要的获得他人好感的方法，那就是牢牢记住对方的名字，让对方感觉自己受到了他的重视。但是，我们中又有多少人能够这样去做呢？

在我们被介绍给一个陌生人认识的时候，也许我们能够聊上几分钟，但是在说再见之后，我们多半都已经忘记了对方的姓名了。

要成为一个合格的政治家，他所需要学习的第一课就是："牢记每个选民的名字。"

记住他人的姓名在商业界和社交上的重要性，差不多和在政治上是完全一致的。

拿破仑的侄子法国皇帝拿破仑三世，在谈到自己的记忆力时得意地说，即使日理万机，他也能够记住自己见过的每一个人的名字。

他能够做到这点其实非常简单。如果他和一个刚认识的人见面，自己没有听清楚对方的名字，他就说："请原谅，我没听得太清楚。"要是他见到一个不常见的姓氏，又不知道怎么拼读，他就会请教别人："这是怎么拼的？"

在和人交谈的时候，他会把这个人的名字在心里反复说上几遍，同时试着把它与这个人的体貌特征联系到一起。

如果这个刚认识的人在拿破仑三世看来是重要人物，他就会更进一步——在这人走后，把他的名字写在一张纸上，仔细地看，直到自己记住才将那纸撕掉。这样做，他不仅在视觉里对这个名字有了印象，而且在听觉里也有。

这些都是需要我们花费时间去做的，因此爱默生才这样忠告我们："一个人良好生活习惯的养成，都是由生活中一个个琐碎的细节组成的。"

因此，假使你想获得别人的喜欢，那么第三条原则是：

记住别人的名字。

第四章 领会倾听的艺术

前不久，我的朋友带我参加聚会玩桥牌，其实，我不知道怎么玩桥牌，当天在场的恰好还有一位漂亮的女士也不知道怎么玩桥牌，她知道我曾经做过汤姆斯的私人助理，那时候，汤姆斯还未开始他的无线电方面的工作。汤姆斯曾到欧洲各地去旅行，在那段旅行期间，我帮助汤姆斯记录他沿途的所见所闻。那位漂亮的女士在得知我的身份后说："卡耐基先生，你可不可以向我介绍一下你到过的地方，还有那里的名胜和风景呢？"

我们坐在沙发上聊天，她说起了她最近和丈夫在非洲的旅行，我感叹道："是非洲啊！那地方太有趣了，我一直都想去非洲玩，可是除了以前在阿尔及尔待了一天以外，再没有到过非洲别的地方。你能到那里去，真是太好了，我太羡慕你了，可以告诉我非洲有趣的地方吗？有没有你特别喜欢的地方？"

那天我们聊了将近一个小时，对于我曾经的旅行，她不再感兴趣，也没有再说起来，我知道，她需要的只是一个倾听者，她希望看到别人对她的话题感兴趣，这样，她可以从中找到自己的价值。

这一点让她显得不同寻常吗？不是这样的，这是很多人都有的特点。

最近，纽约的一位名叫格林伯的出版商举办了一次宴会，我参加了那次宴会，并且在那里认识了一位著名的植物学家。在那之前，我认识的人中从来都没有从事植物学方面工作的，我被他讲的话深深吸引了，坐在旁边全神贯注地听他讲植物学方面的趣事，有很多都是出乎我意料的奇闻。当我告诉他我在自己住的地方盖了一间小型的室内花园时，他热情地向我介绍了一些种植经验。

那次宴会在座的有十几个人，然而我单独和这个植物学家聊了好几个小时，几乎把其他的人都忘掉了。

子夜，到了散会的时间了，我向到场的每个人告别，那个植物学家在宴会主人面前对我大加赞赏，说我非常能够鼓舞人，还说我幽默健谈，谈吐很有绅士风度。

我不敢相信他的话，整个晚上，我几乎没有开口说话，只是在倾听，而且如果他讲的内容不像我听到的那样有趣，我也不知道该如何跟他交流，因为在植物学方面，我实在了解得太少了。

但是，我知道我已经认真倾听了，并且发现他讲的植物学的东西很有趣，他也感受到了我的兴致勃勃，这让他很高兴。认真地倾听是对他人的尊重，甚至是恭维。伍福特的《异乡人之恋》中有这样一句话："几乎没有人可以拒绝专心关注中包含的恭维意味。"

我对那位植物学家说，他的指导让我受益匪浅，我非常感谢他的招待，他拥有如此丰富的知识，我很希望能像他一样。我期待能够再一次和他相见，希望能够一起去野外散步。

因此，他觉得我善于谈话，实际上，我只不过是善于倾听，而且在别人说话的时候，我善于鼓励他们。

促使一桩生意成功的秘密到底是什么呢？著名学者伊列奥托说："生意上往来的成功并无奥妙可言，只要你专心聆听对方，就这样，没有比聆听对方说话更重要的了。"

这件事情是再简单不过的，对不对？你根本没有必要浪费好几年时间到名牌大学里面去学这些东西，但事实是，不少从事商业活动的人，他们租用昂贵地段的店面，降低产品成本，装修流行摩登的橱窗，在广告上大量投资，而他们所雇用的店员是些从来就不愿意聆听顾客说话的人，他们经常截断顾客的话，反驳有意见的顾客，甚至激怒顾客，好像要将顾客撵出大门才甘心。

我的学习班中有个叫胡顿的学员也经历过这样的事情：

> 有一次，我在新泽西州纽华城的一家商城买了一套衣服。穿过那套衣服以后，我才发现它太糟糕了，上衣掉色得厉害，把里面的衣服也弄脏了。
>
> 我带着那套衣服回到了那家商城，对当时接待我的售货员说明了情况，但实际上，我根本没有办法顺利地把话说完，每次我想完整地

说完一句话，那个伶牙俐齿的售货员都会打断我。

还没等我把话说完，那个售货员就插嘴道："我们都已经卖出去几千套这样的衣服了，以前从来都没有人这么挑剔。"那个售货员的语气怪怪的，声音大得几乎整个商城都能听见，好像要让所有人听见："别撒谎了，你以为我们是好欺负的吗？那我就让你知道我的厉害！"

就在我们的争论达到高潮的时候，另外一个售货员走过来说："黑颜色的衣服一开始都会掉些颜色的，这是没有办法的事情，况且又是那个价位的，用的布料发生这种情况没什么稀奇的。"

那一刻，我一下子怒火中烧。第一个售货员对我的人品置疑，第二个售货员嘲笑我的品位，我气得不行，正要破口大骂，那家商城的负责人走了过来。

那个负责人看上去是个有经验并且懂得事理的人，他转变了我的态度，让我几乎要爆炸的怒气得到了平息，而且让我心满意足。他用以下三个步骤做到了这点：

首先，他让我完完整整地把情况说明白，他在旁边安静认真地听，没有打断一次。

接着，我讲完了整个情况，那两个售货员又急不可耐地要和我争论，可是那个负责人却站在了我这边，批评两个售货员。他说，发生这样的事情，确实是他们的失误，这种质量太差的东西，无法让顾客满意，是不可以摆在商城里出售的。

最后，他向我道歉他不知道这套衣服的质量会差到如此地步，他坦率地对我说："你觉得这套衣服该怎么处理，尽管吩咐，你想怎么办，我可以完全满足你。"

几分钟之前，我还非常想赶快退掉这套可恶的衣服，可是听了他的话，我的怒气消除了，我说："感谢你提出的建议，其实我只是想知道，这种掉色情况是不是暂时的，或者有什么方法能让它不再掉色。"

他建议我再试着穿一周，看看情况是不是有所改善，他对我说："到时候如果还是有毛病，你再把它拿来，我们为你换一套好的，非常抱歉给你添了这么大的麻烦。"

走出那家商城的时候，我心中的怒气已经完全消失了，并且心满意足。一周后，那套衣服再也没有发生任何问题，原先我对那家商城的失望心情也完全没有了。

怪不得那位先生可以当上那家商城的负责人，而那些售货员，如果他们的态度不加以改进，恐怕永远都只能当售货员，甚至会降级到更低的职位，永远都无法同顾客面对面。

一个人，无论他怎样挑剔，指责别人的时候怎样激烈，都无法在一个有耐心和同情心的倾听者面前继续强硬。这个倾听者，必须具有极其沉着冷静的性格，当他面对的人如同老虎一般张大嘴巴想要挑衅的时候，他必须耐下心来静静倾听。有这样一件事：

> 几年前，纽约电话公司遇到了一个史无前例蛮不讲理的客人，那个客人用极其难听的话语对接线员进行责骂，然后他说他坚决不付电话费，因为电话公司在话费账单上造假，他威胁说要把这件事情告诉报社，还要投诉到公众服务委员会。在那之前，这个客人就曾经多次投诉过电话公司。
>
> 最终，电话公司让一个经验丰富并且很有技巧的员工作为调解人员，去面见那个不讲理的顾客。到了那个脾气暴躁的顾客家里，这个员工认真地倾听他的满腹牢骚，让他尽情发泄他的不满，对于他的话，这个员工都不反驳，只回答"是"，并且对那位顾客遇到的困难表示同情。

这个电话公司员工在我的学习班上描述了当时的情景：

> 他一直不停地口出狂言，声音特别大，他说了几乎3个小时，我从头到尾安静地倾听。过了几天，我又去拜访了他，继续听他那些牢骚。之后，我又去了两次，最后，我参加了他创立的一个名为"电话用户保障会"的组织。直到现在，我还是这个组织的成员，而据我所知，我是组织中除了那位顾客以外唯一的成员。
>
> 每一次的拜访，我都安静地倾听，他抱怨的所有事情，我都同情

以答。他说，电话公司里的人从来没有像我这样同他讲话的。慢慢地，他对我的态度友好起来。在前三次的拜访中，我一次要求都没有提，在最后一次的拜访中，我处理好了所有事情。他付清了全部账单，并且第一次撤销了在公众服务委员会那里对电话公司的投诉。

毫无疑问，表面上，这个顾客的努力都是为了维护公众利益，实际上，他最需要的不过是自重感。他通过抱怨和牢骚得到了自重感，当电话公司的员工让他得到自重感后，他不必再用抱怨和牢骚换取受尊重感了，也就不用再述说那些和实际不符的委屈了。

很多年前的一个清晨，一个满腔怒火的客人闯进迪图默毛呢公司创办人迪图默的工作室。

迪图默先生告诉我：

那个客人欠了我们15美元。虽然那个客人不愿意承认这点，但我们都知道错出在他身上。所以，我们的信用部坚持给他写信，催他付款。他接到我们寄给他的几封信后，就立刻来到芝加哥。他闯进我的工作室，气愤地说，他不会付那15美元，而且，他以后再也不会和我们公司合作任何事情。

我忍住脾气，安静地倾听，他说的那些话，我有好几次几乎忍不下去，想要站起来跟他辩论，让他闭嘴不要再说下去。可是，我知道，如果那样的话，事情会变得更糟糕。我让他尽情发泄，直到最后，他的气好像撒完了，怒火渐渐平息下去。我平静地说："非常感谢你亲自到芝加哥跑一趟，把情况告诉了我。其实，你这样做是帮了我一个大忙，如果我们的信用部会这样得罪你，相信他们也会这样得罪别人，那结果就不堪设想了。你要相信我，我现在特别需要你来跟我讲讲具体的情况。"

他大概怎么也想不到我会说出这些话来，或许他有点失望，他是为了和我争论才来到芝加哥的，可是我不但没有和他争论，反而还感谢他。我平静地告诉他，我会让信用部帮他取消那笔欠款，并且让大家尽快将此事忘掉。我赞美他是个细致的人，不会把这一笔账目弄错，而我们公司的职员每天要处理无数账目，可能会出错。

我告诉他，对于他的处境，我非常能够理解，如果是我遇到了这种问题，我恐怕比他还要生气。如果他决定再不买我们公司的产品，那我将非常愿意为他推荐其他几家信誉不错的毛呢公司。

以前，他来芝加哥的时候，我经常会和他共进午餐，所以，那天我也邀请他一起吃饭，他勉强答应下来。午餐后，我们一起返回我的办公室。他又订了货，而且比以前订的还要多。然后，他心平气和地回家了。或许是我的处理方式的原因，回家以后，他认真地翻找查看了他的账单，最后还是找到了那张15美元欠款的账单，他才发现是他把账单放错了地方。他还清了欠款，随款附了一封道歉信寄了过来。

后来，他的妻子给他生了个男孩，他用我们公司的名字"迪图默"为他的儿子取名。22年后他去世了，那22年，他一直都是我们公司忠诚的好主顾，也是我的非常好的朋友。

很多年前，有个荷兰小男孩，每天放学后为一家面包店擦窗子，每周可以挣到5美分，他家里很穷，所以他常常提着篮子到水沟旁捡过往煤车掉下来的碎煤块。这个孩子的名字叫爱德华·巴克，他一辈子接受过的教育不超过6年，可是后来，他却成为美国新闻界最成功的杂志的编辑之一。他是如何从一个穷苦孩子成为一个成功人士？这是一个漫长的过程，但是我可以简单地描述他的事业是怎样开始的，他从一开始，就运用到了本章提出的方法。

他13岁退学，在一家西联公司里做童工，每周可以拿6.25美分的工钱，虽然身处贫苦的环境，可是他每时每刻都在寻找可以受到教育的机会。他不仅对任何能够受教育的机会毫不放弃，而且还进行自我教育，他到哪里去都步行，从不坐车，午饭也不吃，把省下的钱积累起来，买了一本美国名人传记。后来，他做了一件人们闻所未闻的事情。

爱德华·巴克认真细致地把美国名人传记读完，然后，他给传记上的每个名人写了一封信，请他们把童年时候发生的事情多讲一些给他。他希望那些名人可以多谈谈他们自己，从这里，我们可以看出，爱德华·巴克是个善于安静地倾听的人。

爱德华·巴克在给当时正在参加总统竞选的詹姆士将军的信中，问他是否真的曾经在运河上做过拉纤的童工。詹姆士收到信后，给巴克回了一封信，详细地回答了他的问题。接着，巴克又写信给格雷将军，问他记载在那部名人传记上的一次战役的详细情况。格雷将军还画了一张详细的地图附在信里，并且请这个14岁的孩子吃了顿饭，他们在一起聊了整整一夜。

巴克还给爱默生写了信，希望爱默生能够讲讲他经历过的事情……这个原先在西联公司负责送信的报童，没过多久，就和美国大多数著名的人物都通了信，如爱默生、布罗斯、修利弗、朗费罗、林肯夫人、休曼将军、戴维斯，等等。

他不满足于和名人通信，还利用假期，去登门拜访他们中的一些人，成为那些人家里非常受欢迎的客人。巴克通过这样的经验，获得了很大的自信。那些名人让他坚定了理想，让他有了坚强的意志力，让他之后的人生焕然一新。我愿意再说一遍，所有的这一切，都是因为他实践了我们正在讨论的原则——善于聆听。

有一个曾经采访过很多风云人物的记者，名叫马可逊，他告诉我："有的人从来都不愿意认真倾听别人的话，所以他们无法在别人心目中留下美好的形象，他们从来不将自己的耳朵打开，只想着自己要说的那些话。"马可逊还说："有些名人曾经对我说，善于言谈的人并不是他们真正喜欢的，那些善于安静倾听的人才是他们真正欣赏的，有这种能力的人很少，比任何拥有其他优秀能力的人都要罕见。"喜欢善于聆听的人，这不是名人特有的，大多数普通人也是这样。

就像《读者文摘》里面说的："很多人都去看医生，而他们真正想要的，只不过是个安静的倾听者。"

美国内战打到高潮的时候，林肯给伊利诺伊州春田镇的一个老邻居写了封信，邀请他到首都华盛顿来，说是要和他讨论一些问题。那个老邻居来到白宫，林肯和他聊了好几个小时有关解放黑奴的问题。林肯就他提倡解放黑奴的计划，将赞同与反对的各方意见放在一起加以探讨，然后他让这个朋友看了所有来信和报纸上的文章，这些信笺和文章有的是因为他一时还解决不了黑奴问题而指责他的，也有因为害怕他解放黑奴谩骂他的。交谈完毕后，林肯和他握手告别，并派人把他送回伊利诺伊州。

在这次会谈中，林肯并没有征求这个老邻居的任何建议，从一开始只是一味地说自己想说的话，当他把所有的话都说完后，感到心情舒畅了很多。林肯的这个朋友后来回忆这次会谈时说："林肯在和我讲了很多话后，他本来凝重的神情一下子轻松了不少。"对，林肯并不需要这个朋友的任何建议，他那时候所需要的只是有一个朋友倾听他内心的苦闷。当我们心情苦闷，事业进展不顺利的时候，也需要像林肯那样去做。

假如你希望人们都躲着你，一看见你就跑得远远的，在背地里嘲笑你，讽刺你，假如你真的希望这样，我可以告诉你一个很好的方法：永远都只谈论自己的事情；永远都不要认真听别人说话；当你对别人正在谈论的事情有自己的观点的时候，立刻打断别人，不要等对方把话说完。在你的心目中，你要比他聪明得多，你才不愿意浪费时间去听他那些愚蠢的话。没错，你要立刻行动，仅仅用一句话，就可以让别人闭嘴。

你遇见过这样的人吗？真遗憾，我遇见过，让人惊讶的是，这种人中有一部分竟然还是社交界的知名人士。

他们是因为太让人厌恶才有了名气，他们的自私和自我中心让自己飘飘然，所以很多人都厌恶他们。

言语里只有自己的人，永远都不会为别人着想，哥伦比亚大学校长白德勒曾就这种人说过这样的话："这种人没有教养，简直不可救药！不管他曾经受过什么样的教育，他依然是个没有教养的人。"

因此，你首先需要能够安静地听别人讲话，然后，才能成为一个让人喜欢的人，别人才会乐意听你说话。就如同一个名人曾经说过的："先对别人感兴趣，别人才会对你感兴趣。"和别人谈论他们感兴趣的话题，多让他们谈谈自己的经历以及取得过的成绩。

切记：对于同你讲话的人来说，他的需求或者他遇到的问题，比你的需求或你遇到的问题要重要100倍。对于他来讲，就算是发生死了几百万人的灾难，也没有他患的牙痛重要。在他眼里，一场大地震远远没有他自己头上的一个小冻疮重要。

所以，想让别人喜欢上你，第四条原则就是：

领会倾听的艺术。

第五章　谈论对方感兴趣的话题

罗斯福渊博的学识让每一个去牡蛎湾拜访他的人感到惊奇。勃莱福特就这事曾感叹地说："无论拜访的人是儿童还是骑士，是政客还是外交家，罗斯福都非常清楚自己要和他们说什么。"那么这到底是怎么回事？答案简单得让人不敢相信，那就是罗斯福在接见每一个前来拜访他的人之前，已经为他的客人们预备好他们感兴趣的话题。

和其他具有领导才能的人一样，罗斯福很清楚赢得他人好感的秘密——深入人心的最好办法是和对方讲他最喜欢的事情。

曾任教于耶鲁大学文学院的著名教授费尔布斯很早就懂得这个道理，他讲过这样的事：

> 我8岁那年，有一个星期六去姑妈家玩。那天晚上有个中年人也到我姑妈家做客，他和我姑妈寒暄后，就把注意力集中在我身上。当时我正对帆船感兴趣，当我们谈到这个话题时，这位客人也表现出对帆船很感兴趣的样子，因此，我们的交谈非常投机。他离开后，我就跟姑妈说，他是个好人，他和我一样也喜欢帆船。可我姑妈告诉我，这个客人是个律师，按说他是不会对帆船有兴趣的。我问："那为什么他一直在和我说关于帆船的事情呢？"姑妈告诉我说："陪你谈论帆船，那是因为他知道你喜欢帆船的缘故。这个客人可是位绅士，他懂得让人喜欢自己的方法，因此，他才陪着你一直谈论你感兴趣的帆船。"我永远都不会忘记我姑妈那次对我所讲的话！

在我写作这个章节的时候，我突然想起前不久基尔夫寄给我的一封信。他在信中这样写道：

> 有一次在欧洲那边要举行一个童子军大野营的活动，由于资金的原因，我必须请一个人帮忙找一家大公司解决童子军旅费问题。我看中了美国一家大公司的老板，想请他资助。在去见他之前，我打听到他曾经签出过一张百万美元支票，随后又将支票撕毁作废，并将它装入镜框做装饰的事。因此在我走进他办公室后的第一件事，就是请求他带我参观那张被撕毁的支票。我立即告诉他我从来没有听说过有人开出百万美元支票又将它撕毁的事情，我一定要把这件事讲给我的那些童子军听，并告诉他们我确确实实见到过这张支票。这个老板很高兴地将支票取出来让我看，我非常羡慕，同时请他告诉我关于这张支票的故事。

不知你注意到没有，基尔夫先生拜访那位大老板时，他一开始就没有提到童子军以及他拜访的来意，而是谈那个大老板感兴趣的事情。那么这件事到后来到底怎么样了呢？基尔夫在他的信中这样写道：

> 那位大老板随后问我："哦，基尔夫先生，你有需要我帮助的事情吗？"于是我立刻向他说明我的来意。那结果真出乎我的意料，他不但立即满足了我提出的要求，而且比我原想得到的还要多出很多来。我见他前只想他能够资助1个童子军到欧洲参加活动，可是他告诉我他愿意资助5个，除此之外，他连我也邀请在内，还立刻签下一张在国外兑现的，能够供我们在欧洲生活7个星期的支付凭证。在我离开前，他又给我开出几封介绍信，吩咐他公司驻欧洲各地分部的经理，让他们妥善安排我们的欧洲之行。
> 更为重要的是在我们出发后不久，他也赶到欧洲，在他的公司巴黎分部亲自接待了我们，还带着我们游览了整个巴黎的名胜古迹。最后，他还为几个家庭贫困的童子军介绍工作。从那次之后，这个大老板到今天还在尽其所能地资助那个童子军团体。

你想一下，要是我事先并不知道他的兴趣爱好，并想办法让他心情愉快的话，怎么会让整个事情进行得如此顺利，并且后面发生的事也是让人难以预料的呢？

这是一种十分有效的方式，这种方式在商场上的运用同样十分有效。下面我再讲个事例加以说明。

杜凡诺先生是纽约一家面包公司的经理，上任4年以来，他一直想将自己公司的面包卖到一家大旅馆去，几乎每个星期都去找那家旅馆的负责经理。他打听到这个经理喜欢去一家交际场所，他也跟着去，为的是希望有个接触的机会。甚至他还在那家旅馆长期租下房间，专门等那位经理，可是他所有的努力都以失败告终。

杜凡诺后来对我说：

从那之后，我潜心研究人际关系学，才明白要改变自己的推销策略，想办法了解对方最关心的事情，在哪个方面才能引发出他的兴趣。

不久我发现这个经理是美国旅馆公会会员，由于他对这个组织的活动十分热心，还被推选为该团体的主席，同时，他还兼任了国际旅馆联合会的会长。如果组织要开会，无论会议地点设在多么远的地方，他都会乘飞机越过高山峻岭、荒漠海洋，赶到那里参加会议。所以，转天我一遇见他，就让他讲讲会议的详细情况，他果然对这个话题很感兴趣，手舞足蹈地讲了半个小时。我已经看出来，他是多么热爱这个组织，这是他生活中不可缺少的重要部分，在我同他告别之前，他邀请我加入他们的组织。

那天，我对面包的事情只字未提，过了几天，我接到他的旅馆里的管事打来的电话，通知我把面包的价目表以及样品送过去给他们看看。

我来到那家旅馆，管事出来迎接我，他说："先生，我不清楚你在那老头身上下了什么功夫，可那是真的，你碰触到的地方是对的。"

"我在他身上花了4年的时间，你想想看。呵呵，如果不煞费苦心找出他的嗜好与兴趣所在，那么我还不知道要花费多少的时间与精力谈成这笔生意呢！"我回答道。

如果你要让他人从内心喜欢上自己，第五条原则就是：
谈论对方感兴趣的话题。

第六章　让别人觉得自己很重要

有一次，在纽约33号街8号的邮局里，我排队等着去发一封挂号信，我看到邮局的工作人员对自己的工作显得有些不耐烦：递邮票、找零钱、给信件过秤、给顾客写收据，单调得让人想发疯，况且这样的工作日复一日，年复一年。

因此我对自己说："我要试着让这个人高兴起来，我必须找一些好玩的，他又感兴趣的事情和他说说。那么他有什么地方是值得我加以赞美的呢？"我私下琢磨着。这肯定是个难题，特别对方是个陌生人的时候。可不到一会儿，我就从这个烦躁的邮局工作人员身上，找出了一件值得赞美的东西。

轮到我了，在他接过我手中的挂号信时，我很热情地对他说："真希望我也能够拥有你这样漂亮的头发！"

那个工作人员听到我的话，惊讶地抬起头来，脸上立刻就显现出愉悦的神情，他很客气地对我说："现在我的头发已经没有从前的好了！"我接着很真诚地和他说："也许是没有以前那么好了，但是现在看起来，仍旧是很漂亮的。"他听了非常高兴，接着我们又愉快地聊了几句。在我临走的时候，他对我说："有很多人都说过我的头发很好看。"

我相信，在听完我的话后，这个本来不快乐的工作人员在中午下班去吃饭的时候，一定步履如飞。回到家中也会和他妻子提到这件事，而且还会对着镜子，用手捋着头发自言自语："唔，我这头发确实好看！"

我曾多次在公开演讲中提到这个故事，每一次都会有人问我："你是不是想从那个人身上得到什么？"

这是个很奇怪的问题，我想得到些什么呢？我想从一个烦躁不安的工作人员的身上得到些什么？要是我们都那样自私、卑贱，不从他人身上得到回报就不愿意给他人快乐，要是我们的气量还没有一个酸苹果大，那么在生活、工作及与他人交往当中绝对失败。

是的，我认为我确实想从那个心情不好的工作人员身上得到些东西。我想获得一些对于人很珍贵的东西，在我说出这段话的时候，我感觉我已经得到了，那就是我做了件不需要他回报的事。这件事即使过去很多年以后，在他的记忆里依然闪耀出迷人的光来，让他一想起就感到愉快。

在人们日常的行为中，有一个很重要的规则，要是我们在生活当中遵循了这一规则，那么可以肯定我们就永远不会有烦恼的困扰。事实上，只要我们遵循了这个规则，它就会为我们带来无数的朋友与永久的快乐。反之，要是违背了这一规则，我们就会遭遇到难以预料的困难。这个规则就是：要让他人永远地感觉到他自己很重要。

杜威说过："受尊重感是人类的一种潜在欲望，是人类天性中最为迫切的心理需求。"詹姆士也说过类似的话："人的天性里有一点，就是希望自己被他人所重视。"人和动物不相同的地方就在于受尊重感的有无，人类文明也是因此而产生的。

从古至今，哲学家对于人类交往的规则，思考了数千年，而所有的思考得出的结果只有一个，就是这个规则并没有因为时代的变迁而有所不同。3000年前，索罗斯特就把这一规则告诉了拜火教徒；2400多年前，孔子在中国就宣讲过，老子也以此教导过他的学生；基督诞生前的500年，释迦牟尼就把这个规则传授给了他的教徒；1900多年前，耶稣把这一规则综合在教义里，以此教诲门徒。这是世界上最重要的与他人相处的规则——你希望他人如何对待你，那么你就必须那样对待他。

没有人能够例外，在日常生活中都希望与他接触的人能够由衷地赞美自己，他所需要的是让人承认他存在的价值，从中获得被人重视的感觉。当然不是那种虚假的奉承，而是发自内心的赞美。他希望他的朋友们，如同司华伯所说的"真诚地赞许，宽厚地称道"，这是我们每个人都想得到的。

让我们遵守这一个很早以前就被总结出来的人际交往原则：你希望他人如何对待你，那么你就必须那样对待他。

怎么去做？什么时候去做？在什么地方去做？答案是："在你日常生活里，任何时间，任何一个地点。"

有一次，我在无线电城的问讯处打听苏文的办公室所在的位置。那个穿一身整洁制服的问询员看起来很高贵，他清晰地回答我说："亨利·苏文（停顿），18楼（停顿），1816室。"

我向电梯走过去，突然又想起了什么，又往回走到那个问询员的跟前，"你回答问题的方式很漂亮，"我对他说，"很清晰而又准确，你是个了不起的艺术家。"

他听了我的赞美后很愉快，脸上闪动着快乐的光芒，他把领带又略微往上提了提，随后告诉我，他在回答时为什么中间要停顿，每一句话里的那几个字为什么需要那么说。在我乘坐电梯抵达18楼时，我觉得自己在人类快乐的总量上，给自己和他人增添了一丁点分量。

我们不需要等到自己做了外交大使或俱乐部主席的时候才去赞赏他人，这个规则是实用的，你几乎天天都可以用到它。给予他人快乐的时候，难道我们自己没有感到快乐？

举个例子：

我们在餐厅要了份法式煎土豆，而那个女服务员给我们端上来的却是煮土豆。在这样尴尬的时候，我们不妨说："哦，很抱歉啊，要麻烦你了，我们喜欢的是法式煎土豆。"她马上就领会地回答我们："没什么，一点都不麻烦，这就给你们换。"知道为什么了吧，因为我们尊重了她。

日常生活里的礼貌用语，比如"对不起""谢谢""您介意吗"等这些看似简单的话，却能够减少我们与他人之间的矛盾，同时又能够很自然地显现出我们身上高贵的人格。

让我们再来看个例子：

著名的美国小说家柯恩出生在一个铁匠家庭，他一生所受到的学校教育不到8年，但到他去世时，他已经成为世界上最富有的文人。

原来，柯恩喜欢诗歌，因此他读遍了罗赛迪的所有诗歌，并写了篇关于罗赛迪诗歌的论文，热情赞颂他在诗歌上的贡献与成就，而且还把这篇论文给罗赛迪送去了。罗赛迪看后当然很高兴,他说:"这样年轻的小伙子,对我的作品有如此高超的理解,他一定是个非常聪明的人。"

于是,罗赛迪请这个铁匠的孩子到伦敦做他的私人助手。这就成了柯恩人生的转折点,自此之后,柯恩有了更多与当时英国的文化名人接触的机会,并受到他们悉心的指导,他的写作生涯得以顺利,不久就在那些文化名人的推荐下声名鹊起。

现在他的故乡格利巴堡成了旅游胜地。他留给后人的遗产有250万英镑,但谁知道,要是他没有写那篇赞颂著名诗人罗赛迪的论文,他的一生又会怎样,他很可能默默无闻地度过一生。

真诚的赞美是一股来自内心的力量。罗赛迪认为自己对于整个人类的文化生活很重要,作为当时的一个世界著名诗人,这一点都不稀奇。几乎所有的人也这样看待自己,认为自己对于社会是有用与重要的,甚至就一个国家而言,这种情况也是如此。

你是否觉得自己比日本人优越?而事实上日本人却认为他们比你更优越。尤其是,如果一个日本人思想很保守,只要他看到你和一个日本女人跳舞,他就会感觉受到侮辱般地愤怒。你还以为你比印度人优越是吧?当然你可以这样感觉,但是他们的感觉却与你恰恰相反。你是不是觉得自己比爱斯基摩人要优越?你仍然可以这样去想,可你知道爱斯基摩人又是怎么看待你的吗?在他们那里如果有一个人好吃懒做不务正业的话,他们就会用手指着这个人的鼻子叫他"白种人",你要知道这是他们那里最为恶毒和刻薄的骂人话。

每一个民族或国家都会觉得自己比其他民族或国家优越,这样才产生民族主义和爱国主义,甚至导致战争的发生。

在人与人的交往中有一个很明显的规则,那就是,我们所遇到的每一个人,都觉得自己在某些方面比别人要优秀得多。如果我们要深入他的心灵,只有一个方法,那就是让他感到我们愿意承认他在我们自己的内心世界里无比高贵。请不要忘记爱默生的话:"凡是我遇见的人,他们的身上都有值得我学习的地方,我必须虚心学习他超越过我的地方。"

有的人在事业上刚刚做出了点成绩,就觉得自己非常的了不起,结果引起别人对他的反感和厌恶。对此，莎士比亚说过："人啊，骄傲的人，凭借着一丁点短暂的才能，就在上帝面前炫耀，天使都会为他黯然神伤的。"

现在我要告诉你们关于我学习班里3个学员的故事，看看他们是怎样灵活运用这个原则而获得出人意料的效果的。

第一名学员是康涅狄格州来的律师，他不希望我透露他的名字，这里我们称他为R。R到学习班培训不太久，有一天，他陪着妻子开车去长岛探望亲戚。在长岛，他妻子让他留下来陪姑妈，她自己则抽身去看望其他的亲戚。R想把他从学习班学到的知识实践一下，以便回去时写个实践报告，于是他决定从他姑妈身上着手。他在屋子里四处走动，想找到一个切入点。

他问姑妈："这幢房子是1890年建造的吗？"

"对，正是那年建造的。"他姑妈说。

"这房子让我想起了我出生的那幢老房子，"他感叹地说，"那是很漂亮而又结实的房子，不过现在的人好像已经不看重这些了。"

"是呀，"姑妈点了点头说，"你看现在的年轻人，他们已经不再讲究住好看结实的房子了，他们需要的仅仅是个小公寓，一个冰箱，再加上一辆跑车而已。"

姑妈一下子就沉浸在怀旧的回忆当中，她温柔地说："这房子是我和我丈夫用爱建造而成的。在建造这幢房子之前，我们就梦想了很多年。当时，我们没有请建筑设计师来设计，完全是按照我们自己的想法建造的。"

姑妈带着R参观了各个房间以及她和她丈夫的收藏品。R对她珍藏的各类收藏品——英国古典茶具、法国床椅、意大利油画、一幅曾挂在法国封建时期城堡里的丝帷——给予了真诚的赞美。

参观完房间之后，姑妈又领着R去了车库，在那里停放着一辆很新的别克牌汽车，看起来似乎没有使用过。

姑妈看着那辆车子说："这辆车是你姑父去世前买的。他死后，我就再也没有开过，一直放在车库。你是个懂得爱惜东西的人，R，我把这车子送给你了。"

R听到这话感到十分意外，他开始婉言谢绝，对姑妈说："我非常感谢您，姑妈，但我不能接受这份贵重的礼物，因为我已经有了一辆新车。您还有不少亲戚，我相信他们中肯定有人喜欢它的。"

"亲戚？"姑妈有些激动地提高了声音，"是的，我有不少，他们都在盼望着我赶紧离开这个世界，然后从我这里得到这辆车子，可他们永远都得不到。"

R说："姑妈，要是您不愿意送给他们的话，可以把这辆成色很新的车子卖掉。"

"卖了这车子？"姑妈激动地吼了起来，"你以为我是那种会把它卖了的女人吗？你以为我就忍心在街上看着它被一个陌生人驾驶着去糟蹋？这可是我丈夫专门买下来给我的，我连做梦都没有想过卖掉它！但是我愿意送给你，因为我知道你是懂得珍惜它的人。"

R再次表示他的谢意，不接受姑妈的赠予，可他又害怕伤害一个老人的情感，最后竟然不知道该怎么收场才好。

这是个垂暮之年的老人，她孤单地居住在一座大房子里，每天面对着屋子里那些精美珍贵的陈设，缅怀过去美好的岁月。她希望有人与她一起分享。她年轻时曾经美丽，被许多男士追求。她与曾经心爱的人一起建造了这座房子，并花费很多的时间和精力，在欧洲各地收藏奇珍异品来装饰。

而现在，这位姑妈已经是风烛残年，孤苦伶仃一个人，她内心渴望获得人世间的一点温情，一丁点发自内心的赞美，可是却从来就没有人愿意给予她。而当她的这种内心需求得到满足时，那种感激之情仿佛沙漠里涌出的甘泉，一下子就滋润了她干枯的心，使得她愿意把心爱的汽车赠送给这个为她带来温暖的人。

下边是第二个例子。这是由纽约一个叫迈克乌霍的园艺设计师所讲述的：

那是我在学习班学习了"如何交友和影响他人"的人际关系课程后不久的事情，当时，我正替纽约一个著名的法官设计园林。这位非园林专业人员的法官，向我提出在他的园林栽种花草的建议，可是我觉得他的建议非常不好，于是我岔开话题对他说："司法官先生，您的那几条狗非常的可爱，我曾听您说它们在很多次的宠物狗比赛中获得过蓝丝带优胜奖。""是啊，我是个特别喜欢狗的人。"这位法官停顿了一下跟我说，"你是否有兴趣参观一下我的狗舍呢？"

我的话果然有效果，他差不多花费了一个多小时带我去看他的狗，以及这些狗在宠物比赛中获得的奖状。他拿出狗的家谱，对我讲述每一条狗血统的来源，因为狗的血统纯正，使得他的狗很惹人喜爱。

"你有孩子没有？"最后他问我。

我很肯定地告诉他，我有个孩子，而且是个男孩。

"你的孩子喜不喜欢狗呢？"他接着又问我。

"是的，先生，"我回答说，"他很喜欢！"

"那太好了！"司法官点了点头说，"我送他一只纯种狗。"

接着他详细地向我讲述了养狗的方法，过了一会儿，他又很担心地说："我这样说你有可能记不住，还是让我把主要的诀窍写下来给你。"说完他立刻走进书房，用打字机打下了一整篇关于这只狗的血统、系谱以及喂养的方法，非常详细。这个司法官那天不但送了我一条价值不菲的小狗，同时还花费了一个多小时的宝贵时间。我想，那是我对他的爱好和所取得的成绩表达出真挚赞美的结果。

现在让我们来看下第三个例子，这也是我的学习班学员亲身经历的。

柯达公司的创始人伊斯曼先生，因为对摄影胶片富有突破性的发明，使得电影摄像取得了真正意义上的成功，他自己也因此获得了成千上万的财富。虽然他取得了如此伟大的成就，可他与其他普通人一样渴望得到他人的赞美。

多年前，伊斯曼想在洛贾士德修建伊斯曼音乐学院以及凯本剧院，纽约俊美座椅公司的经理艾达森先生闻讯后，希望能够承接凯本剧院的座椅生意，他立即打电话给该建筑的设计师，约好一起去洛贾士德跟伊斯曼见面。

艾达森刚到他和设计师约定的地方时，这位设计师就对他说："我知道，你想从伊斯曼先生那里得到座椅的那份合同，不过我要告诉你一个事实，那就是伊斯曼先生工作很忙，人也很严肃，如果你浪费掉他5分钟以上的时间的话，那你就别想做成这笔生意。他不但事情繁多，而且脾气也大得出奇，因此，我事先说明，你要快速向他说明来意，然后赶紧离开他的办公室。"

艾达森听后，就立刻按照这位设计师说的去做。他们被秘书引进一间办公室时，看到伊斯曼先生正在埋头处理桌子上的一堆文件。伊斯曼见有人进来，就抬起头摘下眼镜对他们说："两位早，有什么事情需要我帮忙吗？"

在设计师介绍他们认识之后，艾达森对伊斯曼说："我非常羡慕您的办公室，伊斯曼先生。要是我能够拥有像您这样舒适的办公室，我一定很高兴在里面工作。您知道我是经营室内木业的，可是我还从来就没有见过像这样一间舒适又漂亮的办公室。"

伊斯曼高兴地说："啊，感谢你对我办公室的赞美。我自己都差点忘记了这件事，这间办公室是不是舒适漂亮？它刚刚布置好的时候，我的确喜欢过。可是到现在为止，由于工作繁忙，有时甚至接连好几个星期不停地工作，我的注意力已经完全没有在这上面了。"

艾达森走到办公室的墙壁旁，用手摸了摸壁板，问伊斯曼："嘿，这是不是用英国橡木做的，伊斯曼先生？我知道这种材质和意大利的橡木的材质略微不同。"

"是的，用的是英国的橡木。"伊斯曼解释说，"而且是一个专家朋友细心替我挑选的。"

接着，这个工作繁忙的老总——伊斯曼先生——又带着他们参观自己的室内设计，包括房门、雕刻以及油漆，等等。他们在办公室的一扇窗子前停下来，站了一小会儿，伊斯曼先生就告诉他们，近期他准备捐一些钱给洛贾士德大学和公立医院，为社会尽自己的一份义务。艾达森马上赞颂地说，他的这个行动可真算得上是义举。伊斯曼听了很高兴，他走到一个玻璃橱窗前，打开小锁，取出他多年前买下的摄影机，那是从一个英国人手里买来的，是他的第一部摄影机。

艾达森接着问伊斯曼，他是如何开始他的创业史的。这让伊斯曼先生感慨万千地讲述了他少年时候的事情，由于父亲早逝，他们的生活非常的清苦，他母亲依靠出租房子养家糊口，他也在年龄很小的时候就去了一家保险公司做事，每天只能挣5美分。他饱经饥寒，因此很早就立志要艰苦奋斗，出人头地。

接着艾达森又找到伊斯曼先生感兴趣的一些话题，让他继续述说，而艾达森自己则安静地聆听着。艾达森是上午10点15分进入伊斯曼先生的办公室的，可是两个多小时过去了，他们依旧在聊天，而设计师曾警告过他，他最多只能有5分钟的时间。

这两个多小时里他们交谈得非常愉快，最后，伊斯曼先生对艾达森说："不久前，我在日本购买了几把椅子，我把它们都放在了阳台那里，结果由于阳光的直射使得椅子上的油漆脱落了，我自己就买回油漆漆好。我觉得我做得非常好，你如果有兴趣的话就去看一下。哦！这样，你今天就去我家，我们一起吃个午饭，以便你看到那些我亲手油漆的椅子。"

午饭之后，伊斯曼先生把他油漆好的椅子给艾达森和设计师看，其实那些椅子，每一张的价值都不会超过2美元，可是身价上亿的伊斯曼，却因为自己亲手做这些事情而自豪。

现在你应该知道了，凯本剧院座椅这份有9万美元的订单，伊斯曼先生给谁了。当然是会为人处世的艾达森，你觉得除了他还会有其他人吗？自此之后，伊斯曼与艾达森的友谊持续到伊斯曼去世。

这是多么奇妙的试金石！我们又该从哪个方面下手实施它呢？为什么我们不从自己日常生活里细小的地方开始做起呢？比如从自己的亲人、朋友和同事的身上。我相信你的妻子一定有她的过人之处，至少以前是这样，否则你怎么会和她结婚。但是，你有多久没有赞美她漂亮了？

有一个时期，我居住在加拿大的一个森林的小猎屋里，在米拉密其河钓鱼。我有很多空余的时间，在那里，每天我只能读到小镇上出版的一份报纸。我在阅读那份报纸时，基本是把上边的每个字都看上一遍甚至翻来覆去地看上很多遍。有一天，我突然在那份报纸上看到狄克斯撰写的婚姻专栏，她的文章写得相当的好，因此，我以后每次看到就把它们从报纸上剪下来，收集在一起。她在文章里明确指出，她已经厌倦了人们对新婚女人所讲的那些话，她认为应该把新婚男人拉到一边，给他们一些忠告才行。

她的忠告是："一个不会赞美女人的男人，最好不要结婚，一个男人在婚前赞美女性是很自然的事情；而在婚后还给予自己的女人赞美，才是一个优秀男人必备的品质。组成一个和谐美满的婚姻不仅要靠彼此的真诚、责任，还应该讲究像外交家那样的沟通策略。"

如果你想天天都过上幸福美满的家庭生活，千万不可轻易指责自己的妻子治家不行，也不要拿她与自己的母亲或其他人做毫无意义的比较，因为没有比这样做更能伤害自己妻子的了。

相反，你应该赞赏她的努力。而且还应该向她表示，告诉她，你因为有她这样一个好妻子感到无比幸运。要是她没有把饭菜做好，让你无法下咽，也不要立即抱怨，你不妨向她暗示，今天的饭菜没有过去做得好。你妻子得到了这种暗示后，一定会不辞辛劳，直到把饭菜做到让你满意为止。

千万记住，不要做得很突然，否则会让她起疑心的。

不妨就从今天晚上，或者明天晚上也可以，为自己的妻子买一束鲜花或一盒糕点作为礼物，而不是在嘴上说什么"我早就应该这样做"的空话。一定要行动起来，并在付诸实践时还要带上内心的微笑，再说几句亲昵的话语。要是每一个做丈夫的都能够如此对待自己的妻子的话，我不相信日后离婚的人会继续增加。

如果你想知道怎么让一个女人爱上自己的话，这里有个诀窍，不是我自己凭空想象出来的，而是狄克斯女士提供给我们的。

有一次，狄克斯去监狱采访一个犯有重婚罪的新闻人物，他因为获得过23个女士的芳心以及钱财而闻名。当狄克斯问及他是怎样获得女人的爱情时，他坦率地告诉她，他没有使用诡计与阴谋，他说，你只需要与一个女人谈论她自己就行。

这种看似简单又能够取得他人信任的方法，其实用在任何一个男人身上也同样有效。英国首相狄斯累利就这样说过："和一个男人谈及他感兴趣的事情，那个男人会饶有兴趣地聆听，并喜欢上你。"

因此，如果你想让他人从内心喜欢上你的话，那么第六条原则就是：

让别人觉得自己很重要。

这本书你已经看了一部分了，现在请合上它，立刻将你学到的与他人交往的知识运用到生活实践中去吧，这样你将看到奇妙的效果！

如何赢得他人的喜爱

原则一：真心地关注他人

原则二：留下好的第一印象

原则三：记住别人的名字

原则四：领会倾听的艺术

原则五：谈论对方感兴趣的话题

原则六：让别人觉得自己很重要

第三篇
如何让他人认可你

第一章 不要与他人争论

第二次世界大战刚刚结束不久的一天晚上，我得到了一个极有价值的教训。当时我是澳大利亚飞行家罗斯·史密斯爵士的经纪人。二战期间，他曾是澳大利亚空军战斗机的飞行员，被派到巴勒斯坦工作。二战结束，宣布和平条约不久，他在30天内连续飞行半个地球的壮举震惊了全世界。因为从来没有人做到过，澳大利亚政府赏给他5万美元，连英国女王也授予他爵位。

在那一时期，史密斯爵士是英国米字旗下广受瞩目的人物，很多人说他是大不列颠的英雄。有一次我参加了为史密斯爵士举行的一个晚宴。宴会上，坐在我身边的一位先生给我讲了一则幽默故事，并引用了一句成语"谋事在人，成事在天"。

这位健谈的先生说，他引用的这句成语出自《圣经》。可是我知道他错了，我非常肯定自己知道这话的出处。为了证明我丰富的知识，满足自己的优越感，我尖刻地纠正他的错误。那人立即反唇相讥："你说什么？莎士比亚？绝不可能！那话出自《圣经》，这是绝对没有错的。"他的确是如此做的。

和我争论的那位先生坐在我的右边，我左边是多年研究莎士比亚的老友法兰克·贾蒙。因此，我让他对这个问题进行裁决。贾蒙听了后，在桌子下用脚踢我，对我说："戴尔，是你记错了，这位先生是对的。那句话的确是出自《圣经》。"

晚宴结束后，在回家的路上，我对贾蒙说："法兰克，你明明知道那句话出自莎士比亚，为什么还要说我错了？"

"是的，当然，"他回答说，"那确实是出自莎士比亚的作品，悲剧《哈姆雷特》中的第五幕第二场。可是，我亲爱的戴尔，我们都是宴会上的客人，为什么一定得找出另一个人的错误？那会让他高兴吗？我们为什么不给他留个面子？况且那人并没有问你的意见，他也不需要你的意见。为什么要跟他抬杠？戴尔，我最后想告诉你的是，在生活中要永远避免与他人发生正面冲突，那样你会感觉很轻松的。"

"永远避免与他人发生正面冲突！"说这句话的人今天虽然已经不在人世了，可是他给我的教训长存不灭。

这是我当时最需要得到的一个教训，因为在这之前我一直是个积重难返的好辩者。我小时候就喜欢和自己的兄弟为许多无聊的事情争辩，后来上了大学，又选修了逻辑学和辩论术，还时常去参加辩论比赛。再后来，我在纽约教授演讲和辩论培训班的时候，有个时期很想编写一本关于辩论的书。而在几年后的今天，我甚至不敢承认自己在生活中是个喜欢争强好胜、固执己见的人。

自从听了我好友法兰克的话后，我听过、亲自参与过、看过还评判过数千次辩论会。由此我得出了这样的结论：世界上只有一种在争论中获得胜利的方法，那就是尽量避免与他人发生争论，而且要像避免响尾蛇和地震那样去避免争论。

十有八九的辩论，结果只能是使双方比以前更相信自己绝对正确。要知道，争论中永远不会有真正的赢家。如果在争论中你失败了，那当然就败了，没什么好说的；如果你在辩论中获得了胜利，就其本质而言你依然是失败；因为即使你使对方的论点变得千疮百孔、一无是处，那又怎么样？你因此扬扬得意，而对方却因为你使得他毫无颜面而怨恨你。

"使一个人口服是容易的事，而让他人心服却很难。"因此，潘恩人寿保险公司为它旗下的员工立下一项"不要与客户争辩"的铁定原则。

一个优秀的推销员是从来不会与自己的顾客争辩的，即使是最不起眼的争辩，他也会小心翼翼地加以避免。可是要改变一个人的习惯，也并不是那么容易的事。

有个现成的例子：

> 前些年我的培训班来了个生性好强的爱尔兰人欧哈瑞。他没有受过良好的教育，喜欢和他人抬杠。他做过出租车司机，后来又做卡车推销员，因为推销业绩始终不够好，所以才来请教我。他来的那天，

我随便问了他几个问题，发现他是个喜欢和他人争辩的人。在日常工作中要是他的顾客稍有挑剔，他就会脸红脖子粗地和挑剔的顾客针锋相对地争辩。当时他告诉我："有一次，一个家伙对我的卡车挑三拣四，我就火了，大声地教训了他几句，谁知那家伙就不买我的卡车了。"

欧哈瑞是个特例，因此我在培训他与他人交流的时候，并不教他如何和他人交谈，而是教他学会倾听和沉默，以便减少他跟别人争论的机会。现在经过培训的欧哈瑞已经是纽约怀特汽车公司的优秀推销员了。他是怎么改变自己不良的生活习惯而获得成功的呢？下边是他的心得：

现在如果我走进顾客的办公室推销汽车，顾客却说："什么？怀特汽车？这车子太不好了！哪怕你送给我，我都不会接受的。先生你知道吗？我需要的是何赛车！""是的，先生。"我会这样和他说，"何赛这个品牌确实不错！你买这种车绝对很好。它们是大企业生产的产品，并且他们的推销员也是很优秀的。"

我这样顺着顾客的意思说话，顾客就无话可说了，因此我和他之间就没有什么杠可抬。要是他还说何赛车是最好的，我也会迎合他说很对，这样他只能住口了。他总不能在我同意他的观点后继续说何赛车如何如何好吧。这样我就又有机会向他介绍怀特车的优点了。

这事情若是放在过去那些年里，我听到他这样说话，早就火了，我会在他面前挑何赛车的毛病；可是我越是这样批评何赛车不好，顾客就越说它好；我越是和顾客争辩，他就越是喜欢我竞争对手的车子。

现在回想过去，真不晓得自己是如何干推销员这种工作的。在推销产品的时候我竟然把绝大部分的时间放在与顾客抬杠上，而现在我学会迎合顾客的观点，推销的效果居然比过去要好得多。

正如智者本杰明·富兰克林所讲的："假如你在生活和工作当中经常和他人抬杠，也许偶尔能够取得暂时的胜利，但那胜利却是虚无的，因为你因此而永远地失去了他人对你的好感！"

我们得好好地思量一下富兰克林的话，我们是要那种表面上的、事后又会感觉到无比虚无的胜利，还是要获得他人对自己的永久性好感？这两样东西，绝大多数的时候我们很难兼得。

有一次，波士顿的一本杂志上刊登了一首寓意深刻又有趣味的诗歌：

> 这里
> 躺着的是威廉姆的尸体
> 他临终前认为
> 没有遗憾死得其所
> 但是
> 他的想法在他人看来
> 正如他躺在此地的尸体一样。

也许你在有的争辩中是很有道理的，可是当这些争辩变成是强行改变另一个人固有的观念时，我们都会发觉那其实是一种徒劳而又辛苦的工作。

威尔逊总统在任期间的财政部长威廉·麦肯铎，用他多年的从政经验总结出一个教训："在任何时候、任何地方，我们都不可能依靠辩论使得无知的人从内心信服。"

威廉·麦肯铎说的话太温和了。以我多年与各种生活经历不同的人交往的经验看，不仅仅是无知的人，就是任何人，如果你想用争辩改变他们的想法都只能是徒劳。

有一个例子可以说明我上面所讲的话：有一次，所得税顾问派生和一个政府税收稽核员，为一笔9000美元的款项争了一个多小时。派生认为这9000美元事实上是应收账款里的死账，不可能收回的，所以不该征收所得税。而那位稽核员反驳说："我不认为是死账，所以应该征收。"

派生在培训班上说：

> 那是个傲慢而冷酷，性格固执的家伙。和这样一位稽查官员讲道理，简直是噩梦。你越和他争辩，他就越固执，简直毫无办法。因此，为了破解僵局，我决定放弃与他的争论，换了个话题，对他的"认真"

的工作态度进行了赞赏。

我对他说："比起您处理过的其他重要而困难的事情，这件事实在是微不足道。我也花费过很多精力来研究税务问题，但是我得到的毕竟是书本上的死知识。而您的知识却来自实际的工作经验。我真羡慕您有一份这样贴近实战的工作，那样的话也许我就能够有机会学习到更多的关于税务的知识了。"

我对他说的这些话，每一句都是真诚的。这个时候，那个税收稽核员在椅子上挺直了腰杆，接着就和我讲了他从事税务那么多年里得出的经验，他在实践工作中发现过很多偷税漏税的鬼花样，后来他口气缓和下来，又谈到他的孩子和家庭琐事。在我走之前，他告诉我关于那9000美元的征收税，他会再研究一下，过几天告诉我结果。

不到3天，他约见了我，并告诉我那笔9000美元的税，按照税务条例看是死账，可以不交纳。

这个税务稽核员表现了普通人常有的人性弱点，那就是他需要一种别人认为自己是重要人物的感觉，以及他人对他权威性的重视。

派生在9000美元的税务死账上和他争论，他就很自然地强调自己在这个方面的权威性。一旦派生承认了他在税收上的成就，他自然就变得宽厚，而且能够容忍他人观点了。

拿破仑的管家康斯丹，在他的《拿破仑的私生活拾遗》一书里，写到拿破仑与约瑟芬打台球时，拿破仑对他说："我很清楚自己的台球技术强过约瑟芬，但是每次打台球我都想方设法让约瑟芬赢，因为我知道只有这样做她才能高兴。"

康斯丹告诉我们一个亘古不变的人际规则：我们一定要让自己的顾客、朋友、丈夫或者妻子，在细小问题的争论上经常胜过我们。

释迦牟尼告诫他的信徒时说："只有爱才能化解他人的仇恨。"因此，在人与人之间的交往中，只有对他人宽容、友善，不断调整自己的心态，才能获得他人的尊重，因为任何一种争执，即使是最轻微的，也不能消解人与人之间的误会。林肯有一次在教导一位与同事发生争执的军官时说："所有想成就大事业的人不会在私人的争执上耗费时间。因为他知道无谓的争执不会有助于解决任何问题，只会让人发火，让他的理智失控。一定要在与他人拥有同样权利的事情上多做一些让步；与其与一只狗争路被它咬，还不如让出道路，即使当时杀了那狗，其结果同样不能治愈你被它咬的伤口。"

因此，在生活中让他人认可你的第一个规则就是：

不要与他人争论。

第二章　尊重他人的意见

富兰克林·罗斯福在白宫当总统的时候，他曾坦诚地承认他给自己定下的最高标准：假如每天他在处理事务上有75%的决定正确，那么这一天他就已经做到最好了。

如果这个所谓的最高标准是20世纪最受瞩目的人对自己的希望，那么我们又该如何去做呢？

假如你可以肯定自己每天在处理日常事务上有55%正确的话，那么你就可以去华尔街日进斗金，娶明星做老婆，买豪华游艇度假了。反之，假如你不能确定，那么你又凭什么指责他人的荒唐和错误呢？

你可以用自己的肢体语言、面部的神态、说话的语调告诉一个人，他确实错了，正如用语言表达一般；然而假如你直截了当地告诉对方他错了，你以为这个人会对你感激不尽吗？不，绝对不会的！因为你这样做是对这个人的智力、判断力、自信心以及自尊心等给予直接打击，这不但不会让他立刻改正错误，相反他会向你反击的。即使你运用柏拉图和康德的哲学逻辑和他讲理，他也不会改变自己的意志。

在无法取得他人认同的时候千万不要说："既然你不愿意承认自己的错误，我就证明给你看。"你说这样的话就等于在说："在这件事情上，我就是比你聪明，而且我还能够找出证据证明你的错误。"

这是一种挑衅的行为，一定会引起对方的极度反感与不适，不等你拿出证据他已经准备好迎战了。即使你语气委婉，要改变他人的意志也不是件容易的事情，更何况是在即将发生争执的那种特殊的情况下，那么我们为什么不在那个时刻适度地控制住自己的情绪呢？

假如你想纠正他人的错误，就不应该直截了当地说，而应该使用一种巧妙方式，那样才不会得罪对方。

这就如同吉士伯爵告诫他儿子时说的："最聪明的人是不会告诉别人自己聪明的。"

人们的观念时刻都在发生变化，20年前我认为正确的事情，现在看来已经是不对的了。甚至在研究爱因斯坦的相对论的时候，我也持有怀疑的态度。也许再过20年，我看自己写的这部书也会有所怀疑。现在我已经在任何事情上都不像年轻时那样随便下结论了。苏格拉底屡次告诫他的门徒说："我所懂得的唯一的事儿，就是我一无所知。"

我不希望看到自己装得比苏格拉底更聪明，所以在这里我也在避免告诉人们日常生活中经常要面临的问题是什么，同时，我觉得这样做对我自己也有好处。

假如有人说一句你认为不对的话，你知道他说错了。但若是你使用下面的话来讲，效果肯定不错，比如"好的，就这件事情让我们探讨一下……因为我有个不成熟的看法；当然，也许我的看法是错误的，我经常把事情弄错，如果我错了，我愿意改正过来……其实我的意思是……"等。

全世界的人都不会因为你说"也许这是不太对的，让我们看看，究竟是怎么回事"这样的话而责怪你的。

即便是一个科学家也是如此。有一次，我去拜访既是探险家又是自然科学家的史蒂文森，他曾在北极生活了11年，其中有6年时间，他的食物只有肉和水，没有其他东西可以吃。他告诉我那时他正在进行一项试验，我试着问他该项试验是做哪个方面的证明时，他的回答让我终生难忘："一个严谨的科学家是永远不敢证明什么的，我做这个只是试着去寻找事物本来的面目。"

你是不是希望自己的思维逻辑化？很好，除了你自己，没有人能够阻止你！只要你随时敢于承认自己有可能犯错，就没有了其他的事带来的困扰，也不会与人发生争执。而和你共事的人，也会受到你这种自我批评的影响，在出现错误的时候对进行自我反省。

要是你知道某个人犯了错，你直截了当地告诉他，或者指责他，你知道会有什么后果吗？现在我讲个个案供大家参考：

S先生是纽约市一位年轻有为的律师，前不久他在美国最高法院为一个极其重要的案子辩护，关键的是，这是一桩涉及一笔巨额资金和一项重要的法律问题的案子。

在辩护的过程中，审理这个案件的一位法官问他："海军法的申诉期限是不是6年？"

S先生用眼睛注视着法官，沉思了一会，然后说："法官先生，海军法里并没有您提到的条文。"

S先生在演讲培训班里回忆当时的情形时说："我这话刚一出口，整个法庭顿时陷入沉寂，当时屋子里的空气仿佛被冰冻一样，瞬间降到了最低点。我知道自己是对的，是法官错了，但是我却当众指出法官的错误。在这样的情形之下，那法官会对我的态度友善？不会的……当时，我相信自己讲的话在法律条款中是有据可查的，我也很清楚那次辩护比我以前任何一场法律辩护都要好。可我错了，因为我最终没能说服法官，我失败的原因就在于我当众告诉这个极有学问且又在法学界很有权威的人他错了。"

在生活当中很少有人真正具有逻辑推理能力，而绝大多数人怀有成见，每个人都承受着嫉妒、猜测、恐惧以及傲慢的伤害。很多人都不想改变他们的宗教信仰以及已经养成的生活习惯，甚至他们的发型。如果你打算告诉一个人他有错，那么我诚恳地奉劝你在每天早饭的时候，将鲁滨逊教授所写的一段文章阅读一遍。他在文章里写道：

在生活中，有时我们会发现，自己会在不知不觉中改变一些生活习惯，以及对待世界的态度。但假若有人指出我们做错的事情时，我们就会面子挂不住并且恼羞成怒，对那个指出我们错误的人心怀怨恨。我们不会在意我们的意愿或生活习惯因生活压力而有所改变；可一旦有人要改变我们养成的生活习惯或固有的意愿时，我们会突然变得固执起来，即使我们自己也很清楚那些生活习惯或意愿对我们确实不好。之所以如此，并非我们对那些坏习惯有强烈的偏好，而仅仅是因为我们觉得自尊受到了伤害。

"我的"这个词是人类最重要的词汇之一，如果能够恰到好处地加以运用，那就是智慧的开始。不管是"我的"饭、"我的"狗、"我的"房子、"我的"父亲、"我的"上帝等等，这些词汇都具有无尽的力量。

我们并不只是反对被人指出错误，而是根本就不愿意看到有人来纠正我们的错误。我们乐意将我们认为"正确"的事情进行到底。若是突然有人质疑我们，就一定会激起我们的反感，并且使用各种手段来为自己辩护。

有一次，我请一位室内装潢设计师替我配置了一套窗帘，等看到他送来的账单时，我吓了一大跳。

几天之后，我的一个朋友来我这里正好看到这套窗帘，在提及价格的时候，他嘲笑般地说："什么？这价格太卑鄙了。是你自己不小心才上当受骗的吧。"

真是这样吗？对，她所说的句句属实，可是人们就是不愿意听到这样的大实话。因此，我竭力为自己辩护："价格贵，说明材质比一般的好。"

次日，又有一个朋友来我这里拜访，她非常喜欢我的这套窗帘，并诚恳地加以赞赏，她对我说，自己也想买一套这样的窗帘。我听到她说的话后，反应跟昨天完全不同。我立即对她说："说实话，这套窗帘的价格偏高，现在我自己都后悔死了。"

当我们有错的时候，我们自己有可能会承认；假若对方给予我们承认错误的机会的话，我们则会从内心感激他；根本不需要他的提醒，我们自然就承认了。可是硬要把不符合我们胃口的东西往我们肚子里塞，不但我们自己无法忍受，而且后果也会不堪想象。

美国南北战争期间，和林肯政见不同的著名评论家格利雷，经常在他的政论文章里嘲笑、谩骂林肯，以为用这种方式就能够使林肯屈服。他年复一年、日复一日地攻击林肯，甚至在林肯被刺的那天晚上，他还写了篇又粗鲁又尖刻地嘲笑林肯的文论。

难道他的这些尖酸刻薄的文章，能够使林肯屈服吗？答案是：永远不能。

如果你想知道在生活和工作中如何与他人更好地相处，怎样将自己调整到最佳的状态，怎样完善自己的人格与品性，你不妨去阅读一下《富兰克林自传》

这本书，这是一部很有趣的传记作品，而且是部文学名著。

在这部著名的自传中，富兰克林讲述了他如何努力改变自己喜欢争辩的恶习，最后成为历史上一个性格和蔼又擅长外交事务的风云人物。

年轻时代的富兰克林也是个经常和他人争吵的人，有一次教会里的一位老教友把他拉到一边，意味深长地教育了他一番。

"兄弟，"这位老教友说，"对其他意见不同的教友，你的态度不是很合适，你用尖锐的语言攻击他们很不应该。现在已经没有人再在乎你的意见了。因为教内的兄弟都发现，只要你不在场，他们就会感受到更多的快乐。你知晓的东西似乎太多了，以至于再也不需要任何人告诉你任何的事……而事实上，你除了拥有现在的知识外，对于其他的知识一无所知，并且你真正知道的东西实在是非常有限，你明白吗？"

据我所知，富兰克林之所以能够取得巨大的成功，在很大程度上得感谢这位老教友尖锐而诚恳的指点。当时的富兰克林年龄已经不小了，他有足够的辨别能力来领悟这位老教友话语中的深刻含义。他深深地懂得，假如自己再不痛改前非的话，其结果便是遭受到朋友们的唾弃。因此从那之后，他把自己身上不良的习惯统统地加以反思，并全部改正过来。

富兰克林在自传中说：

> 自那次之后，我为自己制订了一条与人交往的规则，不让自己在意念上和任何人有相抵触的地方，我不再固执己见，在和他人交流的时候，凡是含有肯定意思的字句，例如"当然""毫无疑问"这样的话，我都改成"据我的推断""我的揣测"或"我想象"等不确定的话来替代。在有人愿意指出我的错误时，我首先告诉自己，马上在心理上放弃反驳对方的念头，然后立即转入婉转的对话……在某些时候，他所指的可能是正确的，但是现在的情况也许略微不同了。
>
> 没用多久的时间，我就感觉到自己的改变所带来的好处。我参与的任何一次谈话，都明显地感到比以前更融洽和愉快。我能够平和地向他人提出自己的建议，而他们会很快地接受，反对的阻力大为减少。在人们指出我的错误时，我也并不感到气恼、愤怒。在我"正确"时，我更容易说服对方放弃错误的路线，并接受我的建议。

我刚实施这个规则时,"自我"异常激烈地趋于对立的状态,不自觉地反抗,后来就非常自然了,并养成了习惯。在过去的50年中,也许已没有人听到我说出过一句武断轻率的话了。在我看来,这得益于我的这种习惯的养成,每次我提出一项建议时,几乎都能够得到人们热情的拥护与支持。我这人不擅长演说,口才不好,遣词用句十分有限,说出的话也不是很得体,可是我的大部分意见和建议都能获得普遍的接受与赞同。

那么在商业上运用富兰克林的方法,效果会是怎样的呢?我现在就讲两个例子:

纽约自由街114号的玛霍尼出售一种煤油专用设备。一个来自长岛的老主顾向他预定了一批这种设备。设备的图样已经被双方通过,设备的零件已送厂家开始制造。可不幸的事情在这个时刻突然发生了。

这个玛霍尼的老主顾在和他的朋友们谈起这件事时,他的朋友们又给他提出了很多意见,说有的零件太长了,有的又太宽了,总之这个那个的,听得这个老主顾一时没有了主意,而且非常气愤。他打电话给玛霍尼要取消这次的订单,并且拒绝接受已经生产出来的那些机件设备。

玛霍尼回忆当时的情形时说:

我非常认真地查看了图纸,发现我们并没有什么差错……我马上就意识到造成这种情况的原因在于他和他的朋友们并不清楚这些机件制造的过程。可是,假如我立刻直率地说出那些话来,不但不恰当,反而会对这项正在进行的业务产生非常糟糕的影响。因此,我去了趟长岛……我刚一走进他的办公室,他就立刻从椅子上跳起来对我声色俱厉地叫喊,仿佛要和我打架一样。最后他说:"现在你准备怎么办吧!"

我心平气和地跟他说,他有什么要求,我都可以帮忙。我是这样对他说的:"你是出资人,理所当然要提供给你满意的产品。假如你认为你是对的，那么请你再给我一张图纸……虽然因为进行这项工程，我们已经花费掉2000美元。我愿意负担这2000美元的费用，把正在进行中的那些工作取消掉，重新开始，按照你要求的做起。不过我想把话当面说清楚，要是我们按照你现在给我的图纸制造，再出现什么差错的话，责任在你，我们原来不负任何责任。可是，要是还按照我们原来的计划进行的话，出现任何一点差错，则由我们全部负责。"

他听了我的话后，情绪稳定下来了，最后他说："那行吧，照常进行好了，如果真的有什么差错的话，那你们只有请求上帝的帮助了。"

最后的结果证明了我们做对了，现在他又向我们订了两批设备。

在那个主顾侮辱我，几乎要对我动手，指责我不懂业务时，我全力克制住自己，不和他争论，也不为自己辩护。那是需要极强的自我克制力的，可我当时做到了，这是值得欣慰的。

当时如果我直率地告诉他，那是他的错，并和他争论起来，说不定我们还会在法庭相见呢。而结果可想而知，那就是双方起了厌恶感并蒙受经济上的损失，同时，我们也失去了一个极其重要的客户。这件事情让我深刻地体会到，直率地指出他人的错误，在商业事务上是极其不应该的。

下边是第二个例子——千万记住，我所列举的情况，你会在生活和工作中随时遇到。

这些年来，纽约泰洛木材厂的推销员克劳雷，一直在说木材检验员的错处，虽然每次与检验员的争吵都获得了胜利，除此之外就再也没得到过什么好处。他还因为喜好争辩使得木材厂蒙受了上万美元的损失。后来，他来我的学习班学习后，决定改变他喜欢争辩的习惯，那么结果怎么样呢？以下是他提供的一份报告：

一天早上，我办公室的电话响了，是一个愤怒的顾客打来的，他在电话里告诉我，我们送去的木材完全不符合他的要求。他已经命令员工停止卸货，并在电话里要求我立即想办法把木材运走。事情是这样的，当他们在卸下四分之一货物时，他们的木材质检员说，有55%

的木材在标准等级以下,在这样的情况下,他们当然拒绝收货。

得知这种情况后,我立即起身前往他的工厂。在路上,我就在心里盘算着怎么处理好这件事。若是平常遇到这种事,我会引证木料分等级的各项条款,以及我从事木材质检员多年的经验和常识说服那位质检员。我很清楚这次送去的木料是完全符合标准的,出现这样的情况是由于那个质检员判断上的差错。可是,在这次事情的处理上,我还是运用了从学习班学到的与他人有效交往的方法。

到了那家木材加工厂时,我发现他们的采购员和质检员的表情非常不友善,好像已准备好用谈判的方式和我交涉。我随他们到卸木料的场地,要求他们继续下货,以看看不合格的木料。我请质检员把他认为合格的与不合格的分放在两处。

经过一阵观察,我发现问题出在这个质检员身上,他的检查看似过于严格,但是他弄错了质检规则。这次送的木料是柏松,我知道这个质检员学习过关于硬木的知识,但对于柏松并不内行。至于我自己,则对柏松知道得很清楚,可是,我是不是应该对这个业务不熟悉的质检员发火呢?不,绝对不会。我只是观察他如何检验,试探性地问他那些木材不合格的原因所在。当时我没有任何暗示或指责他使用的方法是错的。我只是做这样的表示——为了今后送木料时不再发生错误,因此才不断地向他请教。

我用积极友好的合作态度和他进行交流,同时还称赞他做事谨慎、能干,说他找出不合格的木料是对的。这样一来,我和他之间的那种紧张气氛渐渐消失了,关系变得融洽起来。我会极其自然地插进一句经过我郑重考虑过的话,使他们自己觉得那些他们认为不合格的木料,应该是合格的。因为我说得小心含蓄,所以他们知道我不是故意这么说的。

他的态度慢慢地改变了。最后他向我承认,自己对于柏松这种木材检验的知识知道的并不是太多,并开始向我请教。于是,我便跟他解释,怎样的一块柏松木材才是一块合格的木材。同时,我还向他们表示:如果这次的木料不合格,他们一样可以拒绝收货。最后,他发现错在自己,原因是他们并没有在订货时说清楚他们对木料的要求。

我走后，这位质检员重新检验了所有的木材，而且全部接收下来，与此同时我也收到了一张到期即付支票。

　　从这件事可以看出，与他人相处，只要运用恰当的谈话技巧，在对方出现错误时，不直接指出他的错误所在，就能够有很好的效果。在处理木料事件时，我就是这样做的，不但为公司节省下大笔的金钱，最重要的是赢得了客户的好感，而后者是无法用金钱衡量的。

本章中我并没有讲什么新理论。早在两千年前，耶稣就曾这样说过："要爱你的敌人。"换句话说，就是要赞美你的反对者。不要和你的顾客、丈夫、妻子或者竞争对手争辩，不要轻易指责别人的不是，不要激怒合作者或不和你合作的人，在处理日常工作时一定要使用外交手段。在公元前2200年，古埃及法老教导他的儿子时说："在处理任何事务时，一定要使用外交手段，这样才能帮助你达到你所期望的目标。"

　　因此，在生活中让他人认可你的第二个规则是：

　　尊重他人的意见。

第三章 学会认错

我住的地方几乎位于纽约城的中心地带，出门步行一分钟左右就可以到一片树林。每年春天的时候，那里鲜花盛开，松鼠在树上筑巢养育孩子，马尾巴草长得差不多有马头那么高，人们给这片完整的树林取了个名字叫"森林公园"。

那的确是一座漂亮的森林，我常常带着我的那条名叫"雷克斯"的小狗去那里散步，这是条受过良好训练的小狗，由于来这个公园的人很少，我通常不需要给雷克斯系皮带、戴口笼。

有一次，我和雷克斯在公园里散步时，过来了一个骑警，这是个急于显示自己职权的人。他看到我和雷克斯时便大声地对我说："你不给这条狗戴口笼，让它在这里到处乱跑，难道你不知道这是违反法规的吗？"

我态度温和地对他说："是的，我知道，但是我想，在这里，它还不至于伤害到他人。"

那个骑警把头昂得高高地说："你想？不至于？可是法律不会管你怎么想。你的这条狗也许会伤害这里的松鼠，也许会伤害到来这里玩耍的小孩。这次我可以不罚你的款，不过下不为例，否则的话，就要重罚你了。"

我点了点头，答应照他的话去做。

我是真的听从了那个骑警的话的，但只听从了几次。因为雷克斯不喜欢带口笼，我自己也不太愿意给它戴上那东西，所以我决定碰下运气。刚开始时什么事都没有发生，但我和雷克斯终于还是和那个骑警遇上了。那天，雷克斯跑到公园里的一座小山上，朝前方看，一眼就看到了那个骑警，因为它并不知道我和骑警的事先约定，它在我面前又蹦又跳，还朝那骑警冲了过去。

这下，我知道事情坏了，所以我不等那骑警开口说话，就自己主动认错了："很对不起，警察先生，我愿意接受你的处罚，因为上次你就说过，在这里，狗不戴口笼是犯法的。"

可没想到的是，那个骑警反而用温和的口气对我说："现在我明白了，在没有人的时候，带一条狗在公园里散步是一件很有意思的事情。"

我只能苦笑着说："是的，这是件很有意思的事情。只是，我已经触犯了法律。"

那骑警却为我辩护道："像这样一条哈巴狗，不可能伤害到人的。"

这时我却显得很认真地说："可是它会伤害到小松鼠的！"

骑警听我这么讲，就回答说："那你把事情想得太严重了点，我告诉你怎么做吧：你让这个小家伙跑过这个小山包，不让我看见就行，这事就过去了。"

骑警作为一个普通人，他也需要被他人尊重的那种感受。当我主动承认错误时，他唯一能够体现出自己尊严的方式，就是采取一种对我宽容的态度，以便来显示出他的仁慈。

要是那时我和那骑警争辩的话，那结果就会完全不同了。

在这件事上我采取不和他争辩，自己主动承认错误的做法是完全正确的。因此在心理上，我得迅速、坦白地承认自己的错误，事先把他要和我说的话讲出来，这样反而会让他替我辩护，事情也就很圆满地结束了，他也不会再用法律条文来吓唬我了，而且也不像上次那样对我严厉了，这次，他完全宽恕了犯错的我。

如果我们已经知道了自己一定要受到责罚，为何不先求得自责的机会，说出自己的错误所在，那不是比从别人嘴里说出来要好受得多吗？

如果我们在受到责备前，就迅速地找机会承认自己的错误，对方想对我们说的话我们已经替他说了出来，那他就没有什么可说了，这样，我们就有百分之九十九的机会获得他的原谅。正如那个骑警对我和雷克斯那样。

华伦是个商业画家，他就是使用上面这种处事方法赢得了一个粗鲁无礼的顾客的好感。他在培训班讲述了事情的经过：

在为广告商和出版商画画的时候，精确无误的技术相当重要。

有的编辑要求立刻完成他们交代的事项。这样的话，很难避免在绘制图画时犯一些细节上的小错误。在我所认识的人当中，有一个负责美术方面的客户，最喜欢鸡蛋里挑骨头，因此我经常和他闹得不欢而散。问题不是因为这个美术编辑的批判和挑剔，而在于他所指出的所谓的毛病并不恰当。

　　一次，我交完画稿，不一会儿就接到他打来的电话，要我立即去见他。不出我的所料，他正在满面怒容地等着我。我突然想起学习班教我的"主动承认错误"的这招，所以我马上对他说："先生，我知道您不高兴了，这是我工作上不可宽恕的疏忽，我给您画了那么久的画，应该知道怎么去画才是……我感到很惭愧。"

　　这个美术编辑听我这样说，马上就为我辩护起来："是的，话虽这样，但是总体还是不错的……只是……"

　　"不管程度怎样，"我打断他的话说，"总会受到影响的，读者看了会不顺眼。"他想插嘴进来，但我不想让他说，这也许是我平生第一次自我批评吧。于是我接着说："平日您照顾我那么多的生意，我应当加倍努力完成您所需要的东西的。这幅画我带回去，马上重新画。"

　　这时，他摇着头对我说："不，不，我不想浪费你的时间。"接着，他开始称赞我，并且还很实在地对我说，他所需要的只是做一个小小的修改。他同时向我表示，这个微小的错误不会对他的公司有什么损害。这是件细微的事情，还让我在这件事上别太在意。

　　鉴于我急切地自我批评，本来怒气冲天的他消除了愤怒。最后，他还邀请我共进午餐，在我们分手前，他又签了一张支票给我，还给了我另一份工作。

　　愚蠢的人只会在自己犯错时，尽力地为自己所犯下的错进行申辩，而一个主动承认错误的人，却能让自己出类拔萃，并给对方一种尊贵和品德高尚的感觉。

　　美国历史上有一个这样的例子：

　　南北战争的时候，南方军队总司令李将军将匹克德在盖茨堡战役的失败归咎到自己的身上，进行自我检讨，这是他做过的最完美的事。

匹克德的那次冲锋战是西方战争史上最为光荣、生动的战役之一。匹克德是个风度翩翩、长相英俊的年轻人，他留有一头赭色的披肩发。就像拿破仑当年在意大利战役中那样，除了作战，他每天忙着写情书。

在那个惨痛的7月的一个下午，他意气风发地骑着战马奔向北方联军阵地，英武的姿态赢得了他旗下所有士兵的喝彩，大家都跟随他向着前线挺进。北方联军远远地看到这样的军队，也不由得发出赞叹声。

匹克德率领他的部队迅速地向前推进，他们经过果园、农田、草地，穿越过峡谷，即使北方联军的炮火朝他们猛烈袭来，他们也英勇地向前推进。

突然间，埋伏在墓园石墙隐蔽处的北方联军从匹克德军队的后面一涌而出，把他们包围了。北方联军用步枪不停地对毫无准备的匹克德军队射击，顿时，山顶火光四起，有如火山爆发一样。在短短的几分钟内，匹克德所率领的5000名士兵，几乎损失掉了五分之四。

匹克德率领他的残余部队，越过石墙，用军刀挑起自己的军帽并激励他的士兵前进："兄弟们，冲啊！"

顿时，军队士气大增，他们越过石墙，与北方联军短兵相接，经过残酷激烈的肉搏战后，匹克德所率领的南方军队将他们的战旗插上了山顶。

南方军队的战旗高高地飘扬在山顶上，虽然时间非常短暂，但却是南方军队与北方联军作战以来取得的最好战绩。

虽然匹克德和他所率领的残余部队在这场战役上赢得了人们对他们的普遍赞誉，可是这也是南方军队总司令李将军的辉煌军事生涯走下坡路的开始。因为李将军知道他的军队再也不能深入北方了。

最终，南方军队战败了！

李将军统领的南方军队受到了重创，他怀着悲痛懊丧的心情向南方邦联的领导人戴维斯总统提交了辞呈，请总统另外委派"年轻有力的人"前来领导南方军队。假如李将军将匹克德的惨败归罪于其他人的话，他可以随便找出十几个、二十个甚至上百个理由来，他随口就可以举出例如师长不尽职责、后援部队进展太慢、炮兵部队没有及时跟进协同步兵作战等。

但李将军没有将责任推卸给他人。当匹克德率领他残余的部队回来时，李将军一个人骑着马去迎接了他们。他令人肃然起敬地自我批评说："这次战役的失败，我应该承担全部的责任。"

在人类战争史上的著名将领，很少有人拥有李将军这份勇气和品德，敢于坦荡地承认自己军事决断上的错误。

赫巴特是个极具煽动性的作家，他文章里的讥讽性词句经常会引发人们对他的反感，但是赫巴特是一个讲究化解矛盾技巧的人，他经常可以把对手变成朋友。当读者愤怒地给他写去批语信的时候，他会这样回复："你说得对，看完你的信件，经过仔细思量之后，连我也无法全盘地赞同自己那时的想法。昨天写的这些，今天看了自己也不以为然。我现在很想知道你对这个问题的具体看法，如果下次你到了我家附近，我很欢迎你来我这里做客，这样一来我们就可以就这个问题进行深入探讨了。"

要是你收到一封这样的信，你还能说些什么呢？

如果我们做对了，我们就要巧妙婉转地让他人赞同我们的观点。可是如果我们错了，就得迅速、坦白地承认自己的错误。在日常生活中灵活地使用这种自我批评的方法，不但能够获得我们意想不到的结果，而且在若干情形下，比为自己所犯下的错误进行辩护要有趣得多。

别忘记古人用经验教训换来的这句话："争夺，不会让你获得更多。可是当你谦让时，你却能够获得比你所期望的更多。"

因此，在生活中让他人认可你的第三个规则是：

学会认错。

第四章　从友善待人开始

盛怒之下你对他人发上一通脾气，固然能够使你宣泄掉心中的怨气，可是这样做，别人的感受又如何呢？他可能分享你的轻松和快乐吗？你寻衅的语气，仇视的态度，他是否接受？

威尔逊总统说："假如你握紧拳头来找我的话，那么我也应该告诉你一声，我的拳头握得比你的还要紧。但你找我时换另一种方式，并对我说：'假如我们彼此意见不同，那就让我们坐下来一起商量，想想我们意见不同的原因到底在哪，一起找出症结所在。'这样我们不需要多久的时间就会发现，我们彼此思想上并不存在太大的差距，同多异少。换句话来说，只要善于忍耐，加上我们彼此解决问题的诚意，我们就可以把问题解决好。"

约翰·洛克菲勒对威尔逊总统所说的这句话包含的道理极为推崇。那是1915年的事了，约翰·洛克菲勒还是康涅狄格州一个毫不起眼的小人物。那次煤铁矿工罢工也是美国工业史上流血最多的一次，震惊了整个康涅狄格州，长达两年之久。

那些矿工要求康涅狄格州煤铁公司加薪，遭到了拒绝，而康涅狄格州煤铁公司的董事长就是约翰·洛克菲勒。刚开始矿工们只是破坏房产，事情发展到最后，政府不得不调动军队进行镇压。这样的流血事件接二连三地发生，参加罢工的矿工很多都死在了枪口之下。

那个时候，仇恨缭绕在康涅狄格州的每一个角落，可是洛克菲勒要负责做罢工矿工复工的工作，而他也真的做到了。他是如何获得被镇压的矿工的谅解，并且完成这一使命的？整个事情的经过是这样的：

洛克菲勒花了几个星期的时间去拜访被镇压矿工和死难矿工的家庭，然后他召集罢工代表并发表演讲。这篇演讲稿是他的成功杰作，因为它使得那些愤怒的矿工们平息了心中的怒火。他的演讲当即就赢得了多数人的赞同。这次演讲中，他极为友善的态度感动了罢工的矿工，使得他们回到了自己的工作岗位。但是，演讲中人们最为关心的加薪问题，罢工的矿工们一个字都没有听到他提及。

以下就是这篇著名演讲稿，请注意它在文字语句间流露出来的那种友善气息。千万别忘了，洛克菲勒的这次演讲是讲给前几天还想要将他吊死在酸苹果树上的那些矿工们听的。可洛克菲勒所讲的话，却比医生、传教士所讲的更为和蔼谦卑。

洛克菲勒的演讲开头是这样的：

今天是我有生以来最值得纪念的一天，因为这是我第一次有幸和公司的劳工代表、职员，以及督察委员会的朋友聚在一起，所以我倍感荣幸，终生难忘。要是在半个月前举行这次聚会，在你们当中即使有我认识的人，也是非常少的，我站在这里和一个陌生人没有什么两样。

前段日子，我有机会前往南煤区你们的住所，和各位代表做过个别交流，拜访了你们的家庭，见到了你们的老婆和孩子，因此今天我们再次在这里见面，在我看来就可以算作朋友，而不是陌生人了。在这种友好互助的气氛下，我很高兴有这样的机会，和大家一起讨论有关我们共同利益的事，以及我们共同的前途。

参与这次聚会的，包括公司职员、劳工代表，我有幸站在这里都是承蒙各位的厚爱，虽然我既不是职工，也非劳工代表，但我认为我和在座各位的关系非常密切，因为我代表着股东，自己也是董事会成员之一。

这样的演讲难道不是化敌为友的最具有代表性的例证吗？
如果洛克菲勒一开始就不顾后果地和情绪激愤的矿工们大辩一场，在矿工面前，用罢工带来的既成事实斥责和威胁他们，同时指出他们所犯的错误，那么结果又将如何呢？显然，那一定会激发更多的愤怒和仇恨，矿工会有更多甚至更激烈的反抗，并且会毫不退让地坚持自己的罢工大潮。

假设有这样一个人，实际上他在我们的生活和工作当中确实存在，他内心对你已经抱有成见，对你有厌恶的情绪，即使你找出所有最有道理的理由也无法让他接受你的观点。使用强迫手段是无法使他接受你的意见的，要是我们退让一步，用真诚的态度，友善、温和的话语和他进行交流，那么你和他之间的矛盾就有可能化解。

一个世纪之前，林肯就说过类似的话，他说："一加仑的胆汁并不能比一滴蜂蜜捕捉到更多的苍蝇。"这是一句古老而真实的谚语。对待他人也是如此，你想要让别人赞同你的观点，首先就必须要让他相信你是他最忠诚的朋友，这样的话，你与他的关系就走向了宽敞而富有理性的大路，因为有一滴蜂蜜注入了他的内心。

从商业的角度来讲，如果企业家能够明白在职员罢工时使用亲和的态度来对待，那么他会知道，这样的举动也是值得的。现在我用一个例子来证实我上面说的话：

> 怀特汽车公司拥有2500名员工，为了增加薪水，工会组织员工罢工。这家公司的经理伯雷克并没有为之震怒而斥责威胁员工，他甚至连指责员工的罢工行为是一项暴行的话都没有说过，相反他还对罢工员工的行为大加称赞。在报纸上，他刊登了一则广告，称自己公司的罢工员工的行为是"放下工具以求和平之举"。
>
> 伯雷克先生看到罢工的纠察队员显得无聊，便为他们买来棒球，请他们在公司空地上打棒球。他还为罢工员工中喜欢保龄球的租了个大房子供他们娱乐。
>
> 伯雷克对公司罢工员工的和善行为使他获得了回报。不久，罢工的工人反而弄来了扫把、铁锹、垃圾拖车，将工厂四周的纸屑、火柴和烟蒂打扫得干干净净。那些正在为加薪和要求公司承认工会而罢工的工人们，在罢工中还帮助工厂打扫卫生，清理工厂四周的环境，这样的情形在美国历次罢工中是从来没有过的，而且是闻所未闻的事。

那次罢工在一个星期内和解，企业高层和员工之间没有因此而产生一丝怨恨。

韦伯斯托是一位成功的律师，他被很多人奉为天神，在法庭辩论中他从来不做无谓的争辩，只是向法官和对方律师提出自己最有力的见解，在平时与他人交流时，措辞也非常温和。

他常用的语言是："在座的各位陪审员先生们所考虑的这点……""这情形似乎还有进一步探讨的可能……""诸位先生，下列几项事实，我相信大家是不会粗心疏忽的……"或"我相信你们对人情都是十分了解的，所以轻易就能够看出这些事实的重要性……"等等。

韦伯斯托的措辞中丝毫没有威胁、执意压迫或者强加于人的意思。他所使用的是轻松友善的说话方式，在轻描淡写中说服对手，就是这种方式，使得他在美国律师行业中出类拔萃。

也许你永远都没有机会被请去解决一次罢工大潮，也没有机会去法院和陪审员对簿公堂，但是或许你有希望就减低房租之类的事情用这种友善的方式帮助自己解决。

工程师斯托博希望减低自己的房租，它太昂贵了，可是他知道自己的房东是个老顽固。斯托博在讲习培训班上对我们说：

> 我写信给自己的房东，告诉他，我的租约期满，就要搬出公寓，其实我并不想搬出这个公寓。如果他能适当地减低房租，我还是愿意在他的这个出租房里住下去。但是我很清楚这样理想的情况不可能出现，即使有，机会也是极小的，原因是我很清楚他以前的许多房客都像我这样尝试过，但是都以失败告终。他们还告诫我，房东是个很难应付的人。可是我对自己说，我正在学习如何与他人相处的课程，我很愿意用自己学习到的知识在那个房东身上碰碰运气。
>
> 接到我的信后，房东带着我的秘书来看我。我站在门口，用司华伯那种热烈欢迎的方式迎接他们。我并没有在一开始就提到房租的事情，而是先对他讲我有多么喜欢他这间公寓。对他管理房子的方法进行了赞赏，并且告诉他，我十分希望能够继续在这里住下去，可没有

办法的是，我实在付不起如此昂贵的房租。

我敢打赌，从来没有一个房客会如此热情地欢迎他，他甚至有些不知所措了。

接下来，他也真诚地对我讲述了他遇到的诸多烦心事：一些房客总是对他抱怨，有一个房客曾经给他写过14封信，有的语言极具侮辱性。还有一个房客恐吓他说，如果再不制止楼上那位房客彻夜的呼噜声，他就要立刻取消租房合同。

房东对我说："对我来说，能拥有你这样能够满足的房客，简直是太珍贵了。"然后，没等我提出要求，他就主动将租金降低了。我希望能够再少一些，便说出了自己能够承担的金额，他毫不犹豫地同意了。

临走时，他还向我询问房间里是否有需要装修的地方。

试想，当时如果我使用和其他房客同样的方式，直接要求降低房租，那么我一定会和他们有相同的遭遇。我最终能获得如此的结果，都是因为我运用了亲切、赞美和同情的方法。

让我们再来看看一位女士经历过的事情。她是在社交上名声很好的长岛沙滩花园城的黛夫人。黛夫人说：

最近，我邀请几个朋友共进午餐，对我来说，这是个重要的聚会，我当然希望聚会中的所有事情都能顺利并且令人满意。

我的管事名叫艾弥尔，他经常帮助我将这样的事情处理得很好，然而这一次，他却让我失望了。

那次午餐的饭菜做得很糟糕，艾弥尔也没有到场，只派来了一个厨师。这个厨师完全不了解高级宴会的情况，这次宴会失败透了。我心里充斥着怒火，但在客人面前也只能强装笑脸，心想，再见到艾弥尔肯定不能轻饶他。

后来有一天，我听了一场有关人际关系学的演讲，我意识到如果一味地责备艾弥尔，就会激怒他，使他怀恨在心，心情糟糕，那样以后没准再也没法请他帮忙了。

我试着从他的立场考虑：首先，午餐的食材并不是他买来的，他自己并没有亲自下厨做菜，只能怪那个厨师太笨，才把那次宴会弄砸，对于艾弥尔而言，他也是没有办法。其次，也许是我自己把事情看得过于严重，不经思索就大发脾气，这是不对的。最后我决定用友善和赞许以及夸奖的方式来处理这件事情，并且我相信这样做一定有效。

转天，我见到艾弥尔，没有生气，也没有争论。我对他说："你知道吗？艾弥尔，在我宴请客人的时候，要是你在场的话，就让我放心多了。你是全纽约最好的管家，昨天宴会的菜，不是你亲手去采购回来做的；昨天发生那样的事情，我知道，对你来说也实在是没有办法。"

艾弥尔听我这样说，阴沉的脸上立刻闪现出笑容来，他对我说："夫人，真的，那问题就出在那个厨师身上，和我一点关系都没有，真不是我的错。"

我趁机对他说："艾弥尔，我准备再举办一次家宴，到时我需要你对宴会安排的建议，你认为我们是不是应该再给那个厨师一次机会？"

艾弥尔急忙点头说："当然，太太，你放心，一定不会再出差错了。"

到了下个星期，我再次设宴款待客人，艾弥尔向我提供了菜单的详细资料。我给了他很多的小费，没有再提起上一次的错误。

我们来到宴席，餐桌上摆着两束好看的鲜花，艾弥尔亲自在旁边细致地照料着，对每一位来宾都亲切友好。就算我宴请的是玛丽皇后，也不会比这更周到了。食物可口，服务热情，服侍在旁的侍者是四个而不是一个。最后一道甜点是由艾弥尔亲自端上来的，整个宴会圆满成功。

散席后，我宴请的主客笑着问我："那个管事被你施了什么魔法？我从没见过如此殷勤周到的侍者。"他说的没错，这一切都是友善和真诚的赞赏换来的。

很多年以前，我在密苏里州西部居住的时候，每天都要赤脚经过一座树林到乡村学校。有一天，我读到一篇关于太阳和风的寓言故事，太阳和风在争论谁的力量大。

风对太阳说:"我马上就把我的力量证明给你看……你看见那个穿风衣的老人没有?我可以马上把他的风衣脱下来,到时候你就知道我们两个谁的力量大了。"

接着,风刮了起来,几乎形成了飓风,可是风刮得越大,老人把风衣往身上裹得越紧。

最后,风只好停了下来。这时,太阳从云朵后面露出了和善的笑脸,阳光温柔地洒在老人身上。没多久,老人就一边擦着额头上的汗水,一边把身上的大衣脱了下来。于是,太阳对风说:"愤怒和暴力永远都比不上温柔和善的力量。"

我刚读过这段寓言,波士顿城就发生了一件能够证明这段寓言所包含的真理的故事。波士顿是美国文化教育中心,小时候,我从来不敢奢望有机会去那里一次。30年后,波士顿的B医生成为我学习班里的学员,他为我们证实了这一真理。以下就是B医生在班上所讲到的事情:

在那个时期里,波士顿各大报纸上几乎遍布虚假的医药广告,例如专门替人打胎,用骇人听闻的话恐吓病人,使他们害怕,这些庸医们这么做的目的主要是为了钱财。患者在接受他们治疗之后就得听任他们摆布,这样就造成了许多无辜患者的死亡,可是这些庸医被绳之以法的却少之又少,他们只需要花费少量的金钱或者动用一下政治势力就能够轻易摆脱法律的制裁。

这种恶劣的情况越来越严重,最终引发了波士顿上流社会的人士群起而攻之。牧师在布道时抨击、痛斥那些刊登污秽广告的报纸,指责他们没有职业道德,祈求上帝能停止那类广告的刊登。其他的市民团体、商人、妇女协会、青年团体等纷纷站出来痛斥,可是仍然无济于事。州议会中也有过激烈的争论,要让那些刊登有害的广告的行为成为非法,并将发布广告的人绳之以法,但是由于对方有政治背景,效果并不明显。

那个时候,B医生是一个基督教团体的主席,他曾经尝试过几乎所有的方法，但都以失败告终。这样看来，对付这种医药界败类的运动简直一点希望都没有了。

一个夜晚，时间已经非常晚了，B医生毫无睡意，依旧苦苦思考着那件事。最终，一个所有波士顿人都没有想到过的方法浮现在他脑海里，他要尝试使用和善、同情和赞美的方法，让那些报纸自动停止刊登那种不负责任的广告。

B先生写了一封信给波士顿销量最好的报纸，他对该报纸大加赞美，在信中说这份报纸刊登的新闻内容翔实，尤其是上面的社论，更是让人过目难忘，作为家庭类报纸毫无疑问是最好的。B医生在他的信中说他们的报纸是全州最好的报纸，也是全美国最完美的新闻读物之一。接着他话锋一转，写道：

前几天，我的一位朋友对我说，他的女儿有一天读到你们报上的一则打胎广告，就问他那是什么意思，他很尴尬，不知道怎么向天真可爱的女儿来解释。

在波士顿的高素质家庭中，你们这份报纸很受欢迎。在其他家庭里，不知道会不会发生和我朋友家里同样的事情。若是你有这样一个天真可爱的年幼女儿，你愿意她看到那样的广告吗？若是她也问你类似的问题，你又该怎样回答呢？

贵报的制作在各方面都非常完美，然而因为存在这样的情况，很多父母只好禁止他们年幼的孩子阅读贵报。对于这点，我深深地为贵报感到惋惜，而除我以外的上万读者，肯定也会和我有一样的想法。

信发出去两天，这家报纸的发行人给B医生回信了，这封信标明的日期是1904年10月13日。B先生把这封信保存了三十多年，当他来到我的学习班时，他把这封信展示给大家看，信的内容是：

本月11日，本报编辑送来一封你写的信，阅读后深觉感激，这是本报纸自创刊以来，一直没能实施的事情。

从星期一起，本报将删除所有报道中不受读者欢迎甚至被读者反对的广告。至于某些暂时无法取消的医药广告，在经过编辑谨慎处理后，以不引起读者反感为原则进行刊登。

感谢您信中的建议，使我受益匪浅。

发行人海斯格尔

《伊索寓言》是一部经久不衰的作品，它能流传到今天，秘密是什么呢？是作品中体现的人性。生活于公元前六百多年的伊索原是希腊克洛赛斯宫里的奴隶，他编写这本书，对于人性的教育，就如同波士顿报社发生的情况，即使是在2500年前的希腊雅典也是如此：太阳比风更能让人脱去外衣。用慈爱和友善的方式与他人接近，能够让他人改变原有的心意，这比用暴力的攻击征服他人更有效。

请记住林肯所说的那句话："一加仑的胆汁并不能比一滴蜂蜜捕捉到更多的苍蝇。"

因此，在生活中让他人认可你的第四个规则就是：

从友善待人开始。

第五章　试着让对方说"是"

和别人交谈的时候，别从一开始就讨论彼此意见相左的事，先说一些彼此基本上谈得来的事。假如可以的话，你更应该说出你的见解，告诉对方，你们所追求的目标差不多，只是使用的方式稍微不同而已。

这样做的话，交谈一开始对方就会连连说"是！是"。总的来讲，就是要尽量防止你谈话的对方说"不"这个字。

奥佛瑞教授在他写的那本《影响人类的行为》一书中说道："'不'这个字是人际交往中的一种障碍，是人最不容易克服的一种反应。当别人说出'不'之后，他为了维护自己的尊严就不得不坚持下去。争论之后，他也许会觉察到自己错了，说出这个'不'是不对的，但是在那种场合他必须维护自己的尊严。而你对自己所说的每一句话也必须坚持到底。因此，为了让与你交谈的对方从一开始就朝着你的方向，正确引导他，那是和他人的交流中非常关键的技巧。"

那些有交谈技巧的人，在他们说话时，你注意倾听，这样一开始的时候他们就能够得到交流者的很多肯定的反应，从而可以将听者的心理朝正确的方向引导。

不说其他，就拿人们在交谈前的心理状态来讲，当一个人"不"字说出口之后，他的心里就潜藏下了这种拒绝和反抗的意识，进而使得他所有的生理器官、神经系统完全陷入这种状态，形成一个强大的防御网。相反，当一个人给出的是肯定的回答时，他的体内器官就没有收缩的现象产生，各种生理组织处在一种放松、开放和接纳的状态。因此，当一次谈话开始时，能够引出对方更多肯定的回答，就更容易为后来的谈话赢得对方的赞同和欣赏。

得到"是"这个反应，本来是一件极其简单的事，但在实际生活当中却经常被人们忽视。有些人好像一张嘴就准备反对别人的意见，好像只有这样做才能显示自己和别人的不同。激进的人和保守的人会谈，一般很容易将对方激怒。这样做，如果仅仅是为了心理上的快感，或许是可以被原谅的，如果是需要去完成一件事，那这样做就太不划算了。

如果你的妻子、顾客、学生或者丈夫，他们在和你交流时一开口就说"不"字，那么就算你绞尽脑汁，有极大的耐心，也是很难改变他们的反抗和抵抗情绪的。

说"是"的方法在现实生活中的运用是非常巧妙的，纽约一家银行储蓄所的出纳艾伯逊，使用这种方法拉住了一位富翁开立账户。

艾伯逊回忆当时的情形时说：

有个人走进我们储蓄所准备存款，我按照我们银行的规定将存款申请表递给他，有些问题他回答得很爽快，有的却不愿意回答。

在我还没有研究人际关系学之前，我处理这种情况的一般做法是直接告诉顾客，如果他不把表格填上，就只能拒绝他的存款。当然在说出这些话时我会有一种权威感，觉得自己很有尊严，甚至会扬扬得意。

但是这天上午，我运用了刚刚在学习班学到的一点点知识，决定不和顾客谈银行对顾客所要求的条件，而是和顾客谈他所需要的事情。因此我决定先诱使他回答："是！是！"于是，我首先赞同他的观点，告诉他，那些表格上需要他回答的问题，其实并不是非填写不可的。

我对那位顾客说："你是否愿意在你离开这个世界后，你存在我们这家银行的钱，由银行转交给你最亲爱的人？"

那位顾客立刻回答我说："当然。"

我接着对他说："那么，你就依照我们银行的办法去做怎么样？把你最亲爱的人的姓名等基本情况填写到这份表格上，假如你万一出现不测的话，银行就会立即将这笔存款移交到你最亲爱的人手上去。"

那位顾客听了我的话后又说："嗯，不错。"

那位固执的顾客态度的转变的原因，是他完全明白了填写银行的那份表格对他有利。他在离开储蓄所之前，不但把表格填好了，还接受了我的建议，用他母亲的名字开了个信托账户，有关他母亲的情况也都按照表格要求填上了。

让顾客一开始就说："是！是！"对方便忘记了争执的事情，并且很愉快地按照我的建议去做了。

西屋公司的推销员艾利森，也讲述过自己的一段成功推销的经历：

在他负责推销的地区有一位非常有钱的企业家。他们公司很想卖给他一批货物，然而，过去他们公司的那位推销员花了近10年的工夫，始终却没能与这位富商谈成一笔生意。他接管了这一地区之后，也用了3年的时间去那里兜揽他的生意，但是也没有任何结果。经过13年不断地访问和会谈后，这位富商仅买了几台发动机，但他有这样的希望，假使这次交易成功，发动机没有毛病，这位富商感到满意的话，或许今后他还会买进更多的发动机。

而这些发动机到底会不会发生故障？当然，他知道不会有任何故障。于是，过了段时间，他便去拜访这位富商。

他去的时候原本很高兴，但是他高兴得似乎太早了点，这位富商见到他，当面就和他说："艾利森，我们不打算再买进你们公司生产的发动机了。"

他吃了一惊，立刻问他出了什么问题。

富商说道："我从你们那里买的发动机散热功能不好，我无法把手放到上面去。"

他知道，和富商争论，对事情是没有一点好处的，以前也曾经出现过类似的事情，他要想办法让富商说"是"。

他对那个富商说："史密斯先生，我完全同意你说的，如果那台发动机散热不好，我劝你就不要再买了。你当然不希望所买的发动机热度超出电工协会制订的标准，对不？"

富商点头表示同意。他得到了富商的第一个"是"字。

他接着又说："一台标准的发动机在工作时可以高出室内温度华氏72度，这是美国电工协会规定的，是不是？"富商同意他的这一说法，接过话说："当然是你说的那样，可是你们公司生产的发动机，比协会规定的温度还要高出很多。"

艾利森没有和他争辩，他只是问富商："你们工厂的温度是多少？"

富商想了想说："大概华氏75度。"

艾利森说："那就是了，厂温华氏75度，再加上原有的华氏72度，一共是147度。假若你把手伸到华氏140度或150度的开水中，手会不会被烫伤呢？"

他还是说"是"。

最后艾利森向富商建议说："史密斯先生，以后你不用手去触碰那台发动机不就好了！"

富商接受了他的建议，说："我想你说的是。"他们交谈了一会儿后，富商把他的秘书叫来，为下个月定下了3万美元的货物。

艾利森花费了很多年的时间，损失掉数万美元的生意，到最后才明白与客户争论不是生意人明智的做法。你必须从对方的观点去看待问题，想方设法让对方给你肯定的答复，这才是成功的秘密所在。

古希腊大哲学家苏格拉底是个风趣的老顽童，他生前喜欢打赤脚，40岁时就谢顶了，却和一个年龄只有19岁的小姑娘结了婚。他为整个人类做出了杰出贡献，历史上很少有人能够与他相比。他成功地改变了人们的思维习惯，直到今天，人们还尊崇他为有史以来最能影响这个纷扰世界的劝诫者之一。

苏格拉底到底使用了什么方法？他曾做过指责他人过错的事吗？没有，苏格拉底从来没那样做过。

他的处世技巧现在被我们称为"苏格拉底辩证法"，也就是以"是"作为他唯一的反应观点。他谈话的对象，从来都是他的反对者，他们与他辩论，但到后来那些人都愿意接受他的观点，原因在哪里呢？那就是他能够连续不断地获得他的反对者的认可，到最后使他的反对者在不知不觉中接受了在数分钟前还在坚决否定的结论。

当我们想指出他人的过错时，首先要想起苏格拉底，并问一些能够获得对方肯定性的回答的问题。

中国有句充满东方智慧的老话："轻履者行远。"

中国人花了 5000 年漫长的岁月来研究人的天性，那些博学的中国知识分子写下了许多充满智慧的言语，就如同"轻履者行远"这句话一样。

如果你想获得他人的认同，第五个规则就是：

试着让对方说"是"。

第六章　给对方说话的机会

与人交谈时要尽量让对方把自己的看法说出来，因为每一个人对自己的事或问题要比旁人清楚得多。许多人，当他们想要别人赞同自己的意见时，就是话说得太多了，把话说过了头，所以达不到想要的结果。尤其是做推销工作的人，职业习惯使他很容易犯话多的毛病。因此，在与人交往的时候，你应该多问对方所关心的问题，并让对方自己来诉说。

交谈中或许你并不同意对方的看法，或许忍不住要插嘴，但是请你不要这样做，因为这样做很危险。当对方还有很多看法想要诉说的时候，他的注意力不会集中在你的身上。因此，你在那一刻必须忍耐，并且还要保持舒畅的心情安静地听下去，而且还要用最为诚恳的态度鼓励他，让他把所有要说的话都说完，让他将自己的想法表达清楚。

这样的一种交流策略运用在商场上是否有效呢？让我们看看下边的一个例子：

几年前，美国最大的一家汽车公司正要采购一年所需的坐垫布料。当时有三家生产这种布料的厂家把样品送过去给他们备选，该公司的高层管理人员验看样品之后，便与三家生产商约定商谈日期，到时再决定选购哪一家生产商的产品。

奇伯是其中一家厂商的代表，可是偏偏就在商谈的那天患上了严重的咽喉炎。当轮到他去见汽车公司那些高层管理人员时，他竟然连一点声音都发不出来。但他仍被带进了会议室，和纺织工程师、采购部门经理、营销部主任以及那家汽车公司的总经理见面。当他站起来想要介绍自己和他所在厂的产品时，只能发出沙哑的声音来。

他们围着一张圆桌坐着，因为奇伯嗓子发不出声音，他只能用笔把他想说的话写在一张纸上，他写道："诸位，我得了很严重的咽喉炎，说不出话了。"

总经理说："好吧，那就让我替你说。"这位总经理代替他说了。他把奇伯厂家的样品逐一展开让大家看，并且称赞这些产品的优点。产品评估会就这样开始了。由于是这位总经理代替奇伯介绍产品，在产品评估讨论的时候，奇伯只能用点头、微笑，以及手势来表达自己的意思。

这是个奇怪的产品评估会议，会议讨论的结果是奇伯获得了这家汽车公司的订货合同，他们一次就向奇伯订购了50万码的坐垫布料，总价值160万美元。这是奇伯迄今为止经手的最大一笔订购单。

奇伯也知道，如果不是自己得了严重的咽喉炎说不出话，他很有可能失去这份订货合同，因为在这之前，他对这次产品评估会的个人判断是完全错误的。就是这一次意外的事故让他明白了一个道理，那就是让别人替自己说话，有时是很好的方法。

宾夕法尼亚州荷兰农民区是个富庶的农民区，费城电器公司的职员范伯在那里做调查的时候也发现了类似的情况。

当他经过一户整洁的农民家庭时，他问该区代表："这些人怎么不爱用电？"

该区代表愁眉苦脸地说："他们都是些爱财如命的人，几乎没有买过我们的任何东西。而且，他们还很讨厌电器公司，我已经好几次试图与他们接近，但还是毫无结果。"

范伯相信该区电气代表所说的是实话，可是他想再去尝试一下。他上前敲了这家农户的门，不一会，门打开了一条小缝，年老的特根堡太太从里面探出半个头来。

下边是范伯讲述的当时的情况：

特根堡太太看见是电器公司的代表，立即就关上了房门。范伯又去敲门，老太太再次把房门打开，这一次她干脆直截了当地告诉我们她对我们电器公司的看法。

我向她解释说："很抱歉，特根堡太太，得打扰您一会儿，我不是来向您推销东西的，我来只是想买一些鸡蛋。"

这次她把头探出来，门开得大了一些，用怀疑的目光直盯着我们。我接着解释说："我看到您喂养的都是多米尼克鸡，所以我想在您这儿买一打新鲜的鸡蛋。"

她听我这样说，又把门开大了些："你怎么知道我养的是多米尼克鸡？"她突然好奇起来。我解释说："我自己也是养鸡的，但是从来就没有见过比您这里更好的多米尼克鸡了。"

这位特根堡太太很怀疑地问："那你为什么不用自己的鸡蛋呢？"

我回答她说："我养的是莱亨鸡，那鸡下的蛋是白色的。您会烹饪自然就肯定会做蛋糕，棕壳鸡蛋比白色的鸡蛋好，难道不是这样吗？我太太总对她做蛋糕的手艺感到自豪。"

这个时候，特根堡太太才放心地从门后出来，她的态度一下子温和了许多。同时我也看到了院子里的奶牛棚，因此，继续说："我敢打赌，您养鸡赚来的钱比您丈夫卖牛奶赚来的钱要多很多吧，特根堡太太。"

她听了很高兴地说："当然是我赚的钱多。"可她固执的丈夫却不肯认同这个事实。

接着，她邀请我们参观她的养鸡房，在参观的时候，我不失时机地赞赏她养鸡的技术，并且问了很多关于养鸡的问题，和她在养鸡的经验方面进行了交流。

这个时候，特根堡太太突然想起了一件事，她说她的邻居们都在自己的鸡房里装置了电灯，据说效果相当好。她征求我的意见，要是她也在鸡房装置电灯的话，是不是划算。两个星期之后，特根堡太太的鸡房亮起了电灯。我做成了这笔生意，而特根堡太太因此得到了更多的鸡蛋，这笔生意是双赢的，何乐而不为呢？

这个证例的重点是，如果范伯不投其所好，他就永远都无法将电器卖给这位荷兰的老太婆。

有的人你绝对不能要求他去做什么，而必须是让他自己去做。

一份在纽约市销量很大的报纸，在经济版一栏中，刊登出一则占据很大篇幅的广告，说要聘请一个有特殊能力和经验的人。科波尼斯写信过去应聘。几天之后他收到约他见面的回信。在他前去应聘之前，科波尼斯花了很多精力在华尔街打听所有有关这家商业机构创办人的创业事迹和人生故事。

当科波尼斯与这家机构的总裁见面时，他说："如果我能进入到您这样有成就的商业机构工作，我会感到非常自豪。据说，在28年前，您还在创业的初期阶段时，除了一间办公室、一把椅子、一张桌子，以及一个速记员外，什么也没有，真的是这样吗？"

几乎每一个在事业上有成就的人，都喜欢回忆自己早年创业时的艰难情形。科波尼斯对面的这位老总也不例外。他谈到了自己用450美元现金和一股创业的意志创造出今天的成功事业的奋斗历程。又谈到自己怎样克服创业实践中的困难，如何与失望搏斗。每逢节假日都不休息，每天工作12小时到16小时，最后，他又怎么样把困难战胜。现在，华尔街最有地位和身份的金融家都来向他请教问题。他对于自己所取得的成就感到自豪。最后他随便问了问科波尼斯的经历就叫来他的副总经理，指着科波尼斯说："我想这位先生就是我们需要的那个人。"

科波尼斯费尽心思和周折去收集、了解他未来的上司过去的创业光辉史，这是他对自己未来上司表示出的关心，并且诱导和鼓励对方多说话，让这个上司给自己讲述他的经历，而使自己给上司留下美好的第一印象。

在现实生活中，所有的人都喜欢多谈论自己的成就，而真的喜欢听别人讲述的人可以说是少之又少，即使听众是我们的朋友。

法国哲学家罗西福柯曾说："假如你想得到仇恨你的人，好胜心强过你的朋友就可以了；可是，如果你想得到更多朋友的话，那么让你的朋友强过你就好。"

这句话应该怎么理解呢？当朋友觉得在许多方面胜过你的时候，他的自尊与在他人心目中占有重要地位的欲望得到了满足。而当你显现出在任何一个方面超过他时，他会有种自卑感，从而会引发他无端的猜忌。

德国有句谚语："当我们所猜忌的人发生不幸时，我们内心会产生一种恶意的快感。"

生活就是这样，有些人，甚至是我们自己的朋友，他们宁愿看到你遭遇到困难，也不愿意看到你成功，因为那样他们的内心才感到一种"公平"的快乐。

因此，在生活中，我们应该虚怀若谷，为人处世要处处谦让，即便是你很成功，也不要过于张扬、骄傲。谦虚会永远使人喜欢你，所有的人都愿意和你亲近。著名作家考伯就有这样的为人处世的技巧。有一次，在法庭听证会上，一个律师对考伯说："考伯先生，我听说，在美国，您是一位很著名的作家，对不？"

考伯回答说："实在不敢当，那是个十分侥幸的事。"

在生活当中，我们应当谦逊，因为你我都没有什么了不起的，100年之后，一切都会过去，我们当中谁都会被人们遗忘。生命短暂，不要把我们不值一提的所谓成就当成是一个值得炫耀的资本，没有人会喜欢听的。在生活当中，我们应该多鼓励别人，多给他人说话的机会。仔细想想吧，你和我确实是没有什么可以向他人炫耀的。

如果你想获得他人的认同，第六个规则就是：

给对方说话的机会。

第七章　让别人与你合作

你对自己所发现的思想，是否比他人用银盘盛着交到你手上的那些思想更有自信？假如是的话，那么，如果你要把自己的想法和意见硬塞进别人的喉咙，那岂不是很愚蠢的做法吗？如果只提出自己的建议，然后让别人自己去得出结论，这样做是否是最聪明的做法呢？

下面就有一个例子：

  费城的赛尔兹先生是我学习班的一个学员，他在学习班接受过培训之后，突然觉得自己必须给公司里那些意志涣散的推销员灌输些提高他们工作热情和信心的知识。因此，他在公司里召开了一次推销员会议，在会上他鼓励推销员们告诉他，他们想从他身上得到什么；在会议中，他把员工们所提出的意见都写在黑板上。然后，他对他的员工们说："我完全可以给你们这些你们想得到的东西，但是我希望你们告诉我，在满足你们的要求之后，我在你们那里能够得到什么？"

  他很快就得到了员工们给出的满意答案，那就是忠心、诚实、乐观、进取、合作，和每天8小时的热忱工作。其中有的员工甚至愿意每天工作14个小时。这次会议的结果是，它让公司的每一个员工在工作中充满了新的朝气。

  赛尔兹先生说："我在精神上和他们做了一次交易。对他们，我竭尽全力，所以他们也都付出了最大的努力。他们最愿意接受的，便是谈论他们的所需。"

没有人愿意被强迫买一件物品，或是被派去做什么事情。我们都喜欢随心所欲地买东西，或者按照自己的意愿做事，而且希望有人和我们谈论我们的愿望、需求和想法。

我再来举一个例子：

从威森先生的情况来看，他在参加我这个研究人际关系学的学习班之前，曾经把他应得的大笔佣金损失掉了。威森是一个推销员，在一家服装图样设计公司工作，几乎每周他都要到纽约去面见某个著名的设计师，这样已经持续3年了。威森说："他从不拒绝接见我，但是他也从不买我的图样，每次，他都认真地翻看我带去的图样，然后说：'不行，威森先生，看来今天我们还是无法合作。'"

150次失败后，威森发现是自己太墨守成规了。于是，他决定每周抽出一个晚上的时间，用来研究人际关系，以开发新观点，激发新的热情。

没过多久，他就决定用一种新的方法去试试。他带着几张那些设计师没有完成的图样，走进那个买主的工作室，对那个买主说："我希望你可以帮我一个忙……我这里有几张没有设计完的图样，你可不可以告诉我，究竟怎样完成，才能符合你的需要？"

这位买主一声不吭地看了一会儿图样，接着说："威森先生，你把图样放在我这里，过几天再过来见我。"

一天后，威森再次去了他那里，听了买主的建议后，他把图样带了回去，按照买主的意思把图样完成了。不必说，这次交易自然成功了。

这件事情发生在9个月之前，自从完成了那次交易，这位买主又订购了十几张图样，全部都是按照他的意思完成的，就这样，威森赚了一千六百多美元的佣金。

威森说："直到现在，我才明白过去为什么会失败。我总是强迫他买我觉得他会需要的图样。然而现在我用的方法和以前完全不同了。我请他说出建议，让他觉得那些图样是他亲自设计的。现在，我不需要再向他推销，他会自动来找我买了。"

富兰克林·罗斯福在做纽约州长的时候，完成了一项不寻常的功绩——他不但和政党的重要人物保持着良好的关系，而且使得他们对原先反对的改革措施表示了赞同。让我们来看看他是如何做的。

当重要职位出现人员空缺时，他就请那些政党要员推荐接任的人选。罗斯福说：

一开始，他们推荐的都是些不受到欢迎的人。于是我会对他们说，任命这样的人不好，而且民众也不会赞成的。

接着，他们又推选出一个人，这个人虽然没什么值得批评的地方，但是也没什么建树。我就告诉他们，这个人无法达到民众的期望。我请求他们选出更适合这个职位的人。

第三次，他们推荐的人看来差不多可以了，然而还是不太理想。

为此，我向他们表示了感谢，请求他们再试一次。到了第四次，他们终于推荐了我需要的人，我对他们的帮助表达了感激之情，接着，便任用了这个人，而且把任命此人的功劳归于他们。趁着这个机会，我对他们说，我做的事情让他们感到愉快了，现在，轮到他们做些能够让我愉快的事情了。

我相信，对于此事，那些党政要员们也非常愿意去做，他们对政府诸如选举权、税法及市公务法案等重大的改革采取支持的态度。

切记，无论什么事情，罗斯福都会尽可能地征求别人的意见，并且尊重他们的建议。当罗斯福任命重要人选时，他让那些党政要员们感到，能够选出合适的人选，都是他们自己的功劳。

长岛的一个汽车商也是用这种方法卖给了一对苏格兰夫妇一辆旧汽车。以前，这个汽车商一辆一辆地把汽车展示给那对苏格兰夫妇，他们总是挑三拣四的，总是嫌这不合适，那有损坏的，或者就是太贵了。对此，这个汽车商来我的学习班上请求帮助。

我们告诉他，不要强迫这种意志不坚定的人买你的汽车，要让他主动买，也不用告诉他哪种牌子的车才合适。反正就是要让他们觉得最后的决定符合他们的意愿。

结果，情况有了好转。几天后，有一个顾客打算把自己的旧汽车换成新的，这个汽车商就立即想到那个苏格兰人，或许他们会喜欢这种老式汽车。他给那个苏格兰人打了个电话，说想请教他们一个问题。

接到电话，那个苏格兰人立刻就赶来了，汽车商对他说："我知道，在购物方面你们是个内行，我想请你给这部旧汽车估个价，然后，在做新旧交换的生意时，我心里就能有谱了。"

听到这些话，那苏格兰人笑容满面——终于有人看得起他，愿意向他请教了。他坐进车子，驾驶了一圈，然后说："这样的车子，你如果能以300美元买进就算是捡了便宜了。"

汽车商问他："如果我以300美元买进，再以同样的价格卖给你，你要不要？"当然要，这是他自己估的价，是他自己的意愿，这笔生意就这么做成了。

同样是使用了这样的方法，一位X光仪器制造商，将一批仪表机械卖给了勃洛克林市的一家大医院，并且获得了很高的一笔利润。这家医院计划增加一个新部门，需要一套最好的X光仪器设备，推销员们把负责此事的L医生团团包围住，七嘴八舌地向他推荐自己的东西。

可是其中的一个制造商比较聪明，懂得人际关系的技巧。他给L医生写了一封信。信的具体内容如下：

> 最近我厂完成了一套X光仪器，第一批货已经运到我们的办事处，但不敢说非常完美，所以我们还想再进行一些改进。不知你是否有时间到我们这里来参观一下，并且指点我们改进，以便这些仪器更符合你们的要求，如果你能赏脸光顾，我们将不胜感激。我知道你的日常工作非常繁忙，请告诉我你定下的时间，我将派车去接你。

在我的学习班上，L医生讲述了这件事的经过："当我接到那封信时，感到十分吃惊，不但出乎意料，而且还很高兴。从来都没有X光仪器制造商会来征求我的意见，这一次，我体会到了被人重视的感觉，而且觉得非常荣幸。那个星期，我每天晚上都很忙，但是我特地取消了一个约会去看那套新仪器，越看越满意。那套仪器并不是被强迫买下的，我觉得它很好，就做出了购进的决定，完全是我自己的意愿。"

威尔逊总统执政期间，爱德华·豪斯上校在处理国内以及国际事务上对他有极大的影响力。威尔逊总统对豪斯上校的秘密咨询及意见依赖的情况，远远要超过对自己内阁依赖的程度。

那么豪斯上校是用什么方法来影响威尔逊总统的呢？很幸运，我们现在知道了这个秘密。因为威尔逊自己曾对亚瑟·何登·史密斯透露过，而史密斯又在《星期五晚邮报》的一篇文章中引述了豪斯的这段话：

> 认识威尔逊总统之后，我发现要改变他一项看法的最好办法是把这个新观念，很自然地移植到他的心里，让他发生兴趣，这样就能够让他自己经常想到它。这种方法的第一次奏效，纯粹是一次意外的发现。有一次，我去白宫拜访他，催促他执行一项政策的实施，而总统显然对这项政策不是十分赞同。但几天后，在餐桌上，我很惊讶地听见他把我的建议当作他自己的意见说了出来。

豪斯上校是否会打断他说："这不是您的主意，而是我的。"不，没有，豪斯上校是不会这样做的。他非常老练，不愿意追求荣誉，他只要事情的成果。因此他让威尔逊继续认为那是他自己的想法。豪斯上校甚至更进一步，他让威尔逊总统获得这些建议的公开的荣誉。

让我们记住，我们明天将要接触的所有人，都会具有威尔逊的那种人性的弱点，所以，就让我们使用豪斯上校的人际方法吧。

几年前，有个在新勃伦司维克的人，也是以同样的方法得到了我的光顾。那个时候，我正打算到新勃伦司维克去钓鱼、划船。我给旅行社写了封信，打听这方面的资料，顺便请他们帮忙安排一下。

很显然，我的姓名和住址被发放到了各接待处，该地的野营区和向导所立刻给我寄来了信件和小册子。这么多的介绍，我不知道该如何选择。这时，有一家野营区的负责人做了件聪明事，他把他们曾经接待过的几个住在纽约的客人的名字和电话给了我，让我给他们打电话，亲自对他们野营区的服务进行调查。

在这张名单中，我惊讶地发现了一个我认识的人的名字。我给他打了个电话，向他打听他的野营情况。然后我立即给那位野营区负责人，告知他我的抵达日期。

虽然每一家野营区的负责人都会以热情真诚的服务来迎接我的光顾,然而只有这个野营区负责人能够让我心甘情愿地接受他的服务。

因此,如果你想获得他人的认同,第七个规则就是:

让别人与你合作。

第八章　学会换位思考

切记，当对方不承认自己的错误时，你不要斥责他。只有愚蠢的人，才会在这时责备别人，聪明人绝对不会这样做，他会试着了解、原谅对方。

这个人为什么会有这样的想法和行为，一定会有自己的理由，我们要把那个隐蔽的原因探测出来，然后，就可以清楚地了解他的性格和行动了。

你要让自己站在他的立场，并且对自己说，"如果我是他，遇到这样的事情，我会怎么想，又会怎么做？"你做了这样的思考，就可以省下很多时间，免去很多烦恼。因为你已经知道了事情的原因，就不会憎恶目前的情况了。除此以外，你还可以增加很多人际关系上的技巧和方法。

在古德编写的《如何将人变成黄金》一书中有这样一段话："暂停一分钟，把你对自己事情的关心程度和他人对此的冷淡态度做一比较，就会发现，世界上所有人都是如此。从此，你就能够像林肯、罗斯福一样，稳固地把握所有事业的基础。换句话说，应付人的成功，就要靠设身处地地想别人所想。"

很多年以来，我大多数的消遣时间都在离自己家不远的公园里散步、骑马，因此，逐渐地就对树木有了爱护之心，每当我听到树林起火的消息时，心里就会非常难过。这些火灾不是粗心的吸烟者造成的，而大多是孩子们在林间生火做野餐时不小心引发的。有时树林起火很严重，需要消防队来才能扑灭。

而在公园的旁边，树立着一个布告牌：凡是引起树林火灾的肇事者，将被罚款或监禁。可这块布告牌立得很偏，又毫不起眼，根本引不起人们的注意。有一位骑警是负责管理这个公园的，可是他对于自己的职责并不认真履行，因此，公园经常会出现起火的情况。

有一次，我急忙跑去告诉他，树林起火了，正在急速蔓延，让他通知消防队。可没想到他反应极其冷淡。他告诉我这不是他的事儿，那片起火的树林不在他所管辖的范围内。自那次之后，每逢骑马到公园，我就自己执行保护公园树林的职责。

刚开始时，我从未考虑过孩子们是怎么想的，我看到他们在树林里生火野炊时，心里很不快，就想立即制止他们。事实上，我做错了！刚开始，我看见孩子们在树林里生火，就立即骑马过去严厉地告诉他们说，在树林里生火是要被关起来的，要他们马上把火熄灭。我还威胁他们说，如果不听我的劝告，我就马上让警察把他们抓起来。实际上我只是在发泄自己对那警察不满的情绪，因为我不希望有人在树林里生火而再引起火灾，但是我当时并没有告诉孩子们我的想法。

那么我这么做的结果怎样呢？

那些孩子听从了我的话，但是心里极不服气，在我骑马离开不久，他们又重新生起了火，甚至有把整个树林烧光的想法。

几年后，我开始学习在生活里如何待人处事、与人相处的知识和技巧，知道了在生活中应该多从他人的角度看问题。从此，我不再在与他人相处时使用命令式的语言。如果是几年后的今天，我再看到在公园树林里生火的孩子，我可能会这样跟他们说话："小朋友们，你们的晚餐准备做什么吃？我小时候和你们一样，也喜欢在野外做野餐，现在还记忆深刻。可是，你们知道吗？在公园的树林里随意生火是很危险的事情。但我知道你们是最乖的孩子，不会惹出什么事情来的，对吧？

"如果是其他的孩子，我相信他们不会有你们这样小心地注意不引起火灾。他们看到你们生火玩，自己也跟着玩起火来，回家时忘记把火熄灭，因此，火把周围干燥的树叶都引燃了，结果整个树林都被烧了。如果我们再不小心，这个公园就没有树木了。

"你们中有谁知道，在公园里生火是被禁止的，违者是要坐牢的。我不是干涉你们野炊，我希望你们都玩得开心。只是你们不要让火靠近干燥的树叶，在你们回家时，不要忘了灭火，在原有的火堆上盖些泥巴。如果下次你们再想烧烤，我建议你们去那边的沙丘，那里不会有引起火灾的危险。小朋友们，谢谢你们，祝你们玩得开心。"

如果多年前我和那些在公园里生火的孩子说这些话，相信会有很好的效果，而且那些孩子肯定会和我很合作。因为他们在心理上不会抵触和反感我说的话，他们不会感觉到被别人命令去做什么事。他们既保全了面子，又会玩得很开心。这样一来，大家都很满意，因为一开始我是站在他们的立场上来处理这件事的。

在我们想要别人去完成一件事情的时候，我们自己不妨先闭上眼睛思量一番，要站在对方的立场上把整个情形想一想。然后问自己："他为何要这样做？"当然，这事情是有点麻烦，而且又费时间，可是你想过没有，这么做你会获得更多的友谊，并且为自己减少了不必要的麻烦，也不会为彼此之间增加不愉快的气氛。

哈佛大学商学院陶亥姆就曾说过："在我要跟一个人会谈之前，我愿意在他的办公室前的走廊上来来回回走上一两个小时，我要把我需要向他说的话，想得更有条理些，而且我会设想对方会怎样回答我的问题，我绝不会冒失地没有准备地就闯进他的办公室。"

在你看完这本书的时候，一定能增加你的一种趋向：即当你接触到每一件事时，你首先会为对方着想，而且能够以对方的观点去看待这事。虽然你在这本书里只能学习到这些，但它会让你在今后的生活和工作当中受益无穷。

因此，如果你想获得他人的认同，第八个规则就是：

学会换位思考。

第九章　了解他人的需求

你是否想知道一个神奇的句子？一个可以停止争论，消解怨恨，制造好感，让人们能够倾听你说话的句子？

没错，就让我告诉你这么一句话。你从一开始，就要对别人这样说："我丝毫不会责怪你所做的一切，如果换作是我，也会做出这样的决定。"

世界上最狡猾固执的人，听到这样一句简单的话，也会立即不再强硬。可是，你说这句话的时候，必须是真诚的，因为如果你是他，你必定和他感受相同。让我以卡邦为例：如果你来自遗传的身体、性格和思想与卡邦完全一样，而且你和他也有一样的处境、一样的经验，那么你就会成为和他一样的人。因为，他会沦为盗匪，全都要归因于此。

比如说：你的父母不是一条蛇，是你没有成为一条蛇的唯一原因。你没有出生在勃拉乌波答河岸的印度家庭里，便是你不会同牛接吻，不会奉蛇为神明的唯一原因。

你能够成为现在的样子，从你自身来讲，可以归功之处很少。那个蛮不讲理，让你恼火的人，会成为那个样子，作为他自己来讲，也没有什么错。你要做的，只能是惋惜、可怜和同情这个可怜的人。你必须牢记约翰柯在看到街上走不稳路的醉汉时经常说的一句话：如果没有上帝的恩惠，我也会和他一样。

明天，你遇到的人中可能会有一大半都渴求别人的同情，如果你能够同情他们，他们就会对你友好。

我在一次播音演讲上说到《小妇人》一书的作者奥尔科特女士。我自然清楚她生长的地方是马萨诸塞州的康考特，然而由于一时疏忽，我把这个地名说成了"新罕布什尔州的康考特"，如果这种错误只出现了一次，或许还能够原谅，可是我却一连说错了两次。

那次演讲之后，我受到了大量质问、指责，甚至收到了侮辱的信件和电报，我无法抵抗的头上似乎围着一群嗡嗡乱叫的野蜜蜂。其中有一位生长在马萨诸塞州的康考特的老妇人，当时她正在费城居住，她对我发泄了她强烈的怒火。读了她的信，我不禁对自己说："感谢上帝，幸亏我没有和这样的女人结婚。"

我打算给她写封信对她说，弄错了地名是我的不对，可是她却一点都不懂得礼节。这自然是我对她能说的最不客气的话。最后，我还会告诉她，她给我的印象有多么的恶劣。可是我并没有那样做，我尽力约束、克制自己。我知道，如果我真的那样做了，那就太愚蠢了。

我不想和愚蠢的人争论，所以我决定使她化仇恨为友善，我告诉自己："如果换作是我，恐怕也会是这样的态度。"所以，我决定对她心怀同情。后来，在去费城之前，我给这位老妇人打了个电话，我们的通话内容大致如下：

我说："某某夫人，几周之前，你给我写了一封信，为此，我非常感激！"电话里传出她温和流畅的声音："很抱歉，我听不出你的声音，能否告知你是哪位？"

我说："对你来说，我是一个陌生人，我的名字是戴尔·卡耐基。几个星期前，你收听了我在电台广播里的演讲，并且指出了我犯的不可饶恕的错误。我竟然把《小妇人》的作者奥尔科特女士的生长地点弄错了，这是多么愚蠢的事情啊，我要向你表示歉意，你花费时间写信为我指出错误，我也非常感谢你。"

她在电话里说："对不起，卡耐基先生，我在信里对你发脾气，态度非常粗鲁，应该是我向你道歉，请求你的谅解才对。"

我坚持说："不，不，那不是你的错，是我应该道歉，就算是个小学生，也不应该犯我那样的错误。第二个星期，我已经在电台里更正了那个错误，但是我觉得，我应该亲自向你道歉。"

她说："我的家乡是马萨诸塞州的康考特，200年来，我的家族在那里一直富有声望，我的家乡一直都是我的骄傲。当你把奥尔科特女士说成是新罕布什尔州人时，我真的难过极了。然而我为写了那样的信深感愧疚和不安。"

我对着话筒说:"我愿意实在地说,我要比你难过十倍。我的错误并不会影响那个地方,可是却伤害了我自己。像你这样一位有身份、有地位的人,是不会轻易给电台播音员写信的。以后,如果你再在我的演讲中发现错误,我希望你还能来信指点。"

她在电话里说:"你愿意接受别人的批评,这种态度让别人愿意接近你,喜欢你,我相信你是个很好的人,我也非常愿意认识、接近你。"

从以上的通话内容来看,当我站在她的立场,对她表示同情并且道歉时,我也得到了她的同情和歉意。我对自己能够控制激动情绪、以友善应对侮辱而感到满意,她能够因此喜欢我,也给我带来了更多的快乐。

所有在白宫工作的要员,几乎都要遭遇此类人际关系问题的困扰,连塔夫脱总统也不例外,他从自己的经验中总结出一个结论:没有什么比同情更能够消除恶感。在他编写的《伦理服务》一书中,有这样一个有趣的例子,讲述的是他如何平息一位失望却又有毅力的母亲心中的怒火。

塔夫脱总统是这样讲的:

在华盛顿居住的一位太太,她的丈夫在政界很有势力;她要我为他的儿子安排一个职位,为此缠了我将近两个月。她还请了几个议院中的参议员,陪同她找到我,帮忙为她儿子职位的事情说话。

然而,只有技术型人才能够担任这个职位。后来,有关的主管推荐给我另外一个人担任此职。没过几天,我就收到了那位母亲的来信,指责我忘掉了别人施予我的恩惠,而且是我拒绝让她过上快乐的生活。她的意思就是,我可以轻易让她得到快乐,可是我却不愿意这样做。还说自己曾经是如何劝她那一州的代表支持我的一项重要法案,可是我不但不报答她,还让她过得不愉快。

当你收到这封信的时候,首先,你就会思考用怎样严厉的言辞去应对这样一个粗鲁而没有礼貌的人,然后,你或许就要开始写信了。

但是,如果你足够聪明,你会把这封信锁起来,两天后再拿出来——这样的信,推迟几天邮寄不会有什么影响。然而两天后,你再把这封信拿出来重新看一遍时，就会决定不再把它邮寄出去了，这便是我使用的方法。

然后，我冷静地坐下来，用最客气的言辞给她回信。我告诉她，我很明白一个母亲在遇到这种事情的时候，会感到非常的失望。但是我对她坦白地说，这个职位的委任，并不是以我的个人意愿就可以决定的，必须要找到一个适合这个职位的技术型人才，而那个主管推荐的正是这样的人才，所以我才会接受。我希望她的儿子能够在原先的工作岗位上继续努力，并且期待他能够有所成就。

看了我的信，她平息了怒火，并且寄来一封信，对她的鲁莽言辞表示了歉意。

但是，短时间内，我所委任的那个人还不能来上班。过了几天，我又收到了一封以她丈夫的名字署名的信，然而信上的笔迹却和前两封一模一样。

这封信上说，因为儿子工作的事情，他的太太已经患上了神经衰弱，现在病倒在床上，胃里似乎长了肿瘤。为了能够让他的太太恢复健康，他问我是否可以把已经委任的那个人换成他儿子。

我回了一封信，是给她丈夫的，我在信中说，希望他太太的病情是诊断错误的，而且我非常同情他们遇到这样的情况，可是现在已经完全不可能撤回已经委派的人了。

几天后，接任的人正式到岗。就在我接到那封信的转天，我在白宫举办了一场音乐会，而最先到达现场向我和塔夫脱夫人致敬的，便是这对夫妇。

霍洛克算得上是美国第一个音乐会经纪人，他对如何应付诸如嘉利宾、邓肯、潘洛弗这样的艺术家，有二十多年的经验。霍洛克对我说，为了能够和那些性情古怪的音乐家友好相处，他总结出一个宝贵的经验：必须要彻底同情他们可笑又古怪的性格。

霍洛克曾经担任世界低音歌王嘉利宾的经纪人3年时间。嘉利宾的行为好像是被宠坏了的孩子，这让霍洛克伤透了脑筋，用霍洛克的原话来说就是"无论在哪个方面，他都糟透了"。

例如：如果晚上有要登台演唱的音乐会，当天中午，嘉利宾就会给霍洛克打电话说："我身体很不舒服，嗓子特别疼，看来今天晚上我无法登台了。"听了这样的话，霍洛克会和他争论吗？不，他才不会这么做！

他知道，作为一个艺术家的经纪人，绝对不可以这样处理事情，所以，他会立刻动身前往嘉利宾住的旅馆，面带同情地说："可怜的朋友，你太不幸了，今天晚上你当然不能演唱了。我现在就去通知取消你的节目，跟你的名气比起来，这损失掉的3000美元的收入并不算什么。"

听了霍洛克这样的话，嘉利宾会叹口气，怀着感触的心情说："或者，你下午5点再来，看看到那时候，我的情况会不会有所好转！"

5点的时候，霍洛克先生再次来到嘉利宾的旅馆，并且坚持要帮嘉利宾取消他的节目。然而嘉利宾却说："你再晚一点过来，也许到那时候我会好一些的！"

7点半，这位低音歌王终于同意登台演唱了，他提出的唯一条件，就是在他登台之前，霍洛克先生要先上去告诉听众，嘉利宾患了重感冒，嗓子不舒服。霍洛克会应付着答应他，因为只有这样，嘉利宾才会登台演唱。

在盖慈博士编写的著名的《教育心理学》上有这样一段话："追求被同情是人类的普遍现象，孩子受伤后，会急着展示他的伤口，甚至故意弄伤自己，以此来博得大人的同情。"

成人也是如此，他们到处诉说自己的损失或者意外伤害，或者是患上的疾病，以及手术的过程。"一般人都有自怜的习性。"

因此，如果你想获得他人的认同，第九个规则就是：

了解他人的需求。

第十章　激起他人高尚的情操

我出生在密苏里州的一个小镇里，附近的卡梅镇就是当年的美国大盗奇斯·贾姆斯的故乡，我曾经去过那里，奇斯的儿子仍然生活在卡梅镇。

他的妻子对我讲述了当年奇斯如何抢劫银行和火车，然后把抢来的钱分发给附近的穷人，让他们把抵押给银行的田地赎回来的事迹。

当时的奇斯·贾姆斯或许觉得自己是个理想家，和两代以后的苏尔滋、"双枪"克劳雷、卡邦一样。而实际上的确是这样，凡是你见过的人，甚至是你照镜子时看到的自己，都会觉得自己很崇高，每个人在评价自己时，都希望能够公正而并非自私。

银行家摩根在他的一篇分析文稿中写道：人们做每件事都有两个理由，一个是听上去不错的，一个是真实的。

人们会经常考虑那个真实的理由，而我们面对自己内心的时候都是理想家，更喜欢考虑那个听上去不错的理由。所以，想要改变一个人的意志，就需要把他高尚的动机激发出来。

如果在商业上使用这种方法，会不会理想呢？让我们来看看宾夕法尼亚州某房屋公司的弗利尔先生的例子：弗利尔的客户中有一个总是无法满足的人，他对弗利尔恐吓说要从他的公寓搬走，但是这个房客每月55美元的租约还有4个月才到期，可是他却说要立刻搬走，不理睬什么租约。

对于整个经过，弗利尔这样说道：

> 那个房客已经在这里住了整整一个冬天。我知道，如果他们搬走了，在秋天到来之前，这间公寓是很难再租出去的。我眼睁睁看着自

己将要失去220美元,心里万分焦虑。

这件事如果是发生在以前,我肯定会找到那个房客,让他重新读一遍租约,并且告诉他,想立刻搬走,仍然要把剩下的4个月的租金全部付清。

而这一次我却用了另外一种方法,一开始便这样对他说:"杜先生,听说你打算搬家,但是我不相信这是真的。从各方面的经验来看,我可以判断出你是一个说话算数的人,这一点,我可以和自己打赌。"

这个房客安静地听着,没有插一句嘴,我继续说:"现在,我建议你把你决定的事情暂时先放一放,不妨再仔细考虑一下。到下个月交房租的日子前,如果你还是打算搬家的话,我会接受你的决定。"

我停了一下,接着说:"到那个时候,我会承认自己错误的判断。但是我依然会相信你是个守信用的人,能够遵守自己曾经立下的合约。因为,毕竟我们究竟是人还是猴子,都在于我们自己的选择。"

果然如我所料,到了下一个月,这个房客主动来交房租了。他对我说,他已经和妻子商量过此事,他们打算接着住在这里,他们觉得,履行租约是最光荣的事情。

已经去世了的诺斯克利夫爵士曾经看到一张报纸上刊登出一张他不愿意被公开的照片,于是就给那家报社的编辑写了封信。在那封信上,他没有写:"请不要再公开我那张照片,我很讨厌那张照片。"他想激起对方高尚的动机。他知道,每个人都会热爱自己的母亲。因此,在那封信中,他换了一种语气说:"因为我的母亲不喜欢我的那张照片,所以请贵报以后不要再公开那张照片。"

当约翰·洛克菲勒希望记者停止对他孩子的拍摄时,他也激起了对方高尚的动机。他没有说:"我不希望孩子的照片被公开。"他了解每个人内心当中都不希望自己的孩子被伤害。他换了种语气说:"各位,我相信你们当中很多人都是有孩子的,你们应该知道,孩子是不适宜成为新闻人物的。"

柯迪斯原本是缅因州一个穷人家庭的孩子,长大后成为《星期六晚报》以及《妇女家庭杂志》的主编,挣了几百万美元的钱。在报刊创办初期,他没有能力像别的报刊一样,以高价钱购买稿子。他无法聘请国内一流作家为他撰稿,然而,他却成功地运用了人们高尚的动机。

例如，他能够请到《小妇人》的作者奥尔科特在她声望最高的时候为他撰写稿子，谁都不会想出柯迪斯使用的这种特殊的方法！他签出一张100美元的支票，但是并没有把支票交给奥尔科特，却捐给了她最喜爱的一个慈善机构。

也许有人会持怀疑的态度："在诺司克力夫、约翰·洛克菲勒和情感丰富的小说家身上使用这种方法或许会奏效，可是，如果是对那些不可理喻的人，能否同样使用这种方法呢？"

没错，这话说得很正确，任何东西都不可能在任何情形下产生同样的效果，同样，不可能有一样东西，可以在所有人身上都产生效果。如果你对你现在得到的结果感到满意，那就没有必要再改变什么了。如果你觉得不满意，那就不妨做些尝试。

我以前的学员汤姆斯曾经讲过一个真实的故事，不管怎样，我相信你会喜欢的：

> 某家汽车公司，有6个顾客拒绝支付一笔修理费用，他们不承认这一账目，说账目中有些地方弄错了。可是每一张账单上都有他们的亲笔签名，所以公司觉得这些账目不会出错。
>
> 以下是那家汽车公司信用部职员到那些顾客那里索款时的步骤，你来看看，他是否会成功。
>
> 一、拜访每一位顾客，坦白地告诉他们，此行的目的是按照公司的委派，来索取他们积欠的账款。
>
> 二、清楚地向顾客表示，公司是绝对不可能弄错账目的，如果有错，也是顾客的责任。
>
> 三、向他们暗示，公司显然要在汽车业务方面比顾客内行得多。
>
> 四、因此，没有必要再做一些无谓的争论。

然而，他们最终却争论了起来。

这些方法能否让顾客们心甘情愿地还清欠款？这个问题，你不妨自己想出答案。

事已至此，那位汽车公司的信用部主任不得不派出几个法律方面的人才去应对，幸好总经理知道了这件事，他对那几位顾客以前的付账记录进行了查看，发现他们以前付账都是按时的。据此，总经理做出公司收账方式不对的判断，于是，总经理找到汤姆斯，派他去收那些很难收上来的"烂账"。

以下是汤姆斯先生的索款步骤。

汤姆斯是这样介绍的：

一、我去拜访每位顾客，同时，也是去索要一笔积压了很长时间的欠款，然而我却对欠款只字未提。我对他们说，我来的目的是为了调查公司对顾客的服务情况。

二、我明确地告诉顾客，在他们说完自己的想法之前，我是不会插嘴的，因为公司也不是完全不会犯错误。

三、我告诉他们，我只不过是关心他们的汽车；而我相信，没有人会比他们更了解他们自己的汽车，所以我愿意在这个问题上先听他们的意见。

四、我让他们尽量倾诉，自己则安静地听着，并且表示对他们的同情，当然，他们也希望我持这样的态度。

五、等到那些顾客平静下来，我便让他们从公正的角度考虑这件事，我当然也想激发他们高尚的动机。于是，我说：

"首先，我希望你能明白，我也认为这件事情的处理并不是很恰当，我们公司上次派来的人给你的生活带来了困扰，并且惹恼了你，这实在是不应该，为此，我深表歉意。听了你刚才所说的一切，我被你的耐心和公正的态度感动了。

"正因为你心胸宽广，才使得我有胆量请你帮我个忙，这件事情，你可以比其他人做得更好，也比其他人更适合去做。而且，你会比别人更能够了解我给你开的这张账单，请你仔细看一遍，看看是什么地方错了，你就把你自己当成是我们公司的总经理，可以全权做主，我们会按照你说的去做。"

他有没有再次查看账单？没错，他当然这样做了，那些顾客都付清了欠款，而且在之后的两年里，那几位顾客都先后购买了我们公司的新汽车。

汤姆斯先生这样说："我从经验中得知，当不知如何应付顾客的时候，最好的办法就是要先把那位顾客当作是诚实可靠的人，而且相信他是非常愿意付账的。一旦他确定了账目是正确的，他就会毫不犹豫地还清。换句话说，每个人都是诚实并且愿意履行义务的。即便是一些让人为难的人，如果他能感觉到，在你眼里，他是多么的诚实正直，大多数时候，他也会以同样的反应来对待你。"

因此，如果你想获得他人的认同，第十个规则就是：

激起他人高尚的情操。

第十一章 学会包装你的观点

这是多年前的一件事了，当时《费城晚报》受到了恶意谣传的攻击。有人指责《费城晚报》版面的广告多于新闻报道。他们说晚报内容贫乏，没有实质上的东西，缺少真实的报道，失去了吸引力。报纸的消费者感到非常不满，当然，报纸的销路也受到了严重的影响。这家报纸立即采取了有效的措施，设法阻止这种恶意谣言的扩大传播。

在这样的情形下该采取怎样的措施呢？

该晚报将历年每一天中的各项阅读资料剪辑下来，分门别类地编辑成了一本书，叫作《一天》，该书厚达307页，与一本价值2美元的书差不多，而价钱却只有几美分。

这书出版后，把《费城晚报》丰富翔实的新闻资料展现了出来。这比任何图表、数字和辩解都有趣得多，清晰得多，并且给读者的印象极其深刻。

柯特·考夫曼在他的《商业上的表演》一书中，举出很多的例子。为了说明怎样增加一家公司的营业额，这本书举了一家电器公司是怎样销售电冰箱的例子。为了向买主证明其电冰箱在接通电源之后是没有噪音的，他们请买主在冰箱旁边擦燃火柴，要是还能听见擦火柴的声音，那就说明他们所生产的冰箱没有噪音。此外还有以下例子：洛巴克帽子公司的经营项目上写着，公司有电影明星安苏珊签过名的帽子，每顶销售1.95美元；范尔巴把活动陈设窗撤掉后，丢掉了80%的顾客；一家玩具公司，启用米老鼠的商标后，让濒临破产的公司走向兴隆；克莱斯勒汽车公司在一辆汽车上放上几头大象，来证明他们公司所生产的汽车是怎样的坚固和耐用。

纽约大学的巴顿和伯西通过对1.5万个销售案例的调查分析，写了一本叫

《怎样赢得辩论》的书。在他们的书中，他们把其中的规律总结写成了一篇演讲稿，称之为"销售的六个原则"。他们再把这篇演讲拍摄成纪录片电影，在数百家大公司的职员面前放映。他们还在各个公共场所举行示范表演，并在表演中指出售货时的正确与错误方法的区别。

这是个表演的时代，假使只是叙述事物的原理，那还是不够的，而且没有具体的效果。这个原理需要具体化，需要生动有趣、戏剧化，这样就需要人的表演。你也应该有像他们一样的表演才能，演员能做，无线电台能这样传播，那为什么你不可以那样去做？

那些橱窗设计师，他们知道戏剧化能够引起大众的注意。例如，一个鼠药制造商为一个零售商布置了一个别开生面的橱窗，别具心裁地在里面放了两只老鼠，以证明他的鼠药的功效。不出所料，在短短的一个星期内，他们售出的鼠药是平时销售额的5倍。

《美国周刊》的编辑波恩顿做了一次市场调查，他写了一篇内容翔实的报告。这次调查是给一家品牌很响的润肤露制造商做的，它是杂志的重要广告客户。波恩顿写的报告中表明有另外一家润肤露公司准备跟他们竞争，他必须把这一情况向他的广告客户说明。

波恩顿承认和广告客户的第一次接洽是不成功的。但后来，他换了一种方法，完全改观。

他说：

> 第一回进客户的办公室与他接洽，我真是昏了头，没多久我们就转到了讨论调查方法那条弯路上去了。他辩驳，我也跟他争论，对方指出是我调查出了错，我则努力地证明自己并没什么不对。
>
> 最后，虽然在理论上我占尽优势，自己也感到很满意，但约谈结束的时间到了，我和他的会谈也跟着结束，而我在他那里一无所获。
>
> 第二回，我对那些数目和资料只字未提，而是用戏剧性的手法把事实表演了出来。
>
> 我走进他的办公室时，他正在接听电话，等他忙完了手中的事，我打开随身携带的手提箱，从里面拿出了32瓶润肤露摆在他的办公桌上，那些东西都是同业的竞争产品，这一点，他很清楚。

来之前，我在每个瓶子上都贴了一张纸条，上面写着我调查的结果以及这个商品的历史。

　　结果怎么样呢？

　　这次不再有争论了，反倒发生了令我感到惊讶的事情。他一瓶接一瓶地拿起润肤霜来看标签上的说明，接着他和我友好地展开谈话。我们的交谈十分融洽，他问了我一些其他问题，并且显得很感兴趣的样子。本来这次会谈他只给了我 10 分钟的时间，但是 20 分钟过去了，40 分钟过去了，快到一个小时的时候，我和他还在继续愉快地交谈着。

　　其实这次我说的和上次一样，所不同的是这次我把事实具体化了，并向他进行了展示，可事情的结果却是多么的不一样！

因此，如果你想获得他人的认同，第十一个规则就是：
学会包装你的观点。

第十二章　对固执的人用激励法

在司华伯管理下的一家工厂里担任厂长的是一个非常负责的人，但是他却无法让他手下的工人在生产量上达到标准。司华伯向那个厂长询问出现这种情况的原因，这样一个有能力的人，却无法使工人们在生产量上达标，这究竟是为什么？

厂长回答说："我也搞不明白，我有时用和善的语气鼓励他们，有时又不得不呵斥他们，甚至用降级和开除相威胁，可是都没有用，他们还是不愿意努力工作。"

他们这次谈话的时间，是在日班快要结束，夜班即将开始的时候。

司华伯找那个厂长要了一支粉笔，然后走到旁边问了一个工人："今天你们这班总共完成了多少个单位？"工人回答说："6个。"

听了这话，司华伯一声不吭地用粉笔在地上写了一个大大的"6"，然后就离开了。

夜班工人接班时看到这个"6"，便打听其中的含义。

日班工人回答说："刚才大老板过来了，问我们今天总共做了多少个单位，我说是6个，然后他就在地板写了这个'6'。"

转天早晨，司华伯又去工厂，发现夜班工人已经把"6"擦掉，改成了一个大大的"7"。

日班工人来上班了，他们看到地上已经换上的"7"，感到夜班工人的工作效率比日班工人要高。没错，这就没什么问题了，他们要比夜班工人表现得更好，于是，他们立刻抓紧时间工作起来。那天，日班快要结束时，他们写下了一个非常大的"10"，工作情况就这样慢慢好起来。

没多久，这家原先产量落后的工厂，终于在产量上超过了其他工厂。

这是为什么呢？

用司华伯自己的话来说就是："假如我们要完成一件事情，一定要鼓励竞争，这并不意味着要争抢着去挣钱，而是要有超过别人的意念。"

对于一个有志气的人来讲，好胜的意志再加上勇于挑战的心理，是效果最好的激励。

如果没有这样的"激励"，富兰克林·罗斯福不会当上总统。他是个勇敢的骑士，从古巴一回来就被选为纽约州州长的候选人。但是他的竞争对手却指出他已经不是纽约州的合法居民了，他得知这个情况后，非常恐慌，准备退出竞选。

民主党党魁伯拉德转身对罗斯福大声说道："难道圣巨恩山的英雄会这么软弱？"就是因为这样的一句话，激起了罗斯福的求胜欲，他站了出来抵抗反对党。而后的各种演变，历史上都有详细的记载。

这个挑战改变的不只是罗斯福自己的一生，也影响了美国的历史。无论是司华伯、伯拉德还是史密斯，都清楚地知道挑战的力量。

鬼岛西端有一座臭名昭著的"星星监狱"。那里没有监狱长，凶狠的犯人在监狱里称王称霸，胡作非为。史密斯需要一个勇敢坚定的人去做"星星监狱"的监狱长，然而有谁可以胜任此职呢？他召来了波士顿的劳斯。

他以轻松的语气对劳斯说："去'星星监狱'如何？那边需要个经验丰富的人！"

劳斯知道"星星监狱"的情况，知道那里有多么危险，随时都会受到政治变化的影响。到那里任职的监狱长不停地更换，没有一个人能待在那里超过3个星期，他要为自己的终生事业考虑，是不是值得去冒这个风险。

看着他犹豫不决的样子，史密斯微笑着说："小伙子，我不会怪你的。那的确不是个安全的地方，但是那里需要一个有能力、有气魄的大人物。"

史密斯是不是就这样下了一个挑战？劳斯的心中激起了要做这个"大人物"的念头。

于是，他去了那里，而且长久地干了下去。结果，他成为当时最著名的监狱长。他曾经写了一本《星星监狱两万年》的书，刚一出版，就在全国畅销，还上了电台的广播。他在监狱里的见闻成了电影素材，很多电影都采用了他的故事，他对罪犯"人道化"的见解，带来了后来很多的监狱改革奇迹。

菲司顿橡皮公司的创办人菲司顿曾经说过这样的话："不要以为用高额的薪金就可以让人才聚集在你的身边，只有激发他们的竞争力，才能使他们的工作效率发挥出来。"

挑战是所有人都喜欢的竞技，不但可以表现自己，还能够展现自己的实力，证明自己的价值，所以，有很多稀奇古怪的竞技比赛诞生了，例如竞走比赛、唤猪比赛、吃馒头比赛等等。这些都能够满足人们好胜的欲望，使人们获得自重感。

因此，如果你想获得他人的认同，第十二个规则就是：

对固执的人用激励法。

第四篇
如何让他人接受你的观点

第一章　用聪明的赞赏开始谈话

一个周末，我的一位朋友被邀请到白宫做客，当时正是柯立芝总统执政时期。在他踏进柯立芝私人办公室的大门时，刚好听见总统在夸奖他的一个女秘书："今天你打扮得真好看，让你显得很有活力，你真是漂亮的年轻人。"

柯立芝总统是个不爱说话的人，他几乎从未赞美过别人，可是这次，他却这样夸奖了他的女秘书，那个女秘书的脸一下子红了，低下头去。柯立芝又对她说："不要害羞，我是为了让你高兴，才说出刚才那样的话。现在，我想提醒你，以后在公文的标点使用上要注意一些。"

柯立芝使用的这个方法虽然有些直白，可是他却运用了巧妙的心理学技巧。当我们在听到批评的话之前，先听到一些赞美的话，那些批评的话就容易接受多了。

在理发店里，理发师给客人刮脸前，会先在客人脸上涂一层香皂水。1856年，麦金利竞选总统的时候，就运用了理发师刮脸的这个原理。

共和党的一位要员，竭尽全力写出了一篇自认为很成功的演讲稿，他觉得这篇演讲稿算得上是他的不朽之作。他找到麦金利，兴奋地把演讲稿朗诵了一遍，麦金利却觉得这篇演讲稿并不是那么完美，虽然有一些可取之处，但发表出去，或许会遭到外界强烈的批评，引起不小的风波。麦金利不想拒绝这位要员的热情之心，但是他也不能就这么妥协了。让我们来看看麦金利是如何处理这件事的：

麦金利说："这可真是一篇了不起的演讲稿，很难见到这么精彩的稿子，我相信，没有人能比你写得更好了。它确实在很多场合都非常适用，但是在有些特殊的场合，它是不是也一样适用呢？当我也站在你的立场上想时，我也觉得你写得很慎重，作为演讲稿再合适不过。可是现在，要全面考虑这篇稿子的影响，必须站在党的立场上来想。你按照我特别指出的那几个方面，回家重新写一篇，然后送一份给我看。"

那位要员毫不犹豫就回家照做了，麦金利看了他重新写的稿子，用蓝色钢笔修改好。结果，在那次总统竞选中，那位要员成为发挥最大作用的助选员。

我要让大家看看林肯写过的第二封最著名的信。林肯第一封最著名的信是写给毕克斯贝夫人的，对她在战场上牺牲的5个儿子表示哀悼。

这第二封最著名的信，林肯写的时候可能只用了不到5分钟的时间。可是，当1926年那封信公开拍卖时，以12000美元的高价售出，比林肯在一生中的积蓄还要多。

1863年4月26日，当时正值美国内战的高潮，全美国处于最黑暗的时期，那天，林肯写下了这封信。那个时候，已经是内战开始后第18个月了，林肯手下的将领们带着北方联军进行着愚蠢的人类大屠杀，然而没有任何效果。北方联军一次又一次惨遭失败，成千的士兵临阵脱逃，举国震惊，人心慌乱。甚至连参议院里的共和党议员也起了内讧，开始叛乱。而且，更严重的是，他们要逼林肯辞去总统职务。

当时林肯说了这样的话："现在，我们已经达到了毁灭的边缘——我觉得，连上帝似乎都在反对我们，我看不见哪怕一丁点希望的光芒。"就是在这样混乱而且黑暗的时期，林肯写下了这封信。

我要给大家看这封信，是想让你们看看林肯是怎样想办法改变一个顽固的将领的，因为当时美国的命运就掌握在这个将领的手中。

自从林肯当了总统以后，这应该是他写过的语气最苛刻而且不留情面的信，但即使是这样，你依旧可以看到，在指出这个霍格将军的严重错误之前，林肯先赞美了他。

没错，霍格将军犯了严重的错误，可是，林肯在信中并没有直接批评他。林肯写信时非常克制，他在信中写道："在有些事情上，我对你的处理方式不是很满意。"他具有高超的交际手腕，使用的是外交时的辞令。

这封信是这样写的：

你现在是麦克军队的司令官，我任命你担任这个职位，是有充分的理由的。即使是这样，我也希望你能明白，在有些事情上，我对你的处理方式不是很满意。你是一个英勇善战的将军，我对这一点十分坚信，而且感到欣慰。除此以外，我也坚信你可以分清政治和职责，在这方面你是正确的。你对你自己信心十足，这种品质是非常崇高的。

你野心勃勃，在很多方面，这种野心是有益无害的。可是，当波恩雪特将军带领军队的时候，你的野心却让你对他横加阻挠。在这件事情上，你犯了错误，无论是对你的祖国，还是对你很有作为的同僚，你的错误都是非常严重的。

我曾经听说，你说军队和政府需要有一个独裁领袖，我相信你说过这样的话。但是，我把军队的指挥权交给你，当然不是为了这个目的。而且，我也从来都没有这么想过。

一个将领，要想获得当独裁者的资格，必须在战争中取得胜利。现在，我希望你能够先取得军事上的胜利。然后，我会将独裁权授予你，即使这么做会给我带来生命危险。

政府将会像支持别的将领一样，竭尽全力支持你。我非常害怕你灌输给军队和军官的那种不信任上级的思想会回应到你自己身上，为了能够消除你那种危险的想法，我愿意尽我所能帮助你。

就算是拿破仑还在世，如果军队中有这种思想流传，他能从中得到什么呢？此刻，要小心行事，不要轻举妄动，要尽一切努力，争取我们的胜利。

你并不是柯立芝、麦金利或者林肯，你只是个普通人，但是这种哲理，在日常事务上也是同样有用的。我们来看看在费城华克公司任职的卡伍先生身上发生的故事。卡伍先生和你我一样，都是普通人，也是我在费城办的一个学习班的学员。这个故事，他曾经在学习班里公开演讲过。

华克公司在费城承包了一幢办公大楼的建设工程，竣工日期也已定好了。

这项工程从一开始就进行得很顺利,直到大楼将要竣工的一天,承包大楼外部铜工装饰的商人突然说他的货物不能按时到达了。这简直是晴天霹雳,如果整个工程因此暂停下来,就不能在指定日期内竣工了,这就免不了要遭受巨额的罚款,单单是一个承包铜工装饰的商人,就要为公司带来如此巨大的损失。

在经过很久的长途电话激烈的争论之后,事情没有任何进展。于是,卡伍被公司派遣到纽约找那个商人作当面的交涉。卡伍走进那个商人的办公室,说的头一句话就是:"先生,你知道吗?你的姓名在纽约布鲁克林区是独一无二的!"听到这话,商人觉得非常出乎意料,他摇着头说:"我从来都不知道这个事情。"

卡伍接着说:"今天早上,我下火车后,在公用电话本里查找你的地址,发现在这个区里叫这个名字的,只有你一个人。"

那个商人说:"我从未注意过这个。"然后,他把电话本找出来翻找,看上去很感兴趣的样子,正如卡伍所说,布鲁克林区叫这个名字的只有他一人。"没错,这个姓名很少见,"那个商人不无自豪地说,"我的祖籍是荷兰,200年前,我们的家族就来到了纽约。"然后,他兴致勃勃地谈论起他的祖先,以及家族情况。

等商人谈完了他的家族,卡伍又找了个新的话题,对他拥有的规模庞大的工厂进行了赞美。"我从未见过如此干净,设备如此完善的铜器工厂。"卡伍说。

"没错,我用了毕生的精力来经营这个工厂,它让我感到无比光荣,我可以带你参观一下整个工厂,你愿意吗?"那个商人说。

参观的时候,卡伍对工厂的组织系统连连赞叹,对于比别的工厂有优势的地方,他都一一指出,当看到几种特殊器材的时候,他都大加赞赏。那个商人告诉卡伍,那几种特殊器材是他亲自发明的,他为此花了不少时间向卡伍说明器械的特殊功能和使用方法。最后,他一定要请卡伍共进午餐。切记,直到这一刻,对于自己的真正来意,卡伍还没有说过一个字。

吃过午饭,那个商人说:"现在我们来谈正事吧。我明白你来这里的目的。只是没有想到,见到你以后,会和你聊得这么开心,"他面带笑容继续说道:"你可以先回费城,我一定会把货物准时运送到你们那里,我保证,就算别的生意被耽误了,也要保证你们的工程。"

卡伍从头到尾没有提出一句要求,可是他却顺利地达到了目的。所需的全部材料如期而至，整个工程在规定时间内竣工，一点也没有耽搁。假设一下，当时如果卡伍和那个商人进行了激烈的争论，结果是不是还会如此令人满意呢？

所以，想让他人接受你的观点，第一项规则就是：

用聪明的赞赏开始谈话。

第二章　如何批评容易被接受

某个中午，很偶然的机会，司华伯走进他的一家钢铁厂，刚好看到厂子里的几位工人正蹲在墙头下抽烟，而恰好就在那几位工人头顶高一点的墙上，悬挂着"禁止吸烟"四个大字的提醒牌。你们是否觉得，司华伯看到这个情景，会立刻严厉地对工人说："你们难道不认识字吗？"如果你们是这样想的，那就错了，这种行为是司华伯从来都不会做的。

司华伯从口袋里掏出自己的烟盒，径直走到那几位工人面前，分给他们一人一根雪茄烟，他一边分烟一边说道："兄弟们，别客气，但是，假如你们想抽烟的时候，能到工厂外面去抽，那就再好不过了。"那几位工人已经明白自己犯了严重的错误，但是司华伯不但没有因此责怪他们一句，还把雪茄烟分给他们抽，维护了他们的自尊心，这让工人们对司华伯更加尊敬和钦佩了。像司华伯这样的人，你怎么能不喜欢他呢？

以上这种方法，范纳梅克也经常使用，他在位于费城的一家规模庞大的商城当老板，每天都要到他的商城去看看。有一天，他来到商城，看到一个女顾客站在柜台外面想买东西，可是没有一个售货员去接待她。

售货员都到哪里去了？范纳梅克看看四周，发现售货员们都聚集在较远的柜台一角，正聊得开心。范纳梅克没有声张，只是悄悄走进柜台里侧，亲自接待那个女顾客，然后，他拿着卖出去的商品，走到售货员旁边，让他们去包装，自己则走开了，没有多说一句话。

精于布道的皮确牧师于1887年3月8日去世了。那天之后的第二个礼拜日，爱保德牧师接受邀请，接替皮确牧师登台布道。他提前撰写了一篇布道稿，以便布道顺利，他相信只要自己竭尽全力，一定会有出色的表现。那篇布道稿，他反复修改很多次才满意，他很高兴地把稿子读给妻子听。可实际上，这篇稿子根本没有出彩的地方，和一般的演讲稿没什么区别。

假如他的妻子是个没有修养的人，那她肯定会这么对爱保德牧师说："亲爱的，千万不要用这篇稿子。它太糟糕了，枯燥得好像教科书一样，无论是谁，听了这样的布道都得睡过去。你讲道这么多年，难道还不明白吗？你就不能把话说得自然一点吗？就不能像平时说话那样吗？"

当然，她可以对自己的丈夫说这样的话，可是，如果她这样说了，会有什么样的结果呢？

我相信爱保德太太知道这样讲话的后果，所以，她没有那样说，而是婉转地暗示丈夫，这篇布道稿，如果发表在《北美评论》上，的确将是一篇优秀的文章。换句话说，她首先对丈夫的文章进行了赞美。同时，在暗中提醒他，这篇稿子并不适合布道之用。爱保德明白了妻子的意思，于是，他把那篇费了很大心血写出的稿子撕得粉碎，然后，空着手就去布道了。

切记，当我们要劝说别人不要去做什么事情的时候，我们必须避免正面的批评。因为那样会损伤对方的自尊心，让他觉得失去了受尊重感。如果一定要说出来，不妨用婉转的暗示来提醒对方。你这样做就是尊重了他，你的好意对方不但会心领，还会非常感激你。

所以，想让他人接受你的观点，第二项规则就是：

必须避免正面的批评。

第三章 永远先谈自己的错误

我有一个家住在堪萨斯城的侄女，名叫约瑟芬。几年前，她离开家，来到纽约当我的秘书。那年她19岁，3年前毕业于一所中学，工作经验非常少。而现在，她已经是一名相当出色的秘书了。

她刚来帮我工作的时候，有很多地方需要改进。有一次，我刚要开口责怪她，就制止了自己，我在心里对自己说："等一下，别着急，戴尔·卡耐基。你要知道，你比约瑟芬年长一倍，也有超过她一万倍的办事经验。你怎么能要求她拥有和你一样的想法和判断呢？戴尔，你想想，你的19岁是什么样子的？难道你忘记你犯过的那些愚笨的错误了吗？"

从公正的角度考虑过这些之后，我发觉，作为一个19岁的年轻人，约瑟芬比当年的我强多了。因此，从那开始，每当约瑟芬犯了错误，我需要为她指出时，我都会这样对她说："约瑟芬，你刚刚出了点错，不过上帝明白，我犯过比你更严重的错误。做好每一件事情的能力并不是天生的，必须积累经验，才能拥有那种能力。况且，我像你这么大时可比你差远了，你无论在能力还是态度上，都比我当年强多了。我清楚自己曾经犯下的错误有多愚蠢，我从来都不想责怪你，或者任何别的人。可是，你难道不觉得这样是种更聪明的方法吗……"

在指出别人的错误前，先承认自己也不是完美的人，然后再指出别人的错误，这样做，对方就会觉得那些批评的话容易接受得多了。

布洛亲王是个圆滑的人，在1909年他就已经深刻地体会到上面的这种方法在为人处事上的重要性。那个时候正值德皇威廉二世统治时期，威廉二世目中无人，骄傲自负，建立了陆军和海军，把全世界都当成了自己的敌人。

然后，发生了一件举世震惊的事情。威廉二世讲了一些让人难以想象的荒唐话，整个欧洲乃至全世界都被震撼了。更可怕的是，他在英国访问时，竟然在英国群众面前，把那些荒谬自大的言论发表出来。甚至他还允许《每日电讯》将他的本意发表在报纸上。

他说过的那些话简直可笑至极，比如，他说他是友好地对待英国的唯一一个德国人；他正在建造海军，用来应对日本的危害。他甚至说，要想让英国避免受到法国和俄国的威胁，只能靠他一个人的力量。他还说，英国罗伯特爵士能在南非战胜布尔人，全是因为他的计划。

过去100年的和平时期，在欧洲，没有一个国王会说出这样让人震惊的话来。英国为此极其愤怒，欧洲其他各国也都大为震惊，一时间，如同蜜蜂一般涌动起来。德国的政治家们更是吓坏了。

在这段骚动的时期里，威廉二世也逐渐感觉到事情的严重性，开始紧张起来。他暗示布洛亲王，让他代替自己承担这一切。没错，威廉二世想让布洛亲王宣称是他建议威廉二世讲出那些荒唐的言论的，一切都是他的责任。

然而，布洛亲王这样对威廉二世说："但是，陛下，恐怕无论是德国人还是英国人，都不会相信这些话是我建议陛下说的。"

这话一出口，布洛亲王就发现自己犯了个很严重的错误。果然，威廉二世立刻怒火万丈，他冲着布洛亲王大声吼叫："在你眼中，我就是一头蠢驴吗？连你都不会犯的错误，我却犯了！"

布洛亲王明白在指出威廉二世的错误前，应该先赞美他，可是已经来不及了。他只有采取第二种方法——批评之后再赞美。这种方法带来的奇迹很快就会显现出来的，赞美便有这样的效果。

布洛亲王毕恭毕敬地说："陛下，我的意思绝对不是那样的，您在很多方面都比我强很多，当然，我指的并不只是海军方面的知识，还有很多，尤其是自然科学方面。每当陛下说起风雨表或者无线电报等科学知识时，我总会反省自己，我感到很羞愧，我在这些方面都了解得太少了。任何一门自然科学我都不懂，化学和物理简直一窍不通，就连一些普通至极的自然现象我都无法解释，我常常为此感到十分惭愧。但是，好在我对历史方面的东西略通一二，在政治，尤其是外交方面，有一点点能力，这些，好歹可以弥补我在自然科学方面的不足。"

布洛亲王这样的赞美，贬低了自己，抬高了威廉二世，让威廉二世露出了笑容。听了布洛亲王如此的解释，威廉二世原谅了他，并且真诚地说："我不是经常对你这么说吗，我们的配合能够闻名天下，都是因为我们能够相互扶持，我们需要热情的合作，而且我们也都愿意这样做。"

那个下午，他一次又一次不停地和布洛亲王握手，他把布洛亲王的手握得紧紧的，说："假如有人在我面前说布洛亲王的坏话，我就用我的拳头揍他的鼻子。"

幸好布洛亲王反应及时，才救了自己！他虽然是个经验丰富、富有手腕的外交家，可是一开始，他却犯了个错误，他应该首先谈论自己的不足，赞美威廉二世，而不是暗示威廉二世办事愚蠢，是无法独立的人。

几句贬低自己、抬高别人的话，就可以把怒火中自负的威廉二世变成真诚的朋友。那么，想一想，在我们的日常处世中，谦卑和赞美能起到什么样的效果呢？这种方法，如果我们能够恰当使用，真的可以在人际关系上发生难以置信的奇迹。

所以，想让他人接受你的观点，第三项规则就是：

永远先谈自己的错误。

第四章　没有人喜欢被他人命令

最近，我很荣幸能和美国著名传记作家泰勒女士一同用餐。当我把正在撰写此书的事情告诉她时，我们谈起了人际关系的重要问题。她说，她在撰写扬·欧文传记时，曾经对和扬·欧文先生在同一个办公室工作了3年的人进行了采访。

在采访中，那个人说，在这长达3年的时间里，扬·欧文从来都没有向任何一个人做出任何一种直接的命令。他始终没有使用过命令的口吻，而只是提出建议。

比如，扬·欧文从未说过："你去做这个，你去做那个。"或是："你别做这个，你别做那个。"他的口吻一直都是："你不妨这样想一下。"或是："你觉得那样做好吗？"

当他写完一封信的草稿，常常会问："你觉得这样写怎么样？"当助理写好一封信的草稿，拿给他看时，他会说："也许，我们这样写会更好一些。"他总是给别人机会，让他们自己去动手，助手办事时，他决不加以干涉，而是让他们自己总结经验教训。

他的这种做法，既照顾到了对方的自尊，又使人有自重感，让人容易接受，也容易得到对方的真诚配合。

因急切地命令别人而滋生的怨恨可能会持续很久，即便是纠正别人明显的错失，也不能急切。宾夕法尼亚州怀俄明市的学校老师丹·桑塔里在我的培训班上分享过这样一个例证：

有个学生因违章停车而堵住了学校工地的入口，一位老师怒气冲冲地跑进教室，高声质问："是谁干的好事，把车停在学校工地的入口？"那个学生承认是他干的。可是那位老师却不罢休，高声呵斥道："赶紧把你的车挪开，要不然我派人把它拖走。"

那个学生把车停在不恰当的位置，当然是错误的。但自从那天以后，在这个班上几乎没有一个学生对那位老师有好感，事事与他敌对，使他无法正常教学。

这位老师要怎样才不至于给自个儿惹来麻烦呢？他应该和气地问学生："堵在过道上的车到底是哪位同学的？"然后再告诉那位同学，如果不把车挪开，别的车没办法通行。这么一说，当事人会乐于接受，同学们也会对他产生好感。

两相比较，提问比命令更容易让人接受，而且还会激发起被提问的一方的创造力。试想，假若被命令者参与整个决策的过程，他怎么会不接受命令呢？

伊恩·麦克唐纳在南非约翰内斯堡一家小型的生产精密仪器零部件的工厂做经理，有一回，他接到一份比较大的订单，但是他发现自己所在的这家工厂无力完成这批订货。

他没有为了完成任务，命令工人们拼命干活，而是把大家召集起来，将情况一五一十地陈述清楚，然后问大家："我们有办法完成这批订货吗？每个人是不是都能采取一些措施？或者，能不能暂时调整一下工作的时间？"

工人们纷纷出主意，并坚持要把订单接下来，而且按时完成了任务。

所以，想让他人接受你的观点，第四项规则就是：

别用命令的口吻指使别人。

第五章　顾全别人的面子

几年前，美国通用电器公司遭遇过一件非常麻烦的事情——他们想要撤掉斯坦米茨会计部部长的职位。

斯坦米茨在电学方面可以算是一个高超的人才，而在会计部部长的位置上，他却无所作为。但斯坦米茨又是个敏感的人，所以公司不敢引起他的不满。因此，公司给了他一个特殊的新头衔——通用电器公司顾问工程师，而派另一个人去做了会计部的部长。

为此，斯坦米茨感到很愉快。

通用电器公司的主管也对这个结果感到满意，他们在没有激起丝毫风波的情况下，将一个有奇怪癖好的高级职员进行了调动，而且，这期间，他们没有发生任何冲突和不愉快，因为他们顾全了斯坦米茨的面子。

照顾别人的面子是多么重要的一件事！可是我们又有多少人想到过这一点呢？我们对别人的感情进行折磨，不留一点情面，挑剔别人的错误，甚至加以威胁。在别人面前，我们责怪他们的孩子或是他们手下的职工，一点都没有顾及人家的感受！

实际上，我们要做的只不过是花几分钟思考一下，然后说一两句温和体贴的话，对别人的想法或者做法能够做到谅解，这样，就可以避免很多刺激和打击了。

下一次，当我们需要辞退职工或者用人的时候，要知道如何去做。

一个名叫格雷琪的会计师给我写过一封信，我在这里引用他信中的几段话：

> 辞退职工并不是一件容易的事情，当然，被辞退的人更不会觉得高兴。我负责的业务是有季节性变动的，所以每到3月，我都必须辞

退一批职工。

干我们这一行的，流传着一句俗语"任何人都不愿意负责掌管斧子"。所以，这种辞退的事情，越快解决越好，这已经成为一种习惯。当我要辞退一个职工时，我总是会这样对他说："请坐吧，现在我们工作的季节已经过去了，这里已经没有适合你做的工作了。我相信你之前也很明白，我们只是在需要人的时候，才请你们来帮忙的。"

我说的这些话会让他们有很不好的感觉，一种失望和被抛弃的感觉。他们中的大部分人一辈子都在会计行业中到处讨生活。这些将他们匆匆辞退的单位，他们对其没有任何喜爱之情。

最近，我决定在辞退那些职工的时候稍稍换一些方法，我先仔细查看他们在这段时间的工作情况，然后再让他们来见我。然后，我这样对他们说："某某先生，这段时间，你的工作情况非常好。上次公司派你到珠瓦克城办的那件事是很难完成的，可是你却做得这么出色。公司能拥有你这样的人才真是幸运。你很有才华，而且有远大的前程，不管到什么公司，都会做出一番成绩的。我们公司很感激你，也很信任你，并且希望你以后如果有机会，还会回来帮忙。"

那些被公司辞退的职工，看上去也没有以前那么沮丧了，他们不会再因此觉得受了委屈。他们知道，以后如果公司有需要，还会请他们回来工作。所以，当新的工作季节到来，我们请他们回来工作时，他们也会更加觉得我们公司很亲切了。

已经去世的马洛先生拥有一种特殊的能力，他可以让两个水火不容的仇人和好，他是怎么做到的呢？在劝解之前，他会先认真地找出敌对双方都有道理的地方，然后对此大加赞赏，直到双方都得到满足。无论事情最终是怎么解决的，在这过程中，他绝对不会指出任何一方的错误。

每个领导者都懂得要保全别人的面子。

全世界真正的伟人，他们的眼中不会只有自己在某个方面取得的成就。比如，有这样一个例子：长达数百年的敌对和仇视达到了顶点，1922年，土耳其人做出了将希腊人驱逐出境的决定。

土耳其总统凯末尔怀着沉重的心情对士兵说："地中海是你们唯一的目的

地。"这句话带来了近代历史中一次激烈的战争。最终，土耳其获得了胜利。当铁考彼斯和狄阿尼这两位希腊将军向凯末尔请求投降时，遭到了围观的土耳其民众的侮辱和嘲笑。

可是，凯末尔总统并没有表现出因战争胜利而骄傲的样子。

他握着两位希腊将军的手，把他们请上座位，说："两位将军请坐，你们肯定累坏了。"在谈过战争方面的事情后，为了让两位将军在心理上少受一些痛苦，凯末尔立刻说："战争，就好像竞技比赛，高手有时也难免会失误。"

所以，想让他人接受你的观点，第五项规则就是：

顾全别人的面子。

第六章　不要吝惜溢美之词

很早以前我就认识了巴洛，他对狗和马的性情十分了解，他把一生的精力都花在了马戏团和技术表演团上。我喜欢观看他对一只新加入的狗进行训练的样子。我注意到，每当那只狗在动作上有一点点进步，巴洛都会赞美它，并且轻轻拍它，把肉喂给它吃。

这不是什么稀奇的事情。几个世纪以来，训练动物的人都是用着同样的方法。

让我感到奇怪的是，当我们想要改变一个人的想法时，为什么没有想到运用训练狗那样的方法呢？就如同用肉代替鞭子一样，我们为什么没有想到用赞美来代替责怪呢？哪怕一点点的进步，我们也一样要赞美，这样，就可以鼓励别人取得更多的进步。

星星监狱的监狱长劳斯发现，对凶恶的犯人的哪怕极其小的进步都加以赞美，这种方法是很有效果的。在我撰写此书的时候，收到了劳斯监狱长寄来的一封信，信中写道："我发现，犯人们在受到适度的表扬后，更愿意和我们合作了。表扬比严厉的惩罚和责备有效得多，而且有助于恢复他们的人格。"

我从来都没有进过监狱，至少到现在为止还没有。可是同样的道理，当我回忆我的过去时，发现我的生活中某些方面曾经因为几句赞美的话而有了深刻的转变。你回忆一下，在你的人生中，是否也有过类似的事情？赞美赋予人奇妙的力量，这样的例子真是数不尽。

50年前，在那不勒斯的一家工厂，有一个10岁的孩子在那里做工，这个孩子从小就怀着长大后成为一个歌唱家的理想。可是，他的第一个声乐老师却狠狠打击了他。那个老师说："你的嗓子太糟糕了，没有比你的声音更难听的了，你不能唱歌。"

然而，这个孩子的妈妈——一个贫穷的农村妇女——抱着孩子，安慰他，赞美他，说他一直都在进步，一定可以唱歌的。为了省下给孩子交付学习声乐的费用，妈妈光着脚去做工。这位妈妈的鼓励和赞美改变了孩子的一生，或许，你曾经听说过这个孩子的名字，他便是当代杰出的歌王之———卡罗沙。

很多年前，伦敦有个渴望成为作家的青年。可是生活好像和他作对似的，他到处碰壁，什么事情都和愿望相违背。他受了不到4年的正式教育，因为还不起债，他的父亲进了监狱，这个青年因此生活在饥饿当中。最后，他找到了一份工作——在一间遍地老鼠的仓库里，为墨水瓶粘贴标签。

晚上，他和另外两个从伦敦贫民窟来的肮脏的小孩一起住在楼顶的一间小房子里，那里光线阴暗。他在写作上的信心被削弱了。在这样的环境里，他写完了他的第一篇稿子，夜里，他悄悄把稿子放进邮筒，怕被别人嘲笑。就这样，他一次又一次写稿和投稿，然而，他寄出去的稿子，也一次又一次被退了回来。

但是，激动人心的一天终于来了，他的一篇稿子被刊登了。虽然没有一分钱的稿酬，但编辑对他的作品表示了肯定，这个青年激动地流出了眼泪。

因为一篇稿子的刊登而得到的肯定和赞美，让这个青年的一生发生了转变。如果没有那次的肯定，他可能要终生待在老鼠遍地的仓库里做工。或许你知道这个青年的名字，他便是英国著名的文学家狄更斯。

50年前，一个青年在一家店铺里做事，每天早上5点起床打扫店铺卫生，每天一共要做14个小时的苦力。就这样，过了两年，这个青年再也无法忍受这样的生活。一天早上，他等不到吃早饭的时间，就步行去找他的妈妈，他的妈妈在15英里以外的一户人家当管家，他一口气走到了那里。

他哭着求他的妈妈，样子好像发疯一般，他发誓再也不要回到那家商铺去做工了，否则，他宁愿自杀。他写了一封诉苦的长信，寄给他以前的校长，在信中，他说他已经没有活下去的意志了，他的心已经碎了。校长给他回了信，在信中赞美了他，夸他聪明，应该去找一份更合适的工作，然后，校长让他回到学校去当教员。

校长的赞美改变了青年的前途。在英国文学史上，这个青年刻下了自己的名字。因为，从那以后，他撰写了77部书籍，他手中的笔，为他带来了100多万英镑的收入。说到这，也许你知道这个青年的名字了，他就是英国著名的历史学家韦尔斯。

1922年，加利福尼亚有个贫穷的年轻人，没有钱可以让妻子过上更好的生活。礼拜日，他在教会唱诗班唱歌。如果谁家办婚礼，偶尔也会花5美元让他唱歌。他太穷了，住不起城里的房子，只好在农村一座葡萄园里，每月花12.5美元，租个破屋子。

虽然他住的房子租金十分便宜，但对于他来说，还是无法承受。他欠了房东10个月的房租，迫不得已，只好靠帮房东摘葡萄来抵房租。后来，他告诉我，那段时间，他穷得买不起吃的，只能用葡萄充饥。

对生活的失望让他几乎放弃了自己深爱的歌唱，为了谋生，他打算去做推销载重汽车的工作。就在这个时候，他的朋友休斯鼓励了他，休斯赞美他的嗓音有发展的潜能，建议他去纽约学唱歌。

最近，那个年轻人告诉我，就是这样一句简单的赞美和鼓励，让他的终身事业有了转变。他听了休斯的话，找朋友借了2500美元，开始了在纽约的声乐学习。或许，你也听说过他的名字，他就是出色的歌唱家铁贝得。

说到改变一个人想法的方法，如果我们要鼓励别人，让他们发现自己的潜能，那么，我们要做到的不只是帮助他们改变想法，而是要帮助他们改变一生的命运！

这话说得过火了吗？已经去世了的威廉·詹姆士曾经是哈佛大学一位著名的教授，同时也是美国最负盛名的心理学家和哲学家，他为我们留下了这样一段著名的话："相比于我们应该取得的成就，我们现在还处于半醒的状态，我们只用到了自己全部潜能的一小部分。换句话说，我们按照现在的状态生活，是在我们最大能力范围之内的，我们都有各种各样的力量，却从来都没有很好地加以利用。"

没错，我们都有各种各样的力量，却从来都没有很好地加以利用。这些潜在力量中的一种，就是鼓励、赞美别人，让他们知道，他们所拥有的潜能能够带来巨大效果。

所以，想让他人接受你的观点，第六项规则就是：

不要吝惜溢美之词。

第七章　给人戴一顶高帽子

琴德太太是我的一个好朋友,她住在纽约白利斯德路。几个星期前,她刚刚雇了一个女用人,并通知她下一个周一开始过来工作。琴德太太打电话给那个女用人之前刚刚离开的那一家的女主人,女主人对这个女用人并不满意。但是,当下一个周一来临,女用人来上班的时候,琴德太太却对她说:

"妮莉,前天我和你之前工作的那家通了电话,那个太太说你会做饭,还会照顾小孩,是个真诚守信的人,但是她说你平时有些随便,房间总是打扫不干净。我不相信她说的这些话。谁都能看到,你穿得这么干净整洁,我相信你可以把房间整理得像你自己一样干净整洁,我敢打赌。而且,我知道,我们一定会和睦相处的。"

没错,她们真的相处得非常和睦,听了琴德太太的话,妮莉为了保全她的名誉,真的做到了琴德太太所说的那样。整个房间被她整理得整整齐齐,她宁愿多花些时间和精力,也不想给琴德太太留下任何不好的印象。

华克伦是包德文铁路机车工厂的总经理,他曾经说过这样的话:"无论是谁,只要你对他的某方面能力表示赞许,并且得到他的尊重,那么,他就会愿意接受你的指点。"

换句话说,如果你想让一个人某些方面的缺点有所改善,你要让他知道,他已经在这些方面具备一些优点了。莎士比亚说过:"即使有些美德你没有,也要假设你有。"要假设别人有你想要赞许的美德,让他带着好的名誉去努力,他不想让你失望,所以,他一定会竭尽全力。

雷布利克在她撰写的《我和梅脱林克的生活》一书中,曾讲到一个身份卑贱的比利时女用人身上发生的惊人转变。她写道:

隔壁的饭馆里有一个女用人，每天的用餐时间，她都会为我送来饭菜，大家叫她"洗碗玛丽"。因为她刚开始在饭馆工作时，是做洗碗之类杂活的。她的长相十分古怪，斗鸡眼，罗圈腿，瘦得简直只剩下骨头了，整天耷拉着眼皮，一副没睡醒的样子。

有一天，她为我送来面条的时候，我真诚地对她说："玛丽，难道你不知道你有丰富的内在财富吗？"

平时，玛丽好像习惯于控制自己的感情，即使有高兴的事情，也不愿意表现出来，生怕这样会给她带来什么灾祸。她把装着面条的碗放在我的桌子上，叹着气说："太太，您说的这些，我是从来都没有想过也不敢想的。"她对我的话没有任何怀疑，也没有再多问什么，只是默默走回厨房，一遍遍回想我对她说的话，她坚信我不会拿她开玩笑。

自从那天开始，她好像也在注意自己了。她自卑的内心仿佛已经在发生着某种变化。她相信自己是没有被人发现的宝藏。她开始注意打扮自己，她原先那显得衰老的身体上，逐渐闪烁出青春的光芒。

两个月之后，当我要从那个地方离开的时候，玛丽突然找到我，并且将她很快就要嫁给厨师侄子的事情告诉了我。她压低声音对我说："我要嫁人了。"她向我表达了感谢之意。我用了短短的一句话，就让她的人生发生了转变。

雷布利克把美好的名誉给了"洗碗玛丽"，而这个美好的名誉改变了她的人生。

利士纳也使用了这样的方法影响在法国的美国士兵的行为。深受人们欢迎的美国将军哈巴德曾经对利士纳说，他接触过很多的军队，而在法国的200万美国士兵组成了他心目中最整齐、最让他满意的队伍。

这种赞美是不是有些夸张了？也许是这样的。可是，让我们来看看利士纳是怎样运用这个赞美的。

利士纳是这样说的："我把哈巴德将军所说的话完完整整地转达给士兵们，我从来没有对这句话有任何怀疑。就算这句话是假的，那些士兵们听到哈巴德将军的赞美，也会尽全力达到那个水平的。"

古语中有这样一句话：给一只狗取个好听的名字，否则，还不如勒死它。

无论是有钱人、穷人、乞丐还是强盗，几乎所有人都希望能够竭尽全力维护别人赋予他的美好名誉。

星星监狱的监狱长劳斯曾经说过："想要制伏一个骗子或者一个强盗，只有一种方法，那就是，像对待一位体面的绅士一样对待他，把他看作一个行为规矩的正人君子。这样，他会因为觉得有人相信他而感到温暖和自豪。"

这真是一句精彩的话，对我们每个人都非常重要。

所以，想让他人接受你的观点，第七项规则就是：

给人戴一顶高帽子。

第八章　让错误看起来容易改正

我有一个朋友，现在已经40岁了，还没有结过婚，几天前才刚刚订婚。他的未婚妻建议他去学跳舞，但在他这个年龄，看上去已经太晚了。他这样向我讲述了学跳舞的经过：

> 上帝知道，我需要学习舞蹈，因为我现在跳起舞来，和20年前初学舞蹈时没什么区别。我请来的第一个舞蹈老师告诉我，我必须从头学起，因为我的舞步没有一个是正确的，也许她说得没错，但是听了这话，我觉得没有一点信心了，没有了再学下去的欲望，于是辞退了她。
>
> 我请来了第二个舞蹈老师，她说的话或许并不是真心的，但是我听上去觉得很开心，她淡淡地说："你的基本步子没错，就是舞步有点过时了，但学几种新近流行的舞步对你来说应该很容易。"
>
> 第一个舞蹈老师将我对舞蹈的热情打消了，而第二个舞蹈老师却让我重拾起兴趣，她耐心地对我的舞步进行指点，不停夸奖我。"你在音乐的节奏上很有天赋，"她说，"你肯定是个天生的舞蹈家。"然而，我心里明白，我只是一个不入流的跳舞者。可是我却真心希望她所讲的都是事实。没错，她说那些话，或许都是为了我的学费。
>
> 但是不管怎样，现在，我在舞蹈上已经比以前有了明显的进步。她用那些话激励了我，我非常感谢她，她带给我希望，让我愿意努力做到更好。

对你的小孩、丈夫或者雇员说他在某些方面有多糟糕，在这些方面没有一点能力，丝毫不能让人满意，这样，他想要努力和进步的念头就被你破坏掉了。然而，如果使用相反的手段，给他们多一些鼓励和赞美，不要把事情复杂化，让他们明白，你相信他们还有很多没有发挥的潜力，那样，他就会竭尽所能，做到你所期盼的。

汤姆士——他应该是对人际关系艺术最有研究的一位人际关系学家——用的就是这样的方法。他会让你满意，给你自信和勇气，他能够激励你的进步。让我们来看一个例子：

最近几个周末，我一直都是和汤姆士夫妇一起度过的。上个星期六晚上，他们要玩桥牌，劝我也加入，然而我对桥牌几乎是一窍不通，对我来说，这个游戏就像蒙着神秘的面纱，我始终都学不会。我只好说："不了，不了，我不会玩。"

汤姆士对我说："戴尔，桥牌没什么难的，只要多费点脑子判断和记忆就行了，除此以外，没有任何别的技巧，你以前写过关于记忆的文章，所以桥牌对你来说也是轻而易举。"

因为汤姆士说我在桥牌游戏方面有天赋，于是，我平生第一次参与了桥牌游戏，有了这样的开始，我逐渐感到桥牌游戏并不像我想象的那么难。

说起桥牌，我想起了克白逊，所有玩桥牌游戏的地方，几乎没有人对这个名字感到陌生。他撰写的关于桥牌游戏的书籍，已经被翻译成12种语言，发行销售不少于100万本。然而，他对我说过，如果不是一个年轻的女士说他有玩桥牌游戏的天赋，他后来也不会以桥牌为业。

1922年，他来到美国，打算去当哲学或者社会学方面的教师，可是却没有找到这样的工作。

然后，他做过推销煤和推销咖啡的工作，都以失败告终。

那个时候，他从来都没有想过以后会向别人教授桥牌游戏。他是个对纸牌游戏并不精通的人，而且性格固执，他经常会向一起玩牌的人提出很多麻烦又古怪的问题，所以大家都不愿意和他一起玩牌。

后来，他遇见了狄仑小姐——一位漂亮的桥牌教师，他对她一见钟情，没过多久，他们就结婚了。那时候，狄仑小姐发现克白逊在玩桥牌游戏时总会非常细致地分析自己手中的牌，于是，她夸奖克白逊在桥牌方面有天赋。克白逊告诉我，就是这一句赞美的话，让他日后成为桥牌方面的职业专家。

所以，想让他人接受你的观点，第八项规则就是：
让错误看起来容易改正。

第九章　荣誉是性价比最高的奖赏

1915 年，美国全国上下被震惊了，因为就在近来的一年里，欧洲各国大规模互相残杀，战争规模在人类历史上都是极其少见的。没有人知道欧洲还能不能恢复和平。然而，威尔逊总统决定要努力解决欧洲和平问题，他打算派一个和平大使作为代表，去和欧洲交战各国会谈。

当时的国务卿勃雷恩是最主张和平的人，他自告奋勇要为此事效力。他知道这件事情将会让他万世留名，这无疑是个绝佳的机会。然而，威尔逊总统派遣的却是另外一个人——勃雷恩的好友豪斯上校。豪斯上校知道，勃雷恩一旦知道了这个事情，一定会发很大的脾气。

豪斯上校在日记中这样写道："当听说担任欧洲和平大使的人是我时，显然，勃雷恩失望极了，勃雷恩说，他本来自己准备去做这件事的。我这样跟他说，让一个政府要员去为此事奔波，总统觉得这样很不合适。如果这样，人们会有非常大的疑问：美国政府怎么会让一个国务卿来处理这个事情？"

这话中的暗示，你看出来了吗？豪斯上校好像要让勃雷恩知道他的地位是多么的重要，担任和平大使是不合适的。听了这话，勃雷恩终于满意了。

豪斯上校是个有丰富的为人处世经验的人，在人际关系的处理上，他遵守了一项重要的规则，那就是："永远让他人乐意按照你富有建议性的话去做。"

威尔逊总统请麦克杜担任自己的内阁成员时，也用到了这项重要的规则。这是他能够赋予别人的最高荣誉，然而，威尔逊总统的做法，让人更加感到了自己的重要性，获得了加倍的荣誉感。下面这个故事，是麦克杜自己讲的：

威尔逊总统对我说他正在组织内阁，如果我同意担任财政部长的职务，他会感到非常高兴并且感谢我。他在说这个事情的时候，语气显得非常愉快，他让我觉得，我如果同意接受这个荣誉，会帮他解决一个大问题。

然而非常可惜的是，这种绝妙的交际手腕，威尔逊总统没有一直用下去，假如他坚持下去，历史的演变或许就是另外一个样子了。

比如发生在他身上的"美国国会和共和党不赞同美国加入国际联盟"事件。当时，威尔逊总统不同意带洛德、休士或者其他著名的共和党党员一起去参加巴黎和会，反而带了两位在党内没什么名望的人随行。他让共和党受到了冷落，让他们感觉不到创办国联是他们自己的意见。相反，他让人觉得创办国联只是他个人的想法，不需要他们插手干预。威尔逊在这些事情上的简单处理，导致了他自己事业的毁灭，而且影响到了他身体的健康，甚至缩短了他的寿命。最终，美国没有加入国联，否则，此后的世界历史将会有更大的改变。

"双日页"出版公司是非常有名的出版商，他们一直都明确地履行着这项规则：让他人乐意按照你富有建议性的话去做。著名作家亨利说，有时候，他请"双日页"替他出版某本书，"双日页"拒绝了他，可是他们的拒绝显得很委婉，不会让人有尴尬为难的感觉，相比别的出版商接受出版，"双日页"得体的拒绝反而更让人觉得愉快。

我有一个朋友，很多人邀请他去演讲，所以，他不得不拒绝一部分人。邀请他的都是他的朋友或者交往很深的人。在拒绝别人的时候，他措辞婉转得体，所以，就算遭到了他的拒绝，对方依然会满意而归。

他运用了什么样的方法呢？对他的朋友说，他忙得没有时间？或者找些其他理由？不，他没有。他对别人的邀请表示感激，而且表达了他的遗憾之情，然后，他会向对方推荐一位同样优秀的演讲家。换句话说，他的拒绝，不会让人觉得不高兴。

他会这样建议："你怎么不邀请我的朋友——《鹰报》的编辑洛格斯先生为你们演讲呢？他的演讲很棒。""哎，那位伊考克先生以前在巴黎生活了15年，你有没有想过，他在欧洲当通讯员时，经历了多少事情啊，他肯定会有很多奇妙的故事可以讲。""那有一个郎法洛先生，他手里有好几部记录在印度狩猎的影片。"

万特是纽约万特印刷公司的经理,他想在避免对方反感的前提下,改变一位技术师的想法和需求。这位技术师的职责是管理几台打字机,以及其他 24 小时运转的机器。他说他需要一名助手,他经常抱怨自己的工作时间太长而工作又太多。

可是,万特先生没有给他配备助手,也没有缩短他的工作时间,却让这位技术师感到了满足。这是怎么回事呢?万特的办法非常简单,他为那位技术师准备了一间私人工作室,在工作室的门上钉了个牌子,最上面写着"服务部主任"几个字,下面是那位技术师的名字。

这样,他就不再是一个谁都可以随便使唤的修理工,而是一名部门主任了,他从中获得了自尊,有了受尊重感,现在,他再也没有抱怨过,工作起来也是非常愉快的样子。

这是不是显得很幼稚?也许是的。但是就在拿破仑身上,也曾发生过这么一件事。他率领他的荣誉军进行训练时,为士兵们颁发了 1500 枚十字徽章,他的 18 名将军则被封为"法国陆军元帅",他称他的荣誉军为"伟大的军队"。这一切,使得人们嘲笑他幼稚,说他拿一些玩具哄骗那些出生入死的老军人。对此,拿破仑是这样回答的:"没错,人,有的时候就是被玩具统治着。"

这种赋予头衔或者权利的方法,对拿破仑有效,同样,对你也会有效。我前面提到过的我的朋友琴德夫人,她拥有一片草地,就在她房子的后面,但是淘气的孩子们常常来踩坏那片草地,这让她很是烦恼。对那些孩子,琴德夫人用尽了劝说和恐吓的方式,可是都不起作用,最终,她想出了一个好办法。

她从那些孩子中挑出最淘气的一个,给了他一个威风的头衔,让他觉得很有成就感,她请那个孩子做她的"密探",守护着草地,把那些跑进草地的孩子赶走。这个办法真的起作用了,那个小"密探"在院子后方点燃一堆火,把铁棍烧得通红,拿着铁棍威胁侵入草地的孩子,谁再敢进入草地,他就用烧红的铁棍烫他。

人类的天性就是如此。

所以,想让他人接受你的观点,第九项规则就是:

让他人乐意按照你富有建议性的话去做。

第五篇
如何让你的婚姻更幸福

第一章　切莫喋喋不休

　　法国皇帝拿破仑三世和世界上最美丽的女人依琴尼·迪芭女伯爵坠入情网，接着，他们结婚了。他的那些大臣们纷纷指出，迪芭仅是西班牙一个并不重要的伯爵的女儿。可是拿破仑回答说："这又有什么关系呢？"

　　是的，她的优雅、她的青春、她的诱惑、她的美丽，使拿破仑感到幸福。拿破仑在一次情绪激烈的言论中向全国宣布说："我已挑选了一位我所敬爱的女人做我的妻子，我不想娶一个我素不相识的女人。"

　　拿破仑和他的新夫人拥有健康、权力、声望、美貌、爱情，一对美满婚姻所完全具备的条件婚姻点燃的圣火，从来没有像他们这样光亮，这样白热。

　　可是，没有多久，这股炽烈、辉煌的光芒，渐渐冷却下来了！拿破仑可以使迪芭小姐成为皇后，可是他爱情的力量、国王的权威，却无法制止她对他无理地喋喋不休。

　　迪芭受嫉妒所困扰，遭疑惧所折磨，使她侮慢他的命令，甚至不许拿破仑有任何秘密。她闯进拿破仑正在处理国家大事的办公室，捣乱了拿破仑与大臣们正在讨论的重要会议。她不允许他单独一个人，总怕拿破仑会跟其他的女人相好。

　　她常会去找她姐姐抱怨拿破仑，诉苦，哭泣，喋喋不休！她会闯进他的书房，暴跳如雷，恶言谩骂！拿破仑拥有许多富丽的宫室，身为一国的元首，却找不到一间小屋子，能使他宁静安居下来。

　　依琴尼·迪芭小姐的那些吵闹，所获得的是些什么呢？

　　这里就是答案………我现在从莱茵·哈特的名著《拿破仑与依琴尼·迪芭，一幕帝国的悲喜剧》一书上是怎么写的吧："以后，拿破仑时常在晚间，从宫殿一扇小门潜出；用软帽遮住眼，由一个亲信侍从，陪他去与正期待着他的一个美丽女人幽会。他们或者会在巴黎城内漫游，或是观赏平时国王所不易见到的那些夜生活。"

拿破仑之所以这么做，就是依琴尼·迪芭小姐造成的。事实上，她高居法国皇后宝座，她的美丽倾国倾城。可是以她皇后之尊，有倾国倾城的美丽，却不能使爱情有喘息之力。依琴尼曾放声哭诉说："我所最怕的事终于来临了。"这一切都是她咎由自取。在爱情和婚姻中，吵闹是最可怕而致命的伤害。

地狱中的魔鬼所发明的种种毁灭爱情的烈火中，吵闹是最可怕的一种，就像被毒蛇咬到，绝无生望。

俄国大文豪托尔斯泰的夫人明白这一点的时候已经太晚了。当她在临死前，向她女儿忏悔说："你父亲的去世，是我的过错。"她的女儿们没有回答，而是失声痛哭起来。

她们知道母亲说的是实在话，她们的母亲不断的抱怨和长久的批评摧残了父亲的生命。

托尔斯泰伯爵和他的夫人处在优越的环境里，应当十分快乐才对。托尔斯泰是历史上最著名的作家之一，他的名著《战争与和平》和《安娜·卡列尼娜》在文学领域中永远闪耀着光辉。托尔斯泰倍受人们爱戴，他的赞赏者甚至于终日追随在他身边，将他所说的每一句话都快速地记了下来。即使他说了这样一句"我想我该去睡了"，也会被记录下来。

除了美好的声誉外，托尔斯泰和他的夫人有财产、有地位、有孩子。普天下，几乎没有像他们那样美满的姻缘。他们的结合太美满了，所以他们跪在地上，祷告上帝，希望能够继续赐给他们这样的快乐。

后来，发生了一件惊人的事，托尔斯泰渐渐地改变了。他变成了另外一个人，他对自己过去的作品竟感到羞愧。从那时开始，他把剩余的生命贡献于写宣传和平、消弭战争和解除贫困的小册子。

他曾经替自己忏悔，在年轻时候，犯过各种不可想象的罪恶和过错，他要真实地遵从耶稣基督的教训。他把所有的田地给了别人，自己过着贫苦的生活。他去田间工作、砍木、堆草、自己做鞋、自己扫屋，用木碗盛饭，而且尝试尽量去爱他的仇敌。

托尔斯泰的一生是一幕悲剧，而造成悲剧的原因是他的婚姻。他妻子喜爱奢侈、虚荣，可是他却轻视、鄙弃。她渴望着显赫、名誉和社会上的赞美，可是托尔斯泰对这些却不屑一顾。她希望有金钱和财产，而他却认为财富和私产是一种罪恶。

这样经过了好多年，她吵闹、谩骂、哭叫，因为他坚持放弃他所有作品的出版权，不收任何的稿费。可是，她却希望得到从那方面而来的财富。

当他反对她时，她就会像疯了似的哭闹，倒在地板上打滚………她手拿鸦片烟膏，要吞服自杀，同时还恫吓丈夫，说要跳井。

在他们的生活过程中，有一件事是历史上最悲惨的一幕。他们开始的婚姻，是非常美满的，可是经过48年后，托尔斯泰已无法忍受再见到自己妻子一眼。

在某一天的晚上，这个年老伤心的妻子渴望着爱情，她跪在丈夫膝前，央求他朗诵50年前他为她所写的最美丽的爱情诗章。当他读到那些美丽、甜蜜的日子，现在已成了逝去的回忆时，他们俩都激动地痛哭起来………生活的现实和逝去的回忆，那是多么的不同。最后，当他82岁的时候，托尔斯泰再也忍受不住他家庭折磨的痛苦，就在1910年10月，一个大雪纷飞的夜晚，他脱离他的妻子而逃出家门………逃向酷寒、黑暗，而不知去向。

11天后，在一个车站里，托尔斯泰死于肺癌。他临死都不让妻子来看他。

这是托尔斯泰的夫人抱怨、吵闹和歇斯底里所付出的代价。

也许人们认为，她在若干地方吵闹，也不能算是过分！是的，可最重要的是，那种喋喋不休的吵闹，是否对她有了某种帮助？

"我想我真是精神失常了！"托尔斯泰夫人觉悟到这句话时，已经晚了。

林肯一生过程中最大的悲剧，也是他的婚姻。请注意，不是他的被刺，而是他的婚姻。当刺客向他放枪时，他并未感觉到自己受了伤，因为很快他就去世了。

他的法律同仁哈顿，形容林肯23年来所过的日子，都是"处在由于婚姻不幸，所造成的痛苦中"。那几乎有四分之一世纪的时间，林肯夫人都是喋喋不休，毁了林肯的一生。

她永远抱怨、批评她的丈夫，她认为林肯所做的事情没有一件是对的。她抱怨丈夫脚步中没有一点弹性，动作一点也不斯文，甚至做出丈夫那副模样来嘲笑丈夫，她喋喋不休地要他改变走路的样子。

她不爱看他两只大耳朵，嫌弃她丈夫的鼻子不挺直，又指他嘴唇如何难看，手脚太大，偏偏脑袋又这么小。

林肯和他的妻子在各方面都是相反的，在教养方面、环境方面、性情上、志趣上，还包括智能和外貌上，他们时常彼此激怒、敌视。

已故上议员比弗瑞滋是研究林肯传记的一位权威。他这样写着：林肯夫人那尖锐刺耳的声音，隔着一条街都可以听到。

林肯夫妇结婚后不久，和欧莉夫人住在一起——她是春田镇上一个医生的寡妇，或许为了贴补家里一份收入，不得不让人进来寄住。

一天早晨，林肯夫妇正在吃早餐，不知什么原因激怒了他的妻子。她端起一杯热咖啡，朝丈夫的脸上泼去，她是在许多住客面前这样做的。

林肯不说一句话，就忍着气坐在那里，这时欧莉夫人过来，用一块毛巾，把林肯脸上和衣衫上的咖啡擦去。

林肯夫人的嫉妒，几乎达到已使人无法相信的程度，她是那样的凶狠、激烈，最后精神失常了。

所有那些吵闹、责骂、喋喋不休，是不是把林肯改变了？从另一方面讲，是的。那确实改变了林肯对她的态度，使他后悔这桩不幸的婚姻，而且使他尽量避免跟她见面。

春田镇有11位律师，他们不能都挤在一个地方糊口谋生。所以他们常骑着马，去外地的法庭找点工作。其他律师们，谁都希望周末回春田，回去跟家人度周末。可是林肯不回春田，他就怕回家，春季三个月，秋季三个月，他宁愿留在他乡。

这就是林肯夫人、依琴尼皇后和托尔斯泰夫人，她们与丈夫争闹后的结局。她们所获得的，是生命中一幕悲剧的收场。她们把珍爱的一切和她们的爱情毁灭了。

海姆伯格在纽家事法庭工作11年，曾批阅过数千件的"遗弃"案件。他对这方面有独到的见解："男人离开家庭的一个主要原因，是因为妻子无休止的吵闹。"《波士顿邮报》曾报导过："许多做妻子的都在连续不断地一次次挖掘她们婚姻的坟墓。"

所以，保持你家庭的美满、快乐，第一项规则是：

切莫喋喋不休。

第二章　不要改造对方

英国大政治家狄斯瑞利说："我一生或许有过不少错误，可是我绝不会为爱情而结婚。"

是的，他果然是没有。在他35岁前没有结婚，后来，他向一个有钱的寡妇求婚，是个年纪大他15岁的寡妇。

那是爱情吗？不，不是的。她知道他并不爱她，而是为了金钱而娶她。所以那老寡妇只要求了一件事，她请他等一年。她要给自己一个观察他品格的机会。一年后，她和他结婚了。

这些话听来乏味，平淡无奇，几乎像做一次买卖，是不是？可是，使人们难以了解的是，狄斯瑞利的这桩婚姻，却被人称颂是最美满的婚姻之一。

狄斯瑞利所选的那个有钱的寡妇，既不年轻，又不漂亮，跟他毫不匹配。

她的谈话，常会犯了文学和历史上极大的错误，往往成为人们讥笑的对象。她永远弄不清楚，是先有希腊，还是先有罗马。她的衣饰装扮更是离奇古怪，完全离了谱。至于对屋子的陈设她也一窍不通。

可是，她在对婚姻最重要的事情上，是一位伟大的天才——她深知对待一个男人的艺术。

她从不让自己所想的跟丈夫的意见对峙。每当狄斯瑞利跟那些敏锐善谈的贵夫人们辩论一下午而精疲力竭地回到家里时，她总让他安静休息。在这个愉快日增的家庭里，在相敬如宾的气氛中，他有个静心休息的地方。

狄斯瑞利跟这个比他年长的太太一起时，那是他一生最愉快的时候。她是他的贤内助、他的亲信、他的顾问。每天晚上，他从众议院匆匆回家，他告诉她白天所见的新闻。凡是他努力去做的事，她绝不相信会失败。

玛丽安这个 50 岁再婚的寡妇认为，她的财产能使他的生活更安逸些。反过来说，她是他心中的女英雄。狄斯瑞利是在她去世后才封授伯爵的，可是当他还是平民时，就陈情维多利亚女皇封授玛丽安为贵族。所以在 1868 年，玛丽安被封为"毕根菲尔特"女子爵。

无论她在众人面前表现得如何愚蠢、笨拙，他从来不批评她，他在她面前，从不说出一句责备的话。如果有人嘲笑她，他立即为她辩护。

玛丽安并不完美，可是在她后 30 年的岁月中，她永远不会倦于谈论她的丈夫！她称赞他，钦佩他！狄斯瑞利说："我们结婚 30 年，我从没厌倦过她。"

可是，有些人会认为玛丽安是愚蠢的。

狄斯瑞利认为玛丽安是他一生中最重要的。结果呢？玛丽安常告诉她的朋友们说："感谢上帝的慈爱，我的一生，是一连串长久的快乐。"

他们俩之间，有一句笑话。狄斯瑞利曾这样说："你知道，我和你结婚，那只是为了你的钱！"玛丽安笑着回答："是的，但如果你再一次向我求婚，一定是为了爱我，你说对不对？"

狄斯瑞利承认那是对的。

玛丽安并不完美，可是狄斯瑞利够聪明地让她保持本色。

贾姆曾这样说过："与人交往，第一件应学的事，就是不干涉别人自己原有的获取快乐的方法……"

伍特在他所著的一部有关家庭方面的书上这样写道："婚姻的成功，不只是寻找一个适当的人，而是自己该如何做一个适当的人。"

所以，想要家庭有个美满、快乐的生活，第二项规则是：

不要改造对方。

第三章　停止相互指责

狄斯瑞利在政治生涯中的劲敌是格莱斯顿。他们两人，凡遇到国家大事有可争辩的，就会起冲突。可是，有一件事却是完全相同的：他们都有一个幸福的婚姻。

格莱斯顿夫妇共同度过了59年美满的生活。人们很愿意想象，格莱斯顿这位英国尊贵的首相，握着他妻子的手，在围绕着炉子的地毯上，唱着歌的那幕情景。

格莱斯顿在公共场合，是个令人可怕的劲敌，可是在家里，他绝不批评任何人。他每当早晨下楼吃饭，看到家里还有人睡着尚未起床时，他会用一种温柔的方法，以替代他原来该有的责备。

他提高了嗓子，唱出一首歌，让屋子里充满着他的歌声——那是告诉还没有起床的家人，英国最忙的人，在等候他们一起用早餐。格莱斯顿有他外交的手腕，可是他体贴别人，竭力避免家庭中的批评。

俄国女皇叶卡特琳娜二世也曾经这样做过。她统治了世界上庞大的俄罗斯帝国，掌握千万民众生杀予夺的大权。在政治上，她是一个残忍的暴君，好大喜功地接连战争。只要她说一句话，别人就被判处了死刑。可是，如果她的厨师把肉烤焦了，她会什么话也不会说微笑着吃下去。这是她值得别人学习的一面。

陶乐丝·狄克斯是美国研究不幸婚姻原因的权威者，她提出这样的见解：无用却伤人的指责，是导致大部分婚姻不幸的罪魁祸首之一。

所以，想要家庭有个美满、快乐的生活，第三项规则是：

停止相互指责。

第四章　好好赞美爱人

洛杉矶家庭关系研究会主任鲍宾诺说："大多数男士们寻求太太时，不是去寻找一个有经验、才干的女子，而是在找一个长得漂亮、会奉承他的虚荣心、能满足他优越感的女性。"如果一位任职经理的未婚女性被男士邀去一起吃饭，这位女经理在餐桌上搬出她在最高学府学到的那些渊博学识来；饭后，这位女经理又坚持自付餐费，那最后的结果只能是，以后她只能单独用餐了。

反过来讲，一个没有进过高等学府的女打字员，被一位男士邀去吃饭时，她会热情地注视着她的男伴，带着一片仰慕的神情说："真的，我太喜欢听了，你再说些关于你自己的事……"结果呢？这位男士会告诉别人："她虽然并不十分美丽，可是我从未遇到过比她更会说话的人。"

男士应该赞赏女人的面部修饰和她们美丽可爱的服装，可是很多男士都忘了，如果他们稍微留意，就知道女人是多么重视衣着。如果有一对男女在街上遇到了另外一对男女，女士似乎很少注意到对面过来的男士，她们总是习惯地注意对面那个女子是如何打扮的。

数年前，我祖母以98岁高龄去世，在她去世前没有多久，我们拿了一张很久以前她自己的相片给她看。她的老花眼看不清楚，而她所提出的唯一问题是："那时我穿的是什么样的衣服？"

我们不妨想想，一个卧床不起的高龄老太太，她甚至已无法辨认自己的女儿，可是她还想知道，这张老旧的相片上她穿的是什么衣服。老祖母问出那问题时，我就在她床边，这使我脑海中留下一个很深很深的印象。

当你们看到这几行字时，男士们，你或许不会记得，五年前你穿的是什么样的外衣，是哪一种衬衫。其实，男士们也没有丝毫的意识去记它。然而对女人来讲，就不一样了！

莫斯科和圣彼得堡养尊处优的那些贵族们，他们很注重礼貌，似乎这已成了那些贵族们的一种习惯。当他们吃过一桌适口的菜后，一定要请主人把厨师叫来接受赞美。

为什么不用这种同样的方法，在你太太的身上试一试呢？当她把一盘菜烧得美味可口时，你告诉她，她把这盘菜烧得如何好，使你吃得非常适口！让她知道你懂得欣赏，你并不是在吃草。就像格恩常说的一句话："好好捧一捧这位小妇人。"因为她们都喜欢被人这样。当你这样做时，不要怕让你太太知道，她在你的快乐中占着如何重要的地位。

在好莱坞，婚姻是一件冒险的事，甚至于伦敦的劳滋保险公司也不愿意打这个赌。在少数几对著名的美满婚姻中，巴克斯特夫妇就是其中的一对。巴克斯特夫人过去的名字叫勃莱逊，她放弃了极有前途的舞台事业去结婚。

巴克斯特这样说："她虽然失去了舞台上无数的掌声和赞美。可是现在，我随时随地在她的身旁，她随时可以听到我那由衷的赞美。如果一个女子想要从丈夫身上获得欢乐，她可以从他的欣赏和热爱中寻找到。如果那种欣赏和热爱是真诚的，那他的快乐也就得到了答案。"

所以，想要家庭有个美满、快乐的生活，第四项重要的规则就是：

好好赞美爱人。

第五章　细节决定成败

　　自古到现在，鲜花一直是代表爱情的语言。其实不需要花多少钱，尤其是在鲜花盛开的时候。可是，有没有一个做丈夫的，经常不忘记带一束鲜花回家给太太？你或许以为它们都贵如兰花，再不就是你把它们看作了瑶池中的仙草，为什么一定要等到太太进了医院才捧一束鲜花去送她？为什么不在明天下班回家的时候，给她带回几朵玫瑰花呢？对你所敬爱的人，表示你常想念着她，你希望她愉快。而她的欢愉和快乐，也会使你有同样的感受。

　　女人对生日，或是什么纪念日，会很重视！那是什么原因？那该是女人心理上一个神秘的谜！很多男人都把应该记住的日子，忘记得干干净净，可是有几个日子，是千万不能忘记的：妻子的生日与结婚纪念日。

　　芝加哥一位法官叫塞巴司，他曾处理过四万件婚姻争执的案件，同时调解了两千对夫妇。他曾这样说过："一桩细微的小事，就会成了婚姻不快乐的根源。就拿一桩很简单的事来说，如果妻子每天早晨对上班去的丈夫挥挥手说再见，就会避免很多离婚的发生。"

　　勃朗宁和他夫人的生活恐怕是史上最值得歌颂的了。他们永远注意到对方细节的地方，彼此间细微的体谅使他们的爱情永恒。勃朗宁对他那个有病的太太，体贴得无微不至。她太太有一次写信给她的妹妹说："我现在开始有些怀疑，我是不是像天使一样。"

　　有太多的男士对夫妻间每天发生的那些琐碎的小事都太低估了，这样长久下去，会忽略了这些事实的存在，就会有不幸的事情发生。

　　伦诺是美国处理离婚案件最方便和简单的地方。法院每星期开庭六次，平均每十分钟判决一桩离婚案件。你以为有多少婚姻是真正触上离婚的暗礁，而几乎成为一幕悲剧的？我敢说，那是极少数的。如果你有兴趣，天天坐在伦诺法院里，听那些怨偶们提出他们离婚的理由，你就会知道大多数爱情都"损于细微的小事"。

现在你把这几句话写下，贴在你帽子里或是镜子上，使你每天可以看到：

这条路我只能经过一次，所以，凡我所能做的任何好事，让我现在就做吧！不要迟延，不要忽略，因为我将不会再从这里经过了。

所以，如果你要保持你家庭美满、快乐，第五项规则是：

细节决定成败。

第六章　尊重对方的感受

　　丹姆洛契和勃雷的女儿结婚（勃雷是美国一位大演说家，曾经一度是总统候选人）。数年前，他们在苏格兰安德鲁·卡耐基家里认识后，就一直过着愉快的生活。

　　他们相处融洽的秘诀是什么？

　　丹姆洛契夫人曾这样说："我们选择伴侣时，必须审慎小心，其次就是婚后注意彼此的礼貌。年轻的妻子们，不妨就像对待一位客人一样，温婉有礼地对待自己的丈夫。任何丈夫，都怕自己妻子是个骂街的泼妇。"

　　无礼、粗暴会摧毁了爱情的果实，这情形我相信谁都知道。可是我们对待一位客人，总是比对待自己家里人有礼貌得多，这是很明显的。

　　我们绝不至于插嘴向一位客人说："老天！你又在说那些陈腔滥调的老故事了！"我们绝对不会尚未获得他人的许可，就拆阅人家的信件。同时，我们也不会窥探别人的隐私。可是，我们对最亲密的家人，发现他们的一丝过错时，就会公然斥责。

　　狄克司曾这样说："那是一桩令人惊诧的事，可是完全是事实……对我们说出那些刻薄、侮辱、伤感情的话的人，差不多都是我们自己的家人。"

　　瑞斯诺说："礼貌是内心的一种特质，它可以教人忽略破旧的园门，而专心注意到园内的好花。"

　　礼貌在我们婚后的生活中，就像汽车离不开汽油一样。

　　贺尔姆对家里的人体贴谅解，无微不至，即使心里有不愉快的事，他也一定把自己的忧烦藏起，不从自己脸上显现出来。

　　贺尔姆能做到这一点。可是一般人又如何呢？一般人在办公室里，把一件事处理错误，或是丢失了一桩生意时就巴不得赶回家，把从办公室里受到的窝囊气发泄到家人的身上。

荷兰人有一种风俗，人们进屋子前，把鞋子脱在门外面。我们可以向荷兰人学习，就是回家进门前，把一天所遇到的不如意的事，都扔到门外，然后再进去。

贾姆士曾经写过一篇名为《人类的某种愚蠢》的文章。他在里面写道："本文现在所要讲的是人类的盲目愚蠢，每当遇到跟我们自己感受不同的动物或是人时，我们总是烦恼不已。"

我们都多少有点盲目的愚蠢！很多男士不会跟顾客或是伙伴们厉声说话，可是会肆无忌惮地向他们的太太发威。

如果为了个人幸福着想，他们应该知道，婚姻远比他们的事业更重要。一个获得美满婚姻的人，远比一个孤独的天才更幸福。苏俄小说家托琴尼夫倍受人们的敬仰，可是他这样说过："我宁愿舍弃我所有的才华和著作……假如在某个地方，有一个女人，她关心着我是否可以早点回家吃晚饭。"

获得幸福婚姻的机会究竟有多少呢？狄克斯女士这样表示，她认为是失败占多数。可是鲍宾诺的意见并非如此，他说："一个人在婚姻上成功的机会，比其他任何事业的成功机会都大得多……一个开杂货店的男人失败的机会要占百分之七十，可是进入婚姻的男女，有百分之七十是幸福的。"

关于婚姻的问题，狄克斯女士曾这样结论："与婚姻比较，人的出生只不过是短暂的一幕，至于死亡，那更不是一件重要的事了。女人始终无法了解，为什么男人不把家庭也看作一项事业，使这项业务蒸蒸日上，使之幸福甜美。

虽然有很多男士认为娶到一位满意的妻子，拥有一个美满的家庭，比获得千百万财富还重要。可是在一般男士们中，很少有人会加以思考和为之努力，以期获得他们婚姻的成功。他们把一生最重要的事情交付在机会上。他们认为成功或失败，那是要看运气如何！

女人们永远不明白，为什么那些男士在她们身上不运用一点外交手腕呢？每个男人都知道，如果称赞太太几句，说她是能干的主妇，她会更善尽她的本分，把这件事做得更十全十美。如果丈夫赞美太太去年做的那套衣服如何美丽，她绝不会打算今年再订制一套新式时装。

每个男人都知道，他们可以把妻子的眼睛吻得闭了起来，只要在她的唇上热情地一吻，即可使她哑如牡蛎般沉醉。

每个妻子都知道丈夫明白这一切，因为她已经为他预备好了一张完全的图表，要他照着去做。可是，她却又不知道，是应该热爱他，还是应该讨厌他。因为他宁可跟妻子吵闹后，耗费些钱，替她买新衣服或者别的礼物，也不愿意奉承她一下。

他不愿意满足她那小小的渴望。

所以，想要家庭有个美满、快乐的生活，第六项规则是：

尊重对方的感受。

第七章 不做"婚姻的文盲"

社会卫生机构的总干事戴维斯博士有一次劝导1000位女士，坦白地回答一些有关她们切身的问题，结果却十分惊人，使人难以置信——一般美国成年人的性生活都不快乐。

当戴维斯收到这1000个妇女的回答后，她郑重地发表了自己的见解：离婚的一个主要原因，就是生理上的不适合。

汉弥尔顿博士的研究结果，也证实有这样的事实存在。他从100个男人和100个女人婚后的性生活中，找到了明确的答案。汉弥尔顿博士提出大约400个问题，分别问各个男女婚后的性生活；同时，也详细讨论他们所提出的各项问题。这项研究费了4年的时间，而这件工作被认为在社会学上极为重要，所以引起各慈善家所注意，纷纷解囊资助。

婚姻的症结是什么？汉弥尔顿博士说："大多数婚后的冲突，是由于性生活的不和谐而产生的。也就是说，如果夫妇之间性生活十分美满，其他许多小的冲突也自然地消失了。"

洛杉矶家庭关系研究所主任鲍宾诺博士曾研究过数千人的婚姻情况，他也是美国一位研究家庭生活的权威者。依鲍宾诺博士的见解，婚姻的失败通常是以下四种原因引起的：

1. 性生活不和谐；
2. 关于消遣的意见不同；
3. 经济困难；
4. 身心和情绪的反常现象。

注意，性生活居第一，经济困难只位居第三位。很多研究离婚原因的专家也都认为性的配合十分重要，著名心理学家沃森就说："性是我们在生活中公认的一个最重要的问题，男女间幸福的破裂大多数也是由性而起的。"

有很多演讲的医生也有谈到过这个问题，在今日各项学科都在突飞猛进的今天，仍会因忽略了自然的性本能，而使人们幸福的婚姻破裂，岂不可怜！

白德费尔特牧师做了 18 年的传教工作后，突然放弃了这项工作，去担任纽约市家庭指导服务处的主任，后来他和普通年轻人一样结了婚。他曾这样说："我早年做牧师的时候从经验中发现，那些来教堂结婚的男女们虽然长久相爱，可是他们对婚姻应该注意什么却毫无所知。他们虽然已经走进婚姻的殿堂，却依然是婚姻的文盲。"

他又说："我们把婚姻中相互调适的大问题，交付给机会这两个字。结果，离婚的比例，竟达到百分之十六这个惊人的数目。这样的结合，不是真正的结婚，那只是尚未离婚而已，也就是让自己去受罪。两个人幸福的结合，他们的婚姻并不听凭于机会，他们替自己细心谨慎的选择、计划，就像一位建造房子的建筑师一样。"

许多年来，白德费尔特为了协助这项计划的进行，坚持凡请他证婚的那些男女们，必须坦白跟他讨论未来的计划。由这项讨论所获得的结果，他得到一个结论，那是急于结合的男女，他们都是"婚姻的文盲"。

白德费尔特又说："性只是婚后生活中让人愉快的一件事，但是必需要把这件事做得很恰当，否则其他一切都无从谈起。"

可是，要怎么做才是恰当的呢？

我们还是用白德费尔特的话来解释："感情的缄默，必须代以客观的讨论能力和婚后生活的超然态度。要获得这种能力，最有效的办法就是借鉴某些学理精髓、旨趣高尚的书。"

我们为什么不从书本上去获取这类知识呢？有三部书我认为值得一般人观阅，那就是哈顿所著的《结婚的性技术》、爱克纳的《结婚性生活》和拉德的《结婚的性因素》。

所以，想要家庭美满，婚姻幸福，一定要记住第七项规则：

不做"婚姻的文盲"。

第六篇
如何消除忧虑

第一章 揭开忧虑之谜

人为什么会忧虑？忧虑是如何产生的？想揭开忧虑之谜，亚里士多德曾传授给世人三个步骤：

1. 查清忧虑的真相；
2. 分析这些真相；
3. 做出决断后立即付诸行动。

其中查清忧虑的真相是最重要的，因为如果我们没有把真相调查清楚，就不能以理智的态度对待忧虑；真相不明，我们就会束手无策，一筹莫展。哥伦比亚大学的赫伯特·霍克斯在几年前就把这种方法作为主要手段，帮助20万名学生摆脱忧虑的困扰。他曾说过："困惑是导致忧虑的主要原因。人们的忧虑多半是在没有充分了解真相时，自己妄下判断所导致的。如果我在下周二的下午3点有问题需要解决，那么我肯定不会在这之前做出任何决定。在此期间，我会尽力查清与此相关的事实。我既不会为此烦恼，也不会为此难以入眠，我只会将全部精力投入到查清真相中去。当周二来临时，问题的大部分已经解决，因为我已基本弄清了整个事件的来龙去脉。"

我问霍克斯这是否意味着他不会再因为忧虑而烦恼了呢，他说："对，我的生活可以说已经是彻底远离了忧虑。我坚信，如果人们愿意认真地弄清楚内心忧虑的真相，这些忧虑便会被理智战胜。"

请允许我重复一遍："如果人们愿意认真地弄清楚内心忧虑的真相，这些忧虑便会被理智战胜。"

那么，我们该怎样去做呢？在这里，我们可以借鉴爱迪生说过的一句话："除了思考，没有别的方法。"猎犬总是忘掉周围的环境，只关注眼前的猎物，如果我们不能理智客观地弄清楚真相，就会和它一样。这样，我们就可能轻率地做出判断。

法国作家安德烈·莫卢瓦曾经说过："我们总是相信那些符合我们个人意愿的事情，那些不符合我们意愿的事情却让我们不愿相信。"这样，我们无法找到解决方法也就没什么奇怪的了。

那么，我们应该怎么做呢？考虑问题的时候最忌讳冲动，要如同霍克斯所说的那样，要让头脑保持理智客观。

要想让处在忧虑之中的人做到理智客观并不容易，因为这个时候，他们的情绪控制着他们的思想，我发现了两种方法，能够让我们的态度理智客观，把事实看得更清楚。

1. 在我们调查事实真相的过程中，可以假装是为其他人收集资料，这样可以帮助我们看待事物时，不会轻易被自身情绪所影响，而是能够保持客观公正的态度。

2. 如果我必须在忧虑时调查事实真相，我会试着站在对方的角度，为对方辩护，换个说法也就是，我需要弄清我的不利因素。虽然这些事违反了我的初衷，我也讨厌这么做，但这是必须要做的。

然后你会发现，当你记录下事实的正反两方面的因素时，在两个极端之间，往往就隐藏着事情的真相。

要重点指出的是，不管是你我，还是爱因斯坦，或者美国最高法院法官，都无法在没查明真相的情况下做出理智的判断。爱迪生死后留下了两千五百多条记录各类事实依据的笔记。

因此，解决问题的第一步就是查明真相。我们要牢牢记住霍克斯的忠告：在理智客观地将真相查明之前，千万不要急着下结论。

然而，只是查明真相却不对真相本身加以分析，对我们也不会有什么好处。

我花费了很多精力才发现，把已经查明的事实和面临的问题写在纸上，能够更方便分析，有助于我们做出正确的判断。发明家查尔斯·凯特林说："把问题的条理弄清晰，就等于把问题解决了一大半。"

我的老朋友盖伦·李奇费尔德是在远东做生意的一位很有成就的美籍商人。

1942年，日本开始侵略上海时，他就已经在那里做生意了。他对我讲述了那个时候他的一段经历：

日军刚刚结束了对珍珠港的偷袭，就立刻全部攻占了上海。那个时候，我在上海亚洲人寿保险公司当经理。日军派来一个海军上将做"军方账目会计"，并且让我协助他清查公司的所有资产。

我没有选择的余地，只好硬着头皮奉命行事。然而，有一笔75万美元的保证金，我没有列进清单里，因为这笔账归属香港分公司，与上海公司没有关系。我担惊受怕，如果这笔账被日军发现了，我将难逃酷刑。结果，他们真的发现了。当时，我刚好没在办公室，在场的只有我的主管会计。

事后，他告诉我，日军查出这笔账后，那个海军上将大发脾气，破口大骂，说我是叛徒、小偷！说我竟然敢和皇军作对！我就要被他们扔到桥头堡里了，我的大脑一片混乱！

桥头堡是日军臭名远扬的酷刑房，我有几个朋友就是宁愿自杀也不愿被关到那里去，还有几个朋友因为忍受不了审讯和酷刑，不到10天，就被活活折磨死了。

现在，该到我被关进去的时候了。

我不知道该怎么办，周日下午我才知道这些事情，如果没有想出来有效的应对措施，我真的会吓破胆的。我坐到桌前，用打字机打了两个问题，然后自己回答出来：

1. 我正在忧虑的是什么？
2. 面对这种情况，我能做些什么？

以前我总爱自问自答，后来我把问题和答案写在同一张纸上，便于将自己的思路梳理清晰。周日下午，我回到了位于上海的住处，按照习惯在打字机上打字：

1. 我正在忧虑的是什么？

明天一早，我有可能被扔进桥头堡酷刑室。

2. 面对这种情况，我能做些什么？

我思考了很久，将我在这种情况下能够采取的对策总结出来四点，连同会产生的结果一起打了出来：

a. 把问题对日本的海军上将解释清楚。可惜他不懂英文，倘若请别人给他翻译，肯定又会将他惹火。假如他很凶残，他宁愿把我关进酷刑房，也不会听我解释，到那时我就死定了。

b. 走为上策。我的行动被他们监视了，每天他们都检查我的出入。如果我逃走了，他们只要抓住我，就会马上枪决。

c. 不去办公室，躲在寓所里。这位日军上将会怀疑我，他是否派人来逮捕我可说不准，到那时，我去桥头堡肯定是无疑的了。

d. 跟平常一样去办公室。有可能这家伙因为忙碌而忘了这件事。即便他想起来了，这时他已平静下来是至关重要的。假如他追究这件事，我向他解释一下也是有机会的。因此，周一时我同往常一样去上班，如果没有什么意外，我就避免去桥头堡了！

我想明白后，就打算按照第四个策略去做，到星期一我依旧去办公室。这样一来，我马上轻松下来。

当我进了办公室，看到海军上将正在抽烟，与往常一样看着我，一言不发。真是万幸，过了六个星期之后，他被调回了东京。

到此为止我的忧虑消除了。这在我的意料之中，是我救了自己。在那个星期天的下午，我把所有想到的办法和预料的后果整理后都打印出来，之后我十分镇静地做出了理性的决定。如果我不这样做，肯定会不知所措，反而会做一些傻事，把自己毁掉了。假如我没有在考虑清楚后再做决定，那个周日肯定会焦躁得睡不着觉，周一早上也会带着一张忧愁的脸到办公室去，这样，日本军官肯定会怀疑我，这对我是极其不利的。

我的经验就是，做出能够解决问题的决定。如果没有最终做出决定，只是原地打转，那简直是自己折磨自己，会使自己面临崩溃。在我看来，做出决定后，一半的忧虑就已经烟消云散了，而在决定实施后，另外一半的忧虑就几乎完全消失了。

因此，我用了四个步骤来解除忧虑：

1. 准确地写出我正在忧虑的是什么。
2. 写出面对这种情况,我能做些什么。
3. 做出决定。
4. 立即实施做出的决定。

后来,李奇费尔德担任了斯达·帕克·费里曼公司的远东区总裁,负责保险业务,并且成为亚洲地区知名的美国商人。他说,他能够取得这样的成就,都是因为善于使用这种方法。

他的方法究竟能起到什么作用?它具体而且实用,能够直达问题的实质,第四个步骤——立即实施做出的决定——则是整个方法不可缺少的关键。查明事实,分析事实,付诸行动,要把这三步有效结合起来才行。心理学家威廉·詹姆士说:"一旦做出决定,就要立即实施,不要犹豫不前。"

俄克拉荷马州著名的石油大亨怀特·菲利普斯曾经对我谈起他实施自己做出的决定的方法:"适度考虑问题,否则会迷惑、忧虑。有的时候,过多的思考和验证是无效的。我们不能犹豫不决,必须立即做出决定并且实施决定。"

想要远离忧虑,为什么不试试李奇费尔德的方法呢?

问题一:我正在忧虑的是什么?
问题二:面对这种情况,我能做些什么?
问题三:要不要行动?
问题四:什么时候开始行动?

第二章　不畏将来，不念过去

1871年的春天，蒙特瑞总医院一个年轻的医科学生正在苦恼怎么才能通过期末考试以及毕业以后要去哪里、做些什么、靠什么谋生等等，这个时候，他翻开一本书，书中的一句话，深深地影响了他今后的命运。

后来，这个年轻的医科学生成为他所在的那个时代最伟大的医学家，受那句话的影响，他创建了著名的霍普金斯医学院。后来他被牛津大学医学院聘为讲座教授——这算得上是英国医学界的最高荣誉，英国女王甚至册封他为爵士。他去世以后，描述他光辉一生的传记作品长达1466页。

这个医科学生便是威廉·奥萨爵士。

1871年春天，他看到历史学家托马斯·卡莱里写的那句话，为他带来了美好的一生，那句话是：

关注脚下，不要痴迷于遥远又模糊的风景。

42年后的一个夜晚，威廉·奥萨爵士在耶鲁大学开满郁金香的校园里发表了演讲。他真诚地对学生们说，像他这样一个曾经任教于四所大学的著名教授、畅销书作家，人们肯定会觉得他有超于一般人的天赋，而实际上并非如此。他说，认识他的人都知道，其实他就是个普通人。

那么，他能够取得这些成绩，到底有什么诀窍呢？他说，这一切都是因为他能够在一个"独立的隔舱"里生活。这句话究竟是什么意思呢？

在去耶鲁演讲前的几个月，奥萨爵士曾乘坐一艘横渡大西洋的轮船，看见船长站在驾驶室里指挥，他按了一个按钮，命令轮船全速前进，几声杂乱的机械碰撞声过后，轮船的几个舱门都在一瞬间关闭，变成了一个个完全独立的隔舱。

其实，每个人的一生都要比那艘轮船奇妙得多，每个人要走的路，也比那艘轮船航行的距离远得多。我想给大家的忠告是，学会将自己的人生航程控制在一个"完全独立的隔舱"里，这样你的航行才会安全。你至少要走进船舱，检查一下那些舱门是不是完好无损，按下按钮，倾听你生活中的每一分钟，关闭铁门，将已经死去的过去隔离开，再按下另一个按钮，关上另一扇铁门，将无从知晓的未来也隔离开。这样，你就真正地处于安全之中了，把昨天和明天都隔在外面，愚蠢的人才会为昨天落泪，为明天担忧。对昨天和明天的烦恼是今天最大的绊脚石，连最强壮的人都会被它压垮。隔离未来，就要像隔离过去一样，因为未来就在今天，不会再有明天。今天，便是拯救人类的时刻，如果把今天放弃了，而为想象中的未来费尽心思、忧愁苦闷，那简直是在折磨自己。要做的，只不过是关上舱门，培养生活在一个"完全独立的隔舱里"的习惯。

奥萨爵士这段话，难道是让我们不要为明天做好准备呢？不是的，在演讲中他强调，把全部心智和热情投入到今天的工作中去，就是对明天最好的准备，这也是争取未来的唯一有效方法。

奥萨爵士忠告耶鲁学子，每天的生活要以耶稣的主祷词作为开始："我们今天的饮食，今日赐给我们。"

切记这句主祷词，它只是在祈祷满足今日的饮食，并没有对昨天的陈粮有任何抱怨，也没有祈祷说："主啊！最近田里干旱越来越严重了，恐怕还会持续下去，我们到了明年秋天用什么做面包啊？也许到那时我就要失业了。主啊，如果是那样，我要怎么才能吃上面包啊？"

没错，这句主祷词只要求我们去祈祷"今日的食物"，因为我们唯一能吃进嘴里的，就是"今日的食物"。

很久以前，有一个穷哲人游走在山村野地之间，身上没有一分钱。一天，他和一群人坐在小山坡上聊天，他对大家说了一句话，后来，这句话成为人们在各种时间和场合引用得最多的格言，一直到现在。这句话就是："不要为明天忧愁，因为明天自有明天要忧愁的事儿，每一天承担当天的忧愁就够了。"

"不要为明天忧愁",很多人都对耶稣的这句格言持怀疑态度,这句完美的忠告他们听不进去,他们觉得耶稣的话太不现实了。他们说:"我必须早点为明天打算,必须为家人上保险,必须存一笔养老的钱,为了能够成功,我必须做一番周密的计划。"

当然,我们肯定要为将来做好准备。耶稣的这句格言是300年前的译文,在当今,它的意思肯定和英国詹姆士王朝时代有很大区别。在当代,这句格言的含义是:不要为明天担忧不安。

所以,无论怎样,你都需要为明天做好准备,考虑周全,安排好一切,但不要担忧不安。

在战争期间,军事指挥必须为将来的战事制订计划,可绝不能在内心有任何焦虑。"作战时,我会把最好的装备提供给最好的部队,"美国海军上将阿尔斯特·金恩说,"然后把最艰巨的任务交给他们,这就是在作战中我所能做的事。"

"如果一条船沉没了,"阿尔斯特上将接着说,"我不能把它打捞起来。把时间花在后悔昨天的事情上,不如抓紧时间去解决明天的问题,何况要是我为这些事情烦恼的话,我就不能在战争中支撑多久。"

无论是在战时还是和平时期,积极的心态和消极的心态之间的根本区别就是:用积极的心态考虑原因和结果,能产生符合逻辑的、有建设性的决策;相反,消极的心态往往会导致人精神的崩溃。很荣幸最近我访问了世界上最知名的报纸发行人,《纽约时报》的亚瑟·苏兹伯格。他告诉我,当第二次世界大战的战火在整个欧洲蔓延的时候,他感到震惊和对人类未来的担忧,几乎夜夜失眠。经常半夜起床,拿着画布和颜料,看着镜子想为自己画张自画像。那时,他对绘画一无所知,但是他还是画着,这样能减轻他当时内心的焦虑。苏兹伯格先生还告诉我,最后,他是在一首抒情诗里找到消除他的焦虑,让内心重新安宁下来的诗句。这段诗歌后来成了他生活的座右铭:

只看我一步之前,
引导我,那仁慈的灯光,

是你让安宁常伴我的身边。
我并不想看遥远处的风景，
只看距我一步之遥给我带来安宁的灯火。

1945年4月，因为过度的忧虑，泰德·班哲明诺患上了结肠痉挛，这种病非常折磨人，如果战期延长，他很可能支撑不下去了。对于此事，班哲明诺做了这样的回忆：

当时，我正在第94步兵师任职，长期的劳累让我觉得极度疲惫，我的工作是记录战争中牺牲后被匆匆埋掉的官兵，我把他们的遗物收集起来，然后确切地把这些遗物送到他们的家属或者朋友那里。我总是怕自己会在工作中有失误的地方，而且，我也时刻在担心着自己的生命，我不知道自己还能不能活到战争结束，我期盼着回家，抱抱我那还没见过面的儿子，他已经16个月大了。我每天都这样担忧着，身心俱疲，瘦了整整30斤，我眼看着自己只剩下一把骨头了。

一想到自己可能会惨死在异地，我就极其恐惧，像小孩子似的一边哭一边发抖。在德军最后一次进行大反攻的那段日子里，每当我独处时，就忍不住哭泣，我已经没有信心再像一个正常人一样生活下去了。

最终，我住进了医院，一名军医给我的忠告将我的一生彻底改变了。他给我做了一次全面检查，确认我是由于精神过度紧张而生的病。他对我说："泰德，你要把人生当成一个沙漏，沙漏里面的沙子数也数不清，但是只有一条细缝可以让它们通过，所以，沙子只能一粒一粒慢慢流下去，在不打破沙漏的情况下，我们都无法让更多的沙子同时通过细缝。其实，每个人的生活都如同这个沙漏，每天一睁眼，就有一大堆工作等着我们去完成，而且，必须在一天内解决掉。这些事情，如果我们不像沙漏通过细缝那样一件一件地做，就会使自己心力交瘁。"

我把军医的这段话牢牢记在心里，在之后的人生里，我始终奉行着这样的人生哲学：一次只让一粒沙通过，一次只做好一件事。直到现在，战争时期的特殊经历仍然指导着我在印刷公司公关广告部门的工作，那件事情让我受益匪浅。我发现，生意场如同战场，在很少的时间里要处理很多的事情。如原料不够、新报表有待处理、安排订货、地址变更、分公司的增加和关闭，等等。但我不再忧愁不安。"一次只让一粒沙通过，一次只做好一件事。"我时常重复军医讲给我的话。我的工作效率因此提高了，再没有过曾经在战场上的那种焦虑情绪。生活中那扇心境平和的大门，我已经推开了。

今天的世界上，最可怕的事情是，医院里一半以上的床位是留给患上精神疾病的人的。他们会垮掉，都是因为把昨天和明天的压力加在了一起，其实他们中的很多人，如果能够牢记耶稣的格言——"不要为明天忧愁"，或者是威廉·奥萨爵士的话——"生活在完全独立的隔舱里"，就不会住进医院，而是过上轻松愉悦的生活了。

现在，我们正站在一个岔路口——已经消失得无影无踪的过去，和永恒难测的未来。我们连一分钟都不可能同时存在于过去和未来，否则，过去和未来的双重压力就会摧残我们。因此，我们要珍惜现在的生命，把眼下的事情做好。"无论压力有多大，每个人都坚持到夜幕降临。"罗勃特·史蒂文森写道，"无论工作有多么的辛苦，每个人都能尽力完成。在从日出到日落的时间里，每个人都能以愉悦的心情生活，这便是生活的真理。"

这正是人生的真理之一。在懂得这个真理之前，密歇根州的希尔太太曾经一度陷在绝望的泥潭里，她甚至有过自杀的打算。希尔太太对我讲述了她的过去：

我的丈夫在1937年去世了，那个时候，我身上已经没什么钱了，心情跌落到谷底。我只好写信给以前的经理莱奥·罗奇先生，他同意让我回去做我以前的工作。两年前，我把汽车卖掉了，现在勉强凑了点钱，买了一辆分期付款的旧车，又开始做起了推销员，向学校推销《世界百科全书》。

原本以为做些事情可以转移注意力，让我不再忧虑。但独自一人的生活给我带来了巨大的压力。我的工作做得平平淡淡，连买车需要分期支付的很小数目的钱也承担不起。

　　1938年春天，我到密苏里州的维沙里市去做推销。那里的学校图书馆购书经费不够，道路又年久失修，一种巨大的孤独感环绕着我。一想到成功的希望很渺茫，也看不到活着的希望，我顿时丧失了活下去的勇气，甚至想到了自杀。每天早上，我都为起床后要面对的生活顾虑重重，身边的一切都让我担心不已：我怕自己付不起车钱，怕自己交不起房租，怕自己没有吃饭的钱，怕自己没有看病的钱。总之，我什么都怕。我没有自杀的唯一理由是怕我的死会给姐姐带来难以承受的痛苦，何况她也没有钱支付我的丧葬费。

　　然而，突然有一天，我读到一篇文章，它帮助我摆脱了绝望的阴影，使我获得了生活下去的勇气。那句令我心生感激、让我振作起来的话，我永远也不会忘记："对于一个了解生活的人来讲，每一天都是崭新的。"我把这句话打印了下来，贴在车窗上方，这样我在开车的时候就可以看到它了。我发觉每次只认真生活一天其实很容易，我学会了把过去忘掉，明天的事情也不去想，每天早上我都会对自己说："今天又是崭新的人生"。

　　我彻底地克服了对孤独的恐惧和对穷困的担忧。现在，我的日子过得很愉快，在事业上也取得了一些成绩，对人生充满了希望和热情。生活中无论发生什么，我都不会再担忧了。我明白每个人都没有必要为将来担忧，只要认真过好眼下的每一天，一切都会豁然开朗。因为，"对于一个了解生活的人来讲，每一天都是崭新的。"

猜猜下面这首诗是谁写的？

　　能够善待今天的人，
　　是真正懂得欢乐、懂得享受生活的人。
　　他们可以把每一天都过得很好，
　　他们会对人们说：
　　"不管以后会有什么样的灾难，
　　我都会过好每一天。"

这看上去是不是像一首现代诗？实际上，它是公元前的古罗马诗人贺拉斯创作的。

人类所有天性中最可悲的就是忽略现在，而总是记挂着未知的将来。我们的心中只有遥远天边的玫瑰花园，现在怒放在窗前的蔷薇却无暇顾及。我们为什么一定要做这么愚蠢的事情呢？

史蒂芬·李高克写道："我们的一生是那么的奇怪。童年时说：'等我变成少年的时候……'少年时说：'等我到了成人的时候……'成人后又说：'等我结婚了……'结婚了，又在想'等我退休以后……'终于退休了，回想过去的时光，不禁心生悔恨，美好的时光已经被虚度过去，一切都回不去了。生活，就在每一天，每一小时里，活在当下的时时刻刻，真诚地对待。否则，等我们意识到时，时间已经过去了。"

在明白这个道理之前，底特律城已故的爱德华·伊文斯差点因为忧虑而丧命。爱德华·伊文斯生长在一个贫苦的家庭，童年时代当过报童，长大后在一家杂货店当店员。为了一家7口的生存，他到图书馆当了管理员，虽然薪水很少，但是却不敢辞职。

8年后，他才有了开创自己事业的勇气。他借来55美元，作为启动资金，事业发展起来后，每年能挣2万美元。但是，厄运却不断地降临了：他为朋友做了担保，然而朋友却破产了。没过多久，存有他全部资金的那家大银行破产了。这时候，他不但身上没有一分钱，还欠下了1.6万美元的债务。生活的巨变让他的身心都无法承受。伊文斯说：

> 那个时候，我吃不下饭，睡不着觉。我生了奇怪的病，每天都打不起精神。有一次，我在街上走着，突然就晕倒在路边，再也无法走下去了。我的身体相当虚弱，在床上休息的时候，连翻身都做不到。最后，医生对我说，我只有半个月的活头了。我大吃一惊，只好写了份遗嘱，然后躺在床上等死。那个时候，我的内心发生了很大的变化，我放弃了一切，不再挣扎和忧虑，身心也因此放松了下来。以前，每天我都无法睡两个小时以上，然而现在，我把所有不愉快都抛开了，能够睡得像孩子一样香甜。让人疲惫的忧虑感渐渐消失，我有了胃口，也慢慢变胖了。

几个星期后，我已经可以拄着拐杖走路了，又过了6个星期，我已经能够正常工作了，以前，我每年能挣2万美元，然而现在，每周30美元的工作就能够让我满足了。我的工作是推销船运汽车时放在车胎下面的挡板。生活的教训让我学会了不再忧虑，不再为过去的事情后悔，不再为将来担忧。我把所有的时间、精力和热情都投入到了工作中去。

爱德华·伊文斯发展得很快，几年后，他就当上了伊文斯公司的董事长。在纽约股票交易所里，伊文斯公司的股票一直都是重点上市股票。现在，如果你有机会坐飞机去格陵兰，很可能降落在伊文斯机场，那是为了纪念他而命名的机场。假如他没有学会"生活在完全独立的隔舱里"，就绝对不会取得如此大的成就。

你或许知道这样一句话："人们总是想着明天要吃上果酱，昨天吃上了果酱，但是就不想着要快点吃掉今天的果酱。"我们很多人也是如此，担心着昨天和明天的果酱，却不知道赶快在今天手里的面包上涂满果酱。

即便是伟大的法国哲学家蒙田也犯过这样的错误。他说："在生活中，我曾经不停地担心这担心那，但是这些担心的事大多从来都没有发生过。我是这样的，你也必定是这样的。"

但丁说："今天永远不会再有。"转眼间，生命就像流水一样地远去了，只有"今天"才是我们最应该珍惜的，因为，只有"今天"才是我们真正可以把握的。

这也是劳维尔·托马斯的座右铭。最近，我来到他家，在这里度周末，劳维尔·托马斯将《圣经》中的一首赞美诗装裱起来，挂在书房的墙上，为的是随时都能看到。我发现诗中写道：

  这就是耶和华创造的今天，
  我们应该快乐地分享它。

有一块石头放在约翰·罗斯金的书桌上，上面刻着"今天"两个字。虽然我的书房里没有摆放石头，但我在每天清晨刮胡子的地方却贴着一首诗——

《致黎明》，当然，这也是威廉·奥萨爵士压在书桌上的诗，诗的作者就是印度著名戏剧家卡里达撒。

迎接今天吧！
今天就是人生，就是一切。
它转瞬即逝，
却蕴含着生命的全部成果：
成长的欢乐，
拼搏的荣誉，
美景就在今天呈现。
昨日如梦，
明天只是一个幻景。
认真地活在今天，
昨日的梦想，
都在今朝实现；
而明天的憧憬，
必将成为真实的希望。
所以，珍惜今日，
就是我们对黎明最好的问候。

因此，你如果希望自己的日子不被忧虑打扰，那就照威廉·奥萨爵士说的那样去做，不畏将来，不念过去。接着，请你向自己发问，并记下答案：

1. 我是否在为将来的日子而忧虑，或者在向往远方的玫瑰园？
2. 我是否会时常把往事追悔，把昨天的重负放在今日？
3. 早晨起床时，我是否决心"把握住今日"？
4. 生活在"今天独立的隔舱"里，我的生活是否会更加丰富多彩？
5. 何时执行这个忠告？明天，下周，还是就在今天？

第三章　消除忧虑的万能公式

阅读本书，你是否想从中找到一种解忧的有效办法，以便取得实际效果？威利斯·卡瑞尔发现了这样的方法，就让我来介绍给你。卡瑞尔先生是一位杰出的工程师，研制开发了许多空调产品，在纽约州的塞瑞库斯市，他创办了著名的卡瑞尔公司。在我看来，他所用的方法，是消除忧虑的最佳方案之一。

和卡瑞尔先生共进午餐时，他这样对我说：

我年轻时，曾在纽约州布法罗市的布法罗钢铁公司工作。一次，公司派我赴密苏里州水晶城的玻璃公司安装一套瓦斯清洁机。

我以前尝试过这种新的清洁瓦斯的方法，但只尝试过一次，而现在和当时的情形大相径庭。在密苏里州水晶城做调试时，我遇到了意想不到的困难。虽然经过一番努力，设备能够使用了，但距我们先前所保证的质量要求还相差很远。

我失败了，非常沮丧，仿佛被人在头上重重地击了一拳。肠胃都开始疼痛起来，当时那段时间，我几乎无法入眠。后来，我终于醒悟，忧虑并不能解决问题。我找到了解决问题的方法，它并不需要忧虑就能达到目标，而且效果非常明显。我使用这个方法已经三十多年。这个方法很简单，分三个步骤进行：

第一，坦然地面对事情的全部，设想它最坏的结果是怎样的，自己起码不会坐牢或被判死刑吧，这一点当然没有任何问题。的确，我很有可能会丢掉这份工作，或者因撤回这套机器而使公司遭受2万美元的损失。

第二，在做出最坏打算之后，在必要的时候勇敢地接受它。我会告诉自己，我的档案上将会因为这次挫折留下污点，甚至会让我丢掉这份工作。果真如此，我还会另找一份工作，报酬可能会降低不少。从老板的角度看，他们也会认为，现在我们是在开发一种新的清洁瓦斯的方法，这次实验如果花掉2万美元，他们也能够承受，只当是实验经费。事前估计到可能出现的最坏结果，并让自己勇敢地接受它，这样一想，我立刻放松下来，体会到了那些天来从未有过的平静。

第三，集中时间和精力，改变那最坏的结果。面对2万美元的可能消耗，我想方设法，尽可能减少我们即将面临的损失。经反复试验，我发现，如果我们再投资5000美元添加一些设备，问题就能够解决了。按照这个方案，每套机器公司最少能赚1.5万美元。

当时，如果我一直陷于忧虑之中，根本无助于解决这个问题。忧虑会摧毁我的精神，这是最大的危害。一旦忧虑发生，思绪就会混乱，接着就会失去判断力。然而，如果我们敢于正视最坏的结果并在内心接受它，并把所有可能出现的情况加以分析，这样反而能够全神贯注地解决问题。

这件事虽然已经过去了很多年，但我一直还在使用这个方法，因为它效果显著。此后，生活中我甚至感觉不到忧虑了。

那么，威利斯·卡瑞尔的万能公式的巨大价值究竟在哪里呢？从心理学的角度讲，是因为它驱散了笼罩在我们心头的迷雾，让我们走出了忧虑的阴影，看清了自己所处的位置。它使我们理智，从而能够集中精神解决问题。我们如果没有了理智，又怎么能够解决好问题呢？

1910年，应用心理学之父威廉·詹姆士去世，如果他现在还健在，听到这个应付最坏结果的方法，也会非常赞同的。我是怎样知道的呢？因为他曾经告诫他的学生说："那些可能的结果，你要欣然接受，因为，接受已经出现的情况，是战胜以后所有困难的第一步。"

林语堂在他写的那本很有影响的《生活的艺术》里也提到了相同的观点。他说："从心理学角度来讲，内心安宁，能够面对最差的结果，就可以挖掘出人的潜能。"

确实是这样，它的确可能让人的潜能发挥出来。当我们连最坏的结果都能够欣然接受的时候，就不必再为失去什么而担心了，即便是失去了，也能够挽救回来。卡瑞尔说："如果精神上能够接受最坏的结果，那么人立刻就能够轻松了，然后，就可以感到未曾有过的平静。这个时候，你就真正可以思考了。"

这难道不是很有道理的吗？然而生活中，依然有成千上万的人的生活毁于忧虑。因为他们不愿意接受最坏的结果，不愿意竭尽全力去挽回。他们并没有重新构建自己的人生，而是徘徊在痛苦之中，内心的痛苦折磨着他们，最后被忧虑打败。你是否愿意看看其他人是怎样运用威利斯·卡瑞尔的万能公式来解决他们自己的问题的？来看下面这个例子吧。

这是我的一位在纽约做石油商人的学员亲身经历的：

我怎么都无法相信我被人敲诈了，这种在电影里才会发生的事情，竟然会被我遇见，真是难以置信，然而这是真的！事情是这样的：我的石油公司有几辆运油的汽车和几个司机。那时正值战争时期，物价条例管理得很严格，我们为每个客户提供的油量都有配额限制。有几名司机在给客户运油时，把每份油克扣下来一点，然后把偷来的油卖给别人，而我一点都不知情。

一天，一个自称是政府稽查员的人来找我索款。他说他拿到了我们公司运货司机的违法证据，他威胁我说如果我不把钱交给他，他就要把证据送到地方检察官那里去。直到这时，我才知道公司里存在着这种非法买卖。

我并不是很担心，因为我本人并没有参与这种非法交易，至少这件事情与我本人没有关系。但是，我知道法律规定公司老板要对员工的行为负责。而且，这个案子一旦被法院受理，肯定会被刊登在各家报纸的新闻里，这些负面的消息会把我的公司毁掉的。这家公司是我的父亲在24年前创立的，我一直以它为荣。

连续三天三夜，我担忧得吃不下，睡不着，这件事一直困扰着我。我不知道我是应该把钱给他，还是随他怎样，我无法做出决定。

一个周日晚上，我随手拿起一本名字叫"不再忧虑"的小书，这是我以前听卡耐基培训课时领到的书。当读到威利斯·卡瑞尔先生的故事里面"面对最坏的结果"部分时，我对自己说："如果我拒绝把钱付给那个敲诈者，而他把那些违法证据送到了法院，会出现什么最糟糕的结果呢？"

答案是：我的生意被毁了。我不至于坐牢，最糟糕的情况也只是这些负面消息被媒体曝光后，我的生意可能因此被毁掉。我对自己说："好吧，我可以接受生意上的失败。但是往下又会是什么情况呢？"

生意没有了，我就得去找别的工作，情况并不是很坏，我在石油方面算是内行，或许有几家石油公司愿意聘用我，想到这里，我的心情放松了下来，忧虑感慢慢消散，情绪也好一些了。我又能够清楚地思考问题了。

现在，我清楚地看到了第三步：如何面对最糟糕的情况。在我考虑怎样处理的时候，一个新的想法出现在我的脑子里：如果我对我的律师讲明一切，也许他会告诉我一个我从来都没有想到过的解决方法。

我立刻做出决定第二天一早去见律师。然后，我躺到了床上，很快就进入了梦乡。第二天上午，我按照律师的建议，直接找到了地方检察官，向他说明了事情的全部经过。让我大吃一惊的是，地方检察官说，类似的敲诈案已经连续出现好几个月了，那个自称是"政府官员"的人，实际上是警方通缉的诈骗犯。当我为是否要把钱交给那个诈骗犯而忍受了三天三夜的折磨后，听到地方检察官说的话，我一下子轻松了。

"这件事给了我深刻的教训，我一辈子都忘不了，现在，每当出现让我忧虑的困难，我就会用卡瑞尔的万能公式来解决。"

如果到现在你仍然对威利斯·卡瑞尔的公式有所疑惑，那就请继续来看下面这个故事吧。

1948年11月17日，艾尔·汉斯在波士顿斯帝拉大酒店亲口对我讲述了他经历的这个事情：

1929年，经常性的忧虑使我患上了胃溃疡。一天夜里，我的胃突然出了很多血，救护车把我送到了芝加哥大学医学院附属医院进行抢救。我的体重一下子从175磅下降到了90磅。

我的主治医生警告我说，病情已经极其严重，连头都不让我抬。三个医生迅速组成医疗小组，其中一个是胃溃疡方面的著名专家，他说我的病情已经几乎"无药可救"了。只能每个小时吃苏打粉、半匙牛奶和半匙半流质的食物来维持生命，每天早上和傍晚，护士都要把一条橡皮管插进我的胃里，用来清理里面的残渣。

一连几个月，我都是这样度过的。后来我终于说服了自己，对自己说："好好睡一觉吧，艾尔·汉斯，如果除了死，别无选择，那为什么不把死之前的时间好好利用起来呢？你这辈子最大的愿望不就是环游世界吗，如果现在不去做，就再也没有机会了。"

我把想去环游世界的想法告诉了医生，他们决不相信我能够自己一天抽取两次胃液。他们听了我的想法，反驳道："你真的想去环游世界！我们决不相信，从来没有听说过这种事。如果你真的去环游世界的话，你肯定会死在旅途上，被轮船上的人们抛到大海中埋葬。"我胸有成竹地回答说："不会的！我安排好了，在旅行时我会随身带上一口棺材，假如在旅途中我去世了，他们会把我的尸体安放在棺材里，存放在冷库中冻起来，然后，把我送回家乡安葬。另外，我还安排好了，让我的亲友将我葬在内布拉斯加州家乡的公墓里。"

然后我便开始了环游世界的旅程，我念着日本禅宗大师的诗句：

啊！在化为泥土之前，
就让我们愉快地生活在世间吧！
一旦离开这世界，那寂寞的泥土下，
将再没有酒，再没有音乐，也再没有歌声，
有的只是永恒的沉默。

我在洛杉矶的港口登上了亚当斯总统号游轮，在前往东方的旅途中，我已经明显感觉到自己身体的好转，我逐渐不需要吃药和洗胃了。没多久，我的胃口变得很好了，能够吃下所有的食物，就连别的国家的特产也吃得很香。医生说吃这些食物会让我丢了性命，但是我却享受着。

在环游旅行的几个星期后，我渐渐地能喝上几杯酒，能抽黑雪茄了。我真的感觉到，这几年来从未有过像现在这样享受生活的快乐。在旅途中，我们在太平洋遭遇过台风，在印度洋遇到过强烈季风。要是像过去那样仍旧停留在忧虑的状态中，这些惊险的事情早就让我忧虑得进了棺材。可是，旅途中所有的这些冒险都让我无比兴奋和愉快。

在游轮上，我唱歌、做游戏、结交朋友，有的时候，整晚开心地玩耍。到了中国和印度，我发现我的生活与东方一些地区的落后和贫穷相比，简直是天堂和地狱的差别。我放弃了所有的忧虑，心情立刻舒畅了。回到美国时，我的体重整整增加了90磅，我几乎忘记曾经得过致命的胃溃疡。我这一生中从来都没有这么轻松愉快过。我重新开始了我的工作，并且再也没有生过病。

艾尔·汉斯告诉我，他后来才了解到，自己在不知不觉当中运用了威利斯·卡瑞尔的脱离忧虑的方法。

首先，我问自己：可能发生的最坏结果是什么？答案是死亡。

然后，我已经做好了面对死亡的准备，因为我别无选择，医生都说我已经没救了。

最后，我想办法改变现在的情况。办法是，在仅有的剩余时间里，尽情享受生活中的乐趣。假如在船上我还是处于忧虑之中，那我必定会被装进为自己准备的棺材，运回家乡埋葬了。然而，我让自己完全放松下来，忘掉一切忧虑，这样的宁静心态把我体内的活力都激发了出来，我的生命也因此得到了挽救。

所以，如果你遇到了让你忧虑的困难，就运用威利斯·卡瑞尔的万能公式

做下面这三件事：

1. 向自己发问，可能发生的最坏结果是什么？
2. 如果必须面对它，就做好接受这个事实的准备。
3. 内心保持平静，想办法改善最坏结果。

第四章　忧虑是健康的大敌

几年前的一个夜晚,一个邻居突然按响了我家的门铃,催促我们一家人去接种预防天花的牛痘。我的这个邻居是全纽约市几千名按门铃志愿者中的一员。很多人都惊慌失措地排起了长队,等着接种牛痘。那个时候,医院、消防队、警察局以及规模比较大的工厂里都开设了接种点,两千多名医护人员昼夜不停地为人们接种牛痘。这种场景的出现,都是因为纽约市里有八个人染上了天花,其中有两个人已经死亡,也就是说,800万纽约市民中有两人因为染上天花死了。

我已经在纽约住了很多年,在这些年中,从来没有人来按过我的门铃,劝我谨防忧虑症。按照最保守的方式来计算,在刚刚过去的37年中,这种病症带来了比天花要厉害一万倍的伤害,但是,按门铃的人从来都没有对我说过:每十个人里就会有一个人因为压力太大以及忧虑而精神崩溃。

于是,我决定写下这一章,把它当作按响你家的门铃,以示警告。

忧虑很容易引起各种疾病。诺贝尔医学奖得主阿列克斯·卡尔博士说过:"不知道怎样消除忧虑的人容易过早地去世。"

实际上,不只是商人,家庭主妇、兽医、泥水匠都不例外。

几年前,我和圣塔菲铁路线上的医务主任格伯尔博士一起外出度假。当车子驶过得克萨斯州和新墨西哥州时,我们的话题转到了忧虑对人的影响上。他感慨地说:

假如70%的病人能够消除自己内心的恐惧和忧虑,所谓的疾病就会离得远远的。我的意思当然并不是说他们是在装病,恰好相反,他们的病像牙痛一样真实存在着，甚至比牙痛更严重。这种病和神经性消化不良很相似，就像胃溃疡、心脏病、失眠症或者一些头痛症以及麻痹症。这些病都真实存在，这一点我很清楚，因为我曾经有12年忍受着胃溃疡带来的痛苦。

　　恐惧带来忧虑，忧虑造成紧张，紧张会影响到人胃部的神经，长久下去，就会患上胃溃疡。

约瑟夫·蒙泰格博士曾经在他编写的《神经性胃疾》一书中写道："患上胃溃疡的原因不是你吃了什么不好的东西，而是因为你过度的焦虑。"

在对15000名胃病患者进行调查后，梅奥诊所的阿莱瑞博士得出了这样的结论："胃溃疡总是纠缠着情绪紧张的你，而远离无忧无虑的你。"80%的人患上胃病并不是出于生理原因，而是因为恐惧、忧虑、憎恨、自私，或者无法适应社会环境，而胃溃疡已成为少数会致命的疾病之一。

我和梅奥诊所的哈罗德·海恩博士最近有过几次通信，博士在全美工业界医师协会的年会上宣读过一篇论文，其中讲到他研究了176位工商界负责人，这些平均年龄在44岁左右的负责人中，几乎有三分之一的人因生活过于紧张而患了心脏病、胃溃疡或高血压。

这些年龄大多还不到45岁的工商界的负责人，竟有三分之一以上的人患有心脏病、胃溃疡或高血压，显而易见，成功是用多么大的代价换来的！但是，一个胃溃疡或心脏病患者能算得上是成功的人吗？就算他以失去健康为代价，换来整个世界，而这一切，对他来讲，又有什么意义呢？一个人，即便拥有了整个世界，他睡觉时也只能睡一张床，每天也只能吃三餐，而这些，连一个挖水沟的人都做得到，甚至能吃得更饱，睡得更香。我宁愿在阿拉巴马州做一个休息时弹五弦琴唱歌的佃农，也不愿意自己不到45岁就以损害健康换来一家铁路或香烟公司的高层管理职务。

最近，一位著名的香烟制造商在加拿大的森林里度假时，因突发心脏病猝死。他的家产有几百万，但去世的时候只有61岁。或许，他是用几年的生命换来了生意上的成功。

在我看来，我的父亲远比这位富有的香烟商成功得多。虽然他只是密苏里州的一个农民，但是却过着快乐的生活，直到89岁去世。

忧虑会引起神经疾病。梅奥诊所的医生说，在用最先进的方法来检查大多数精神病患者的神经细胞时发现，在高倍显微镜下，他们的神经细胞大都和正常人没什么不同，他们的"精神疾病"并不是神经本身有了毛病，而是因为悲观、焦躁和忧虑等情绪的影响。就像柏拉图说过的："医生犯的最大错误是只想治疗患者的身体，而不关心他们的精神。其实，精神和肉体是完全不可以分开的。"

医学界花费了无数年的时间，才验证了柏拉图所说的伟大真理。现在，医学界开始发展一种新医学，称之为"心理治疗"，双管齐下，同时治疗精神和肉体。现在刚好是发展这门医学的大好时机。当今的医学已经非常发达，天花、疟疾、霍乱等曾经夺去了千百万人的生命，由细菌引起的传染病已经可以得到有效防治。但是，令人遗憾的是，医学界仍然无法从根本上治疗由忧虑、惧怕、仇恨、不安、绝望等情绪引发的疾病。由不良情绪引发的疾病的死亡率正在迅速上升，速度之快非常惊人。在美国，二战期间被征召的年轻人中，有六分之一因精神问题而无法服兵役。

是什么原因引发了精神问题呢？谁都无法完全解释清楚。但从很多病例可以看出，恐惧和忧虑是最主要的原因。因为焦虑，人们没有勇气面对残酷的现实生活，从而把自己孤立起来，躲在一个小小的幻想世界里，舒缓自己的紧张情绪。

我的书桌上有一本爱德华·波德斯基博士编写的《停止忧虑重返健康》，下面是这本书中的几个标题：

1. 忧虑会损伤心脏
2. 忧虑会引起高血压
3. 忧虑会造成风湿病
4. 减少忧虑，将会有益于你的胃
5. 忧虑会导致感冒
6. 忧虑和甲状腺之间的关系
7. 忧虑和血糖之间的关系

在卡尔·梅格尔博士的著作《人类的自我损害》中，对忧虑也有很深刻的认识。在书中，梅格尔并没有提及避免忧虑的有效方法，而是举了很多发人深省的例子，以便人们对焦虑、不安、仇恨、后悔、反叛和恐惧等情绪的危害有所了解。

最坚强不屈的人也会因忧虑而患病。美国南北战争即将结束的时候，格兰特将军对这点深有体会。事情是这样的：

> 在格兰特将军率部围攻里士满的9个月时间里，南方李将军部下的士兵忍受着饥饿，眼看就要支撑不住了。南方部队上下军心动摇，一些士兵在帐篷里祈祷，哭闹不止，有些人甚至还看到了种种怪异的幻象。最终，里士满的棉花和烟草库被李将军的部队放火焚烧了，同时他们还焚烧了兵工厂，就在这火光冲天的黑夜他们弃城而逃。格兰特将军率领部下紧紧追赶，南方军队受到了来自后方和两翼的夹击。格兰特将军还命令谢里登将军率骑兵从正面阻击敌军，炸毁铁路并缴获了南方邦联运送补给的火车。
>
> 当时，格兰特视力微弱，头痛得没有办法继续前行，因无法赶上队伍，他只好暂时借住在一家农舍里。在回忆录中，他这样写道："我一整晚都把脚泡在芥末冷水里，把芥末药膏贴在手腕和后颈上，希望转天身体能够恢复正常。"
>
> 转天早上，格兰特果然好起来了，但是却不是那些芥末药膏的功劳，而是有人骑着快马，带来了李将军投降的消息。格兰特写道："当那个军官把信放到我手上时，我的头还疼得厉害，但当我读完了那封信，头就一下子轻松了。"

忧虑、紧张等情绪引起了格兰特将军的头疼病，一旦他放松了心情，看到了胜利的曙光，不好的情绪就烟消云散，身体也就恢复健康了。

70年后，时任美国财政部长的小亨利·摩根索也发现了忧虑会给他带来身体上的不适。他在日记里写道，政府要求他每天买进440万蒲式耳的小麦以便抬高小麦的普遍价格，这让他感到非常苦恼焦虑。他说："只要收购多进行一天，我就要多头昏眼花一天。每天中午回家吃过饭，我都要躺到床上去睡两个小时。"

忧虑到底会对人带来什么样的影响,这个问题已经不用去查资料或是问医生了。只需要从我书房的窗户向外望去,附近的一座公寓里,一个男主人因为忧虑而精神崩溃了;而另外一家男主人的糖尿病也是起因于忧虑,股票的下跌让他体内的血糖量突然升高。

法国著名哲学家蒙田当选为家乡波尔多市的市长时,曾经这样对民众们说:"我非常愿意尽我的力量为大家服务,但是却不想让这些日常工作影响了我身心的健康。"

然而,我的那个邻居的血糖量却时刻被股票的涨跌控制着,甚至差点为此付出了生命。

假如我想警告忧虑给人带来的危害究竟有多大,我甚至没有必要去看向窗外,现在我居住的房子以前的主人,就是由于忧虑而早早地进了坟墓。忧虑还会引发风湿病、关节炎,让人终生以轮椅代步。

世界著名的关节炎专家罗素·希塞博士列举了四种最常见的关节炎病因:失败的婚姻、贫穷或者金钱上的损失、孤独和忧虑、长期的积怨。

关节炎并不只是由这些不良情绪引起的,但希塞博士认为,这些是引发关节炎最常见的病因。例如,经济危机时,我的一个朋友接连遭遇厄运:煤气公司拒绝给他供气,用来抵押贷款的房子被银行没收,一夜之间,他的妻子突然患上了关节炎,无论吃药还是食疗都没有一点作用,一直到经济状况有了好转,才在一夜之间消失了。

忧虑会带来蛀牙。威廉·麦高尼格博士在美国牙医协会作报告时说:"忧虑、恐惧、积怨等不良情绪会使人体的钙质平衡受到损伤,从而引起蛀牙。"麦高尼格博士说,他的一位病人,以前牙齿又白又漂亮,但是妻子突然生病住院,让这位病人在三个星期内突然有了九颗蛀牙。这就说明忧虑会带来蛀牙。

我曾经见到过甲状腺亢奋的人,他们整个身体都在颤抖,好像受过惊吓一样。甲状腺原本是能够调节身体的,然而一旦出现了问题,就会引起心跳加速,身体就像突然打开了全部通风口的火炉一样迅速燃烧,如果救治不及时,病人很有可能因"燃烧殆尽"而死亡。

前几天,我和一位患有甲状腺亢奋症的朋友一起到费城去看主治甲状腺病的著名专家约瑟列·布兰姆医生,他的临床经验长达38年。他在候诊室的墙壁上挂了一块牌子,上面列出了对病人的忠告。在候诊时,我把这些忠告抄在了一个信封的背面——

> **让你身心愉悦的最有效方法：**
> 对自己充满信心；
> 睡得安稳；
> 经常欣赏美妙的音乐；
> 以乐观的态度看待生活；
> 健康和快乐将会永远陪在你身边。

约瑟列·布兰姆对我朋友问的第一句话是："有没有什么不良情绪？"他又进一步提醒我的朋友，如果他依然忧虑，就很可能患胃溃疡或者糖尿病，还有心脏病等疾病。这位专家说："这些疾病都是共生的。"这一点有医学证明，这些疾病都是由忧虑所引发的。

以前我曾采访过电影明星梅乐·奥白朗，她对我说，她拒绝忧虑，她不想让忧虑摧毁她的美貌，因为她的美貌是她做电影明星的资本。她对我讲述了亲身经历的一段往事：

> 我刚步入影坛时，特别担心。那时我刚从印度来到伦敦，人生地不熟，无依无靠。我当时想在影片公司找个角色演，于是我就见了几个制片人，但他们都不愿意用我。慢慢地，我的积蓄被完全用光了。在长达两个星期里，我仅靠吃一些饼干和喝点水来维持生命。当时我受到双重的困扰：忧虑和饥饿。我站在镜子前，告诉自己："你真是个傻瓜，你就不该想去从事电影这个行业。你毫无经验，从未演过角色，仅仅是长得漂亮一些，你一无所有。"突然间发现我的脸蛋上生出了细小的皱纹，近来的忧虑已损害了我的美貌。我马上告诫自己："你所拥有的只不过是容貌，忧虑足以毁了它，你要立即停止忧虑。"

没有什么会比忧虑更容易使一个女人迅速衰老，进而毁掉她的容貌。忧虑会让我们的表情僵硬，会令皮肤生出皱纹，让人愁容满面，以至于头发变白、脱落。忧虑会让你的皮肤黯淡，患上丘疹。

心脏病是美国人的头号健康杀手。在第二次世界大战期间，约有 30 万美国人阵亡。而在同一时期，死于心脏病的平民却有 200 万之多，其中 100 万人是由于忧虑和精神压力太大而引发心脏病死亡的。所以，正如卡尔博士所说："不懂得如何消除忧虑的人容易早逝。"

美国的黑人和华人中很少因为忧虑而引发心脏病，这与他们心性随意、宁静淡泊有关。资料显示，死于心脏病的医生比农民高出 20 倍，因为医生的工作过于紧张。

威廉·詹姆士说："上帝会宽恕我们的罪，而我们的神经系统却做不到。"

这是一件令人震惊和难以置信的事实：每年死于自杀的美国人比死于五大疾病的人还多。

究竟是什么原因呢？是忧虑。

西班牙宗教法庭和德国纳粹集中营曾使用过一种刑法，他们把俘虏或敌人的手脚绑起来，然后放在一个盛满水的袋子下面，让水不断往下滴，落在俘虏的头上。这些不断响在俘虏头顶上的水声，就像用棍子敲打的声响，最终使那些人精神失常。一些残忍的古代将军也这样对待俘虏。

忧虑就像不断往下滴落的水，而那不断往下滴的忧虑，经常会使人精神崩溃。

当我还是个少年时，住在密苏里州乡下。一个星期天，我在教堂里听牧师描述地狱烈火的情景，被吓坏了。然而那些让我们的身心饱受折磨的烈火，牧师却从来没有提到过。如果你深陷在忧虑中无法自拔，你就有可能会在某一天得上让人痛苦的"心绞痛"。

心绞痛一旦发作起来，你会疼得死去活来，但丁的《地狱篇》描写的情景，和心绞痛比起来简直不值一提。到那个时候，你就会对自己说："上帝啊！如果能让我免受这样的痛苦，我将永远不会再为任何事情忧虑。"如果你觉得我说得过于夸张，可以去向你的私人医生询问一下。

你热爱生活吗？你想健康长寿吗？卡尔博士的这句话就是你应该做到的，他说："在无比喧闹的现代都市里，只有内心平静的人，才不会受到精神病的困扰。"

在现代都市的嘈杂声中，你能否保持内心的平静？如果你是一个正常的人，你会回答："我肯定能。"生活中，大多数人远比我们想象的更坚强。其实，我们的内心有许多未发现的潜能，正如梭罗的不朽名著《瓦尔登湖》里所描述的那样：

  我相信人们能够通过自己的意志力去改变生存境遇，如果一个人能够饱含信心地去实现他的理想，努力去追求他期待已久的生活，他将能够取得想象不到的成功。

我想，本书的大多数读者都具有很强的意志力，能像爱达荷州的奥尔嘉·贾薇小姐一样有非凡的表现。她在十分艰难的情况中，依然能够丢掉忧虑。只要运用本书里所提出的一些法则，我坚信，我们也能做得像贾薇小姐一样。下面是她本人写信告诉我的故事：

  8年前，医生告诉我，我会在漫长的痛苦中被癌症折磨致死。当时国内最知名的医学专家梅奥兄弟同时宣判了我的"死刑"。我无路可走，只有等待死亡。但我还很年轻，不愿意死。万念俱灰下我打电话找主治医生，向他倾诉我内心的绝望。他质问我："你怎么啦？你真的一点儿面对它的勇气也没有了吗？你如果还像这样下去，我敢保证你必死无疑。不错，情况格外糟糕，但事已至此，不如直面现实，停止忧虑，然后想想如何应对。"听到这里，我用指甲深深掐入肉里，浑身冰凉，我对自己发誓："我绝不要再忧虑！不要再哭泣！没有必要去担忧，我要坚持到底！我必须生活下去！"

  当时无法使用镭照射，通常是用X光照射十分半钟，一个疗程需要30天。医生为我安排的放射剂量是每天十四分半钟，一个疗程为49天。虽然我已瘦得皮包骨头，两脚沉重得像灌了铅一样，我却不再忧虑，并且一次也没流泪。我面带微笑，是的，我是强颜欢笑。

  我并没有笨拙到认为只要微笑就能治疗癌症，可是通过这样的经历，我坚信，心情的乐观有助于抵挡疾病的入侵。归根结底，我创造了一次治愈癌症的奇迹。现在的我比几年前活得更快乐、更健康。我要感谢那句激励我去挑战自我的话："不如直面现实，停止忧虑，然后想想如何应对。"

我想引用卡尔博士的那句名言："不懂得如何消除忧虑的人容易早逝。"卡尔所说的也许就是你！

如果你想拥有一个健康的人生，就让忧虑远离你的内心。

第五章　驱逐思想中的忧虑

我的学生马利安·道格拉斯曾经对我讲述了他经历过的两次不幸，第一次是他失去了自己非常珍爱的女儿，他和妻子都无法接受这个现实。10个月后，上帝把一个女孩赐给了他们，然而这第二个女儿仅仅活了5天就夭折了。

他几乎无法承受这一次又一次的打击。"我承受不下去了，"这个父亲对我说，"我吃不下，睡不着，因为我的精神受到重创，我所有的信心都消失了。"他不得不去看了医生。医生建议他吃安眠药或者旅行。这两种方法他都试了，可是没有一点效果。他说："我感觉一只大钳子夹住了我的身体，而且越来越紧。"如果你也曾经有过这种悲伤或者麻木的感觉，你就能明白他的意思了。

不过好在我还有个4岁大的儿子，他帮我找到了放松心情的方法。一天下午，我因为难过而呆坐着时，我的儿子跑过来问我："爸爸，你能给我做一只玩具船吗？"我真的没有心情去做船。而实际上，我对任何事情都没有心情。可是我的儿子太缠人了，我没有办法，只好答应他。

做一只玩具船需要3个小时左右。船做好后，我发觉这3个小时是我这几个月以来第一次心情轻松的时间。这个大发现让我从浑浑噩噩中清醒了过来，也让我思考了很多，这也是我这几个月以来第一次思考。我发现，如果我忙于做一些需要动脑子的事情，那就几乎顾不上忧虑了。那只玩具船击垮了我的忧虑，于是，我决定让自己忙碌起来。

转天晚上，我把家里每个房间都巡视了一遍，在纸上列出了所有需要做的事情。我发现家里有很多需要修理的小东西，书架、楼梯、窗帘、门闩、锁头、水龙头，等等。出乎我意料的是，在短短两个星期里，我竟然列出了242件需要做的事。

我用了两年时间完成了那些事情的大部分。除此以外，我还参加了很多有意义的活动：每周两个晚上到纽约市参加成人教育班，并且参加了小镇上的一些活动。现在，我是校董事会的主席，需要出席的会议很多，还要协助红十字会和其他机构的募捐，忙得简直没空忧虑。

这也是丘吉尔在战事紧张到每天工作长达18个小时的时候说的，当别人问他是否在为沉重的责任而忧虑时，他说："我忙得没空忧虑。"

在发明汽车的自动点火器时，查尔斯·柯特林也遇到了类似的情况。柯特林先生一直担任通用公司的副总裁，最近刚退休。然而当年的他可是个穷光蛋，把粮仓或者堆稻草的地方当成实验室，靠妻子教钢琴赚的钱来维持一家人的生活。后来，他把自己的人寿保险当作抵押，借了500美元。我曾经问他妻子，在那段时期里，她的生活是不是充满了忧虑。"没错，"她说，"我担忧得无法入睡，可是柯特林却丝毫没有担忧的样子，每天都埋头工作，顾不上忧虑。"

伟大的科学家巴斯特曾经说过"能够从图书馆和实验室中获得平静"。为什么能够在那里获得平静呢？因为人们在图书馆和实验室的时候，通常都忙于自己的工作，没有时间担忧。所以，很少有做研究工作的人会精神崩溃，因为他们没有时间去"享受"这么"奢侈"的东西。

为什么"保持忙碌"就能够消除忧虑呢？心理学上发现了这么一个最基本的定理：一个人无论有多么聪明，都不可能同时考虑一件以上的事情。如果你不相信，那就让我们来做一个实验：你假设自己坐在椅子里，闭着眼睛同时想自由女神的形象和明天早上你的计划。

很快你就会发现，你只能做到轮流地想每一件事，而不能在同一时间想两件事，对吗？从情感上来讲，也是如此。我们不可能在认真地做着令人兴奋的事情的同时，又受到忧虑的牵绊。总会有一种感觉被另一种感觉挤出去，就是这样简单的发现，能够让军队的心理治疗专家们在战时创造出这样的奇迹。

有些官兵由于受到战场上的打击而神经衰弱，这种情况被称为"战场神经衰弱症"。军队的医生都把"让他们保持忙碌"作为治疗这种疾病的方法，让这些精神受到打击的人们除了睡觉，就是忙碌，每一分钟都有事情可做，钓鱼、打猎、打球、摄影、养花、跳舞，等等，让他们根本没有时间去回忆那些可怕的经历。

在近代，出现了"工作疗法"这个名词，即心理医生主张用工作来治疗疾病。当然，这个方法并不算新，在公元前500年，古希腊的医生就已经开始使用这种方法了。

富兰克林时代的费城教友会教徒也使用同样的方法。1774年，有个人到教友会的疗养院去参观，当看到那些精神病患者正聚集在一起忙着纺纱织布时，他大吃一惊。他以为教友会把这些可怜的人们当成了劳动苦力，而教友会的人向他解释说，他们发现那些精神病患者只有忙于工作的时候，病情才会好转一些，因为工作能让他们的神经安定下来。

当你的大脑空出来，马上会有东西补充进去。那会是什么呢？当然通常都是你的感觉。为什么呢？因为我们的思想控制着自己的各种情绪，例如忧虑、恐惧、憎恨、忌妒和羡慕等，这些情绪来势特别猛烈，会迅速将我们大脑中的所有平静和快乐的情绪都赶跑。

一位哥伦比亚师范学院教育系的教授，詹姆士·穆歇尔曾对此说得很清楚："你最容易受到忧虑伤害的时候，不是在你一天的工作行动的时候，而是在工作做完了之后。因为那时，你的思想会混乱起来，容易让你胡思乱想，会把你曾出现过的每一个小错误都加以夸大。"他又说道："在这个时候，你的思想就像一部空载的车子，会不顾一切地乱冲乱撞，甚至自己也会变成碎片。让你摆脱忧虑的最佳办法，就是不让自己闲下来，想方设法让自己做一些有用的事情。"

这个道理不是只有大学教授才知道并付诸行动的。在二战时期，我有一次从纽约到密苏里农庄，在餐车上遇到了一位家住在芝加哥的家庭主妇。她对我说，她发现了"消除忧虑的好办法，就是让自己不停地干活，去做一些有用的事情"。

这位太太告诉我，她唯一的儿子，在珍珠港事件的第二天就加入了陆军。她当时整天都在担忧她的儿子，她的身体健康受到威胁。她天天在想，我的儿子他在什么地方，他是否安全，是不是正在打仗，他是否会受伤或死亡？

我向她询问，她是怎样排除忧虑的。她回答说："我不让自己闲下来。"她的具体做法是这样的：最初她辞退了家中的女佣，本想通过做家务事来让自己忙碌，可是经过尝试感到没有多少用处。"原因是，我做起家务事来完全不需要用心思考，几乎是机械式的，当我铺床和洗碟子的时候，还是一直担忧着儿子。后来我发现，让自己在一天里都能感到身心忙碌的只有新的工作才行，于是，我选择了一家大百货公司去做售货员。"

她对我说："这下好了，我好像掉进了大旋涡里不停地行动，每天顾客挤在我的四周，不停地问我各种各样的问题，如关于价钱、尺码、颜色等，整天忙碌着，几乎没有一秒钟的时间能让我想到手边工作以外的事情。每到晚上，我也只是想怎样才能让我那双疼痛的脚消除疲劳。于是每当吃完晚饭后，我马上就倒在床上入睡了，这样就使我既没有时间，也没有体力再去忧虑。"

正如约翰·考伯尔·波斯在他那本《忘记不快的艺术》里所说的："舒适的安全感，内在的宁静，因快乐而反应迟钝的感觉，诸如此类都能使人们在专注于工作时精神镇静。"这位家庭主妇所发现的，与专家所说的不谋而合。

能够做到这一步是非常幸运的。世界最著名的女冒险家奥莎·汉逊最近以她的亲身经历告诉我她从忧虑与悲伤中解脱出来的办法。如果你读过她的自传《与冒险结缘》，你就会相信，如果真有哪个女人能跟冒险结缘的话，肯定就是她了。

在奥莎16岁那一年，马丁·汉逊娶了她，她的丈夫从堪萨斯州查那提镇的街上把她抱起来，走了很远的路才放下她。时光走过25年，而这一对来自堪萨斯州的夫妇周游了全世界，在亚洲和非洲拍摄了逐渐绝迹的野生动物的纪实片。

9年前，他们回到美国后，开始在国内做旅行演讲，并放映他们拍摄的电影。遗憾的是，他们搭飞机由丹佛城飞往西岸时，飞机撞了山，马丁·汉逊当场死亡。面对这场悲剧，医生们断言奥莎永远不能再下床了。可是他们错了，他们对奥莎·汉逊的了解还不够深。仅仅3个月后，她就坐着轮椅，在一大群人面前发表演说。在那段时间里，她坐着轮椅，竟然做了一百多次演讲。当我问她为什么要这样时，她回答说："我这样做，就是让自己没有时间去悲伤和忧虑。"

奥莎·汉逊发现了比她早一个世纪的丁尔生在诗句里所说的同一个真理：

"让自己沉浸在工作里,不要挣扎在绝望中。"

如果我们只是闲坐发愁,而不能一直忙着做点什么,就会产生一大堆烦恼,达尔文称之为"胡思乱想",而这些"胡思乱想"就像传说中的妖魔,它们会使我们的思想空虚,从行动力和意志力上摧毁我们。

让自己紧张忙碌起来,你的血液就会开始循环,思想就会敏锐。紧张忙碌是世界上最便宜的一种药,当然,也是最好的一种。

海军上将拜德也在南极发现了这个道理。那个时候,南极冰雪很厚,非常寒冷,拜德孤独一人在小屋里生活了5个月,南极的雪地一望无际,那里隐藏着大自然的古老奥秘,南极大陆的面积比美国和欧洲的面积加在一起还要大。5个月内,在住地方圆100英里内,他找不到除了自己以外的任何生命存在的痕迹。气温太低了,寒冷的风从耳边吹过时,他似乎能感到自己呼出的气在风中冻成冰碴。在他写的《孤寂》一书里,拜德记录了那饱受煎熬的5个月,他让自己不停忙碌,才不至于疯掉。他写道:

> 每晚睡觉前,我都会为第二天的工作提前做好计划。比如,用一小时修理逃生通道,用一小时清理装燃料的油桶,用一小时在储藏室旁的洞穴边再挖一个洞穴用来放书,然后用两小时修理雪橇……
>
> 我用上面所说的这些工作来消磨时间,效果非常好,我甚至有了可以适应这里的生活的感觉……如果无事可做,生活就没有了目标,心理随之就会失去平衡,最终会让人精神崩溃掉。

在生活中,如果有一些事情让我们忧虑的话,那么,不妨使用古老的"工作疗法",来让我们的心理压力得到缓解。哈佛大学医学院教授李察·科波特博士曾经说过:"身为一名医生,每当看到在有条不紊的工作中,许多被焦虑、犹豫、恐惧等不良情绪困扰的人得以康复,我就会感到莫大的欣慰。工作带给人们无穷的勇气,如同爱默生说的'依靠自己'。"

我认识一位纽约的商人,他就是用这种方法,让自己处于忙碌的状态,以至于没有时间去思考别的事情,从而远离了烦恼和忧虑。他的名字叫柏尔·朗曼,是我成人教育班的学员。下课后,我和他共进晚餐,我们在餐厅里一直聊到深夜,他对我讲述了这样的经历:

18年前，过度的忧虑使我患上了失眠症。那时候，我的内心非常压抑，经常不由自主地大发脾气，总是处于恐惧不安的状态，我感觉自己的精神快要崩溃了。

当时，我是王冠水果公司的财务主管，公司投资了50万美元生产罐装的草莓罐头。20年来，冰淇淋厂家一直向我们公司购买这种草莓罐头。突然有一天，我们的销售量开始急速下滑，原来，为了降低成本和增加产量，一批冰淇淋制造商不再购买我们的产品，而是直接到市场上购买桶装草莓。

我们储存的价值50万美元的草莓罐头根本无法销售出去，而且，之前我们已经签订了合约，一年之内，我们必须继续买进价值100万美元的草莓。此时，我们从银行贷款的金额已经超过了35万美元，如果这样下去，这笔贷款我们肯定无法还上。我每天都在为这些事情焦虑担忧。

我赶到了公司位于加州的工厂，对董事长说明了市场上突变的情况，让他明白我们正在面临着破产。但是董事长却不愿相信这些，把全部责任推到了纽约公司所有业务员身上。

经过几天的努力，我终于说服他停止生产这种草莓罐头，将买来的新鲜草莓直接运送到旧金山鲜果市场上销售。我们的大部分困难就这样得到了解决，到了这个时候，按理我应该不再忧虑了，但是我却无法停止这种心情。忧虑像毒瘾一般，一旦染上就摆脱不掉了。

回到纽约以后，我开始为每一件事情担忧，公司从意大利购买的樱桃和在夏威夷购买的凤梨等，都让我担心得睡不着觉，我真的快要崩溃了。

于是，我决定改变以往的生活方式，把全部时间和注意力都用在工作上，根本不给自己忧虑的时间。以前，我每天的工作时间是7小时，现在我让自己每天工作15到16个小时。从早上8点忙到深夜，并且做一些别的事情。一天过去后，我回到家的时候已经是非常疲惫了，头一挨到枕头就睡着了。

3个月后，我已经不再忧虑了，于是，我把工作时间重新调整回7

小时，18年过去了，我再也没有忧虑、失眠过。

萧伯纳说过一句很有道理的话："很多人过得不快乐，因为他们有太多的时间去想自己是不是幸福。"所以，根本没有必要去考虑这些，让自己忙碌起来，血液会因此加速循环，头脑就会更清晰。世界上治疗忧虑最实惠的药物就是忙碌。

所以，消除忧虑习惯的第五项原则是：

驱逐思想中的忧虑。

第六章　不为小事烦恼

人生短短几十载，不要把时间浪费在转眼就会忘记的琐事上。
这里有一个罗勒·摩尔为我们讲述的富有戏剧性的故事：

　　1945年3月，开始了我人生最重要的一课。中南半岛附近276英尺深的海底，就是我的课堂。当时，我和另外87个人都在贝雅318号潜水艇上。雷达发现一支日本舰队正朝我们这边开过来。天快亮时，我们决定将潜水艇升出水面向日军发动攻击。通过潜望镜我发现日本的驱逐舰、油轮和布雷艇各一艘。我们向那艘驱逐舰发射了3枚鱼雷，遗憾的是都没有击中目标。显然，那艘驱逐舰还不知道自己的处境，继续航行。我们把攻击目标又锁定在最后面的那艘布雷艇。突然，一架日本飞机朝我们飞来，它发现了在60英尺水下的我们，将我们的位置通过无线电通知了那艘布雷艇。为避免再被侦查到，我们被迫潜到150英尺深的地方，同时，准备应对敌舰投下的深水炸弹。所有的舱盖上都增加了几层栓子，为了保持绝对的静默以便顺利下潜，我们关闭了所有的电扇、整个冷却系统和所有的发电机。

　　3分钟后，我们在海底突然感觉像天崩地裂似的。6枚深水炸弹在潜水艇周围相继爆炸，把我们一直压向海底。大家都害怕了，因为在不到100英尺深的海水里受到攻击，这是非常危险的——如果下潜达不到500英尺的深度，只能是在劫难逃了，而我们此刻就在不到500英尺一半深度的水里遭到了攻击——按照这样的安全距离推算，潜水艇现在所处的深度就像水在人的膝盖部分。在长达15个小时的时间里，日本的布雷艇不停地投下深水炸弹。如果深水炸弹距潜水艇不够17英尺的话，就会在潜艇上炸出一个洞来。就在离我们50英尺左右的地方，相继有二十来枚深水炸弹爆炸。我们静卧在床上，尽量保持镇静。因为恐惧，我几乎无法呼吸，心想"这回死定了"。电扇和冷却系统关闭后，潜水艇里的温度升到了华氏一百多度，可我还是恐惧得全身发抖，尽管穿上了一件毛衣，又加上一件带皮领的夹克，还是冷得发抖，牙齿也在不停地打颤，冷汗在一阵阵地往外冒。15个小时后，攻击突然停止了。显然，日本的布雷艇把所有的深水炸弹都用完了。

这15个小时对我来说，仿佛就是1500万年。这段时间里，过去的生活一一闪现在眼前。我想起了以前做过的所有坏事，还有一些很无聊的小事情，过去总是把它们当成精神负担。入伍前，我曾是一名银行职员，曾经为工作时间太长、薪水太少、没有多少机会升迁而发愁。我自己常常发愁，因为没有办法买房子，没钱买新车子，没钱给太太买漂亮的衣服。我特别讨厌我以前的老板，因为他总找我的麻烦。记得每晚回到家时，我总是感觉又累又难过，常常为一点芝麻小事跟太太吵架；我也为自己额头上的伤疤而发愁。

过去的烦恼在炸弹声中变得渺小了。就在那时，我对自己说，如果还有机会重见天日，我永远不会再烦恼了。永远不会！永远不会！永远都不会！在潜水艇那恐惧的15个小时里所学到的，比我在大学4年里所学到的还要多得多。

在生活遇到危机时，我们通常都能勇敢地面对，然而，也会被这些小事搞得垂头丧气。拜德上将也有同感，在黑暗寒冷的极地之夜里，他发现部下虽然经得起大事，却常常为一些琐事别扭。面对危险而艰苦的工作，他们毫无怨言，能在零下80度的寒冷中顽强地工作。"可是，"拜德上将说，"我知道有好几个同住一室的人彼此不讲话，因为他们怀疑对方乱放东西，占了属于自己的地方。我还知道，有一个人在吃饭时习惯细嚼慢咽，每口食物一定要嚼过28次才咽下去；可是另外有一个人，一定要躲到一个看不见这家伙的位子，才能吃饭。"

权威人士认为，如果夫妻生活中发生了这些"小事"，还会带来"世界上半数以上的伤心事情"。纽约州地方检察官法兰克·霍根说过："有半数的刑事案件都是由一些琐事引起的：酒吧里的逞强、家庭中的口角、侮辱性的言语、粗鲁的行为……这些琐事引发了争斗甚至谋杀。很少有人是天性残忍的，人们总是因为自尊心或者虚荣心受到一点小伤害就酿成人生悲剧，引起了世界上一半的悲伤事。"

小罗斯福夫人刚结婚的时候，常因她的新厨子做饭很差而"每天都在忧虑"。"但如果事情发生在今天，"罗斯福夫人说，"我就会耸耸肩膀把这事给忘了。"多好，这才是一个成年人的正确做法，就连最专制的俄国沙皇凯瑟琳，在厨子把饭烧坏的时候，也只是一笑而已。

有一次，芝加哥一个朋友请我们到他家吃饭。分菜的时候，有些小细节他没有做好。当时我并没有注意到，即使我注意到的话，也不会在乎的。可是他的太太看见后，立刻当着我们的面跳起来指责他。"约翰，"她大声吼道，"看看你在干什么！难道你永远也学不会怎样分菜吗？"

接着她又对我们说："他总是在犯错，就是不肯用心。"也许他确实做得不够好，可我真的佩服他能够跟他太太相处20年之久。老实说，只要能吃得很舒服，我情愿只吃两个抹上芥末的热狗，也不愿一面听她啰唆，一面吃烤鸭。

那件事情发生后，我和妻子也请了几位朋友到家里吃晚饭。快到用餐的时候，妻子突然发现有三条餐巾的颜色和桌布不相配。

"我着急地冲到厨房里，"她后来告诉我说，"结果发现另外三条餐巾已经送去洗了。此时，客人已经来到门口，我没有更换餐巾的时间了，我急得差点哭了出来。可当时又一想，为什么要让这件事毁了晚餐呢？我应该大大方方地去吃晚饭，尽情地享受一下，而我真的做到了。我宁可让朋友们把我看作一个比较懒的家庭主妇，也不能给他们留下脾气不好的印象。而且，我也注意到，根本就没人在意那些餐巾的问题。"

法律上有句名言，大家都知道的，叫作"法律不管小事"。一个人如果希望求得心理平静，也不值得为这些小事烦恼。

要想摆脱一些小事所引起的困扰，通常只要把看法和重点转移一下就可以了，这样，你就有了一个新的、能使你开心一点的看法。我的朋友荷马·克罗伊是个高产作家，他为我们举了一个如何做到达观的好例子。过去，他在写作时，经常被纽约公寓热水灯的响声吵得很暴躁。蒸汽砰然作响，接着，又是一阵难听的声音——而他气得只能坐在书桌前直叫。

"后来,"荷马•克罗伊说,"我和几个朋友一次外出露营,当听到木柴烧得发出的响声时,我突然想到这些声音很熟悉,就像热水灯的响声,为什么我会喜欢这个声音而讨厌那个声音?回家后,我对自己说:'木柴点燃时的爆裂声很好听,热水灯的声音也差不多,我该安心大睡,不用理会它们。'结果,我做到了——开始我还注意热水灯的声音,很快我就把它们忘得一干二净了。"很多其他的小烦恼也一样,它们使我们整个人很颓丧,其实,那只不过是我们夸大了它们的重要性。

英国前首相狄士累利说过:"生命非常短促,不能再纠缠小事。"安德烈•莫里斯在《本周杂志》里说:"这些话曾经帮我摆脱过很多痛苦。我们常为一些琐事心烦……我们生活在这个世界上只有短暂的几十年,然而我们浪费了很多时间,它们可能再也补不回来了。为一些琐事烦恼,它们也许很快就会被遗忘,这样做不值得。我们应该做值得做的事情,去体验真情实感,去做必须做的事情。"

吉布林是个很有名的人,但有时也会忘了"生命如此短促,不能再纠缠小事"。他和他妻子的舅舅曾经打了一场官司——这场官司打得有声有色,这是维尔蒙有史以来最有名的一场官司。有一本书记述了此事,书名叫"吉布林在维尔蒙的领地"。故事的经过是这样的:

> 吉布林娶了维尔蒙女孩凯格琳•巴里斯特,在维尔蒙的布拉陀布罗建造了一栋很漂亮的房子,他们在那里定居下来,准备度过余生。她的舅舅比提•巴里斯特成了吉布林最好的朋友,他们一起工作和游玩。
>
> 吉布林从巴里斯特手里买了一块地,并约定巴里斯特可以每一季在那块地上割草。一天,巴里斯特发现吉布林在那片草地上建了一个花园,他气得暴跳如雷,吉布林也反唇相讥,弄得维尔蒙这个地方乌烟瘴气。
>
> 几天后,吉布林骑自行车出去玩时,他妻子的舅舅驾着一辆马车突然从道路的另一边转了过来,吉布林躲闪不及,摔下车子。而吉布林——这个曾经写过"众人皆醉,你应独醒"的人也冲动起来,他将此事告到法官那里,把巴里斯特抓了起来。接着就是一场热闹的官司,

小镇上挤满了来自大城市的记者，他们把这里的新闻传遍了全世界。事情无法解决，这次争吵使得吉布林夫妇永远离开了他们在美国的家。这一切，只不过为了一件不起眼的小事——一车子干草。

古希腊政治家伯里克利远早在2400年前就这样说过："来吧，各位！小事情把我们耽搁得太久了。"的确，我们就是这个样子。

下面讲述的是哈瑞·爱默生·傅斯狄克博士所说的故事里最精彩的一个——有关森林巨人在战争中如何得胜又如何失败的故事：

在科罗拉多州的一个山坡上，一棵大树的残躯静静地躺着。自然学家告诉我们，这棵树有四百多年的历史。在哥伦布登陆美洲时，它刚刚发芽；第一批移民到美国来的时候，它也才是棵茁壮成长的小树。在它漫长的生命里，曾经被闪电击中过14次；四百多年来，无数的狂风暴雨侵袭过它，它战胜了它们。但是在最后，在一小队甲虫的攻击下，它倒下了。那些甲虫从根部咬起，逐渐钻到里面，渐渐伤了它的元气。这个森林巨人，岁月不曾使它枯萎，闪电也奈何它不得，狂风暴雨也对它无奈，然而最终却因一小队小甲虫而倒下了，要知道，这些小甲虫，用大拇指与食指就能将它们捏死。

我们难道不像森林中的那棵饱经风霜的大树吗？我们经得起生命中无数风雨和闪电的打击，但却被小甲虫咬噬而死，而它们仅仅是用大拇指和食指就可以捏死的。

所以，消除忧虑习惯的第六项原则是：

不为小事烦恼。

第七章　将忧虑减半

如果你是个商人，看到上面这个题目，你会对自己说："真可笑，我在这行已经干了十几年了，这些事情，我还不了解吗？想教我消除忧虑的方法，简直是开玩笑！"

如果你有这样的想法，也是可以理解的，几年前，我看到这种标题也会有和你一样的想法，觉得对我来说，它的价值就如同空头支票一样。

让我坦诚地告诉你：也许我无法帮你消除工作中的烦恼，除了你自己，谁都无法消除你的忧虑。但是我可以让你看到别人脱离忧虑的方法，具体怎么做，就是你自己的事情了。我引述过卡尔博士的忠告，你应该没有忘记吧："不懂得如何消除忧虑的人容易早逝。"既然远离忧虑对于我们来说是这么重要，那么，我就算只帮你消除十分之一的忧虑，你也会变得轻松很多。现在，我就来给你讲一个故事，它是关于一个公司管理人员怎样消除了二分之一的忧虑，并且将浪费在开会上的时间缩短了的。

以下的事情都是真实的，绝对不是我编出来的。故事发生在一个名叫莱昂·西姆金的人身上，他曾经是全美最大的出版商之一，担任纽约西蒙舒斯特出版公司的董事长兼总经理。

下面他讲的是他经历过的事情：

15年以来，我每天有一半的工作时间几乎都浪费在了会议讨论上，我们真的有这样做的必要吗？在开会的时候，我们总是无法放松，不停变换着坐姿，对每一个问题争论不休。每到晚上，我就会感到疲惫至极。一想到下半辈子或许就要这样过下去了，我就非常绝望，因为我已经过了15年这样的日子，而且15年来没有任何改变。如果有谁说自己能够把四分之三让人厌烦的会议时间缩短，那我一定会认为他幼稚得疯掉了。可是，我真的找到这样的一种新方法，这种方法我在工作和生活中使用了8年，以后还将使用下去，我的工作效率因此提高了，身心也因此更加健康了。

这种方法十分神奇，但是，就像所有的魔术一样，讲明白了以后就会发现，其实非常简单。

我的方法是这样的：15年以来，我们例会的程序都是，首先，下属们向我汇报很多他们在公司运作中发现的问题，然后开始讨论解决措施，可是每次到了会议结束，都没有讨论出眉目，问题还在原地没有进展。而现在，我决定取消这样的会议程序。我作了一个新的规定，要求每个打算向我汇报问题的人，都要将以下四个问题的答案准备好：

第一，问题到底出在哪里？

（这是问题的根源，我们经常浪费一两个小时讨论，却根本没有找到问题的根源，理不出头绪，以前我们总是一味地讨论而不去梳理问题。）

第二，为什么会有这样的问题出现？

（当我对自己的职业生涯进行反省的时候，惊讶地发觉，就算是在会议中，我都没有弄明白问题的症结所在，只关注讨论，白白浪费了很多时间。）

第三，该怎样解决这个问题？

（以前，只要有人提出问题的解决方案，立刻就会有人站出来持反对意见，双方因此争论不停，像打仗一样激烈。而且经常会在争吵中跑题，一直到会议结束，有效的解决方案依然没有确定下来。）

第四，你能否提供一些解决问题的建议？

（我们经常在会议上急得焦头烂额，却没有人能够给出真正有效的解决方法，大家都无法干脆地说出自己的建议。）

而今，在会议上，我的下属已经很少再有反映问题的了，因为他们在将以上三个问题弄清楚后，发现其中四分之三的问题，都是可以自己解决的，根本不用在会议上提出来。而即便是有必须在会议上讨论的问题，也只需要用相当于以前四分之一的时间，因为问题已经整理清楚了，很快就能找到解决方法。

现在的西蒙舒斯特出版公司里，把时间浪费在忧虑与争辩上的人已经几乎没有了，大家都学会了按照正确的方法，自行解决问题。

我的朋友弗兰克·贝特格是美国最优秀的保险推销员之一，他对我说，他使用了和西姆金差不多的方法，工作上的忧虑有效减轻了，收入也有了明显的提高。

贝特格的故事是这样的：

几年前，我刚刚开始推销工作，对这份工作的热情非常高，可是起初工作不太顺利，我的自信也逐渐降低了，一度想换工作。一个周日早上，我克制自己的情绪，平静心情，思考自己忧虑的根源，如果不是那天的思考，现在我可能已经不是推销员了。

首先，我问自己："究竟出了什么问题？"答案是：我到处登门走访客户，累得昏天黑地，收入却非常少。和客户谈话时，双方都很愉快，但到了签约的时候，他们却不能愉快地签下来。客户全都这样对我说："那就这样吧，贝特格先生，等我考虑好之后再答复你。"我白跑了许多次，总是遇到这样的情况。

我问自己："有什么办法可以改善这样的情况呢？"对于这个问题，我开始对自己的工作进行反思。我将过去一年的工作记录研究了一番，发现了让自己惊讶的事实：在我和客户签订的合约中，有70%是在我初次拜访客户时签订的，23%是在第二次拜访时签订的，而我多次拜访客户后签下的合约只有7%。然而就是这极小部分的合约，浪费了我大部分的时间！

那么我该怎样改善这种情况呢？很简单，我根本无须做超过两次的拜访，节省下的时间可以用来走访新客户。我的工作因为这种新方法而取得了非常惊人的成绩，在短短的时间里，我的收入也有了大幅度的增加。

依照这种方法，弗兰克·贝特格先生成为全美最优秀的寿险推销员之一，然而即便是他，在工作的起初也差点放弃。如果他没有冷静下来进行思考整理，就不可能获得现在的成就。

所以，消除忧虑习惯的第七项原则是：

将忧虑减半。

当忧虑扰乱了工作，请尝试以下四个问题的自问自答，或许你的忧虑真的可以因此减轻一半。

1. 究竟是哪里出了问题？
2. 为什么会出现这样的问题？
3. 解决这样的问题可以使用哪些方法？
4. 你将采用哪种解决方案？

第八章　用概率战胜忧虑

我是在密苏里州的一个农场里长大的，一天，我帮妈妈摘樱桃时，突然哭了起来。妈妈问我："孩子，你怎么了？"我抽泣着说："我害怕自己会被活埋。"

那个时候，我总是满腹忧愁。暴风雨来临，我就会害怕闪电会劈死我；日子艰难的时候，我就会害怕吃不饱；我害怕死后会被赶进地狱；害怕那个名叫詹姆士·怀特的大孩子会真的像他说的那样把我的一对耳朵割下来；我害怕在我向女孩们脱帽鞠躬时被她们嘲笑；害怕长大后娶不到老婆；我操心着结婚后对妻子说的第一句话应该是什么，我想象着我们在乡下的一间教堂里举行婚礼，然后乘坐一辆顶棚垂下流苏的马车回到家里，可是在这段回家的路上，我该说些什么才能够让我们不至于尴尬呢？我该怎么办呢？犁田的时候，我经常要浪费好几个小时思考这些无聊的问题。

日子就这么过去了，我逐渐发觉那些我害怕的事情，百分之九十九根本就不会出现。比如，我以前对闪电极其恐惧，可是我现在明白了，无论是什么时候，闪电击中我的几率大概只有几千万分之一。我害怕被活埋这个事情更是可笑至极，就算是木乃伊被发明出来后，也只有一千万分之一的人会被活埋。然而我以前竟然会因为害怕这样的事情而哭泣。

而全世界却有八分之一的人有可能因癌症而死，如果我非要因为什么事情而忧虑，也应该担心自己会患上癌症，而不是害怕被闪电劈死，或者被活埋。我刚才说的是我童年和少年时期忧虑的事。然而实际上有很多成年人也在为类似的荒谬事情忧虑着。如果我们能够停止忧虑，按照平均率来判断我们的忧虑是否值得，这样，我们就都可以减少 90% 的忧虑了。

全世界最著名的伦敦罗艾得保险公司，就是通过人们忧虑着一些很难发生的事情而赚到了数不清的钱。罗艾得保险公司是在和一般人打赌，说他们担心的不幸都是微乎其微的，但是他们并不说他们在打赌，而是称其为"保险"，实际上这就是建立在平均率上的一种赌博。这家大保险公司的历史已经有两百多年了，如果人的本性不发生改变，那么它的历史至少还可以延长500年。然而它只不过是为你的鞋子或是船之类保险，用平均率向你说明那些不幸并不像我们想象的那么容易发生。

如果我们对所谓的平均率做一下研究，就可以发现一些意想不到的事情，比如，每5年就会发生一次像葛底斯堡战役那样惨烈的战斗。我知道了这一点后担心得要命，立刻跑去为我的人寿保险加保，赶快写好遗嘱，对自己说："我可能熬不过这次战争了，所以剩下的这些年一定要过得痛快点。"然而实际上，按照平均率来讲，在普通情况下，每1000个年龄在50岁到55岁之间死亡的人数和葛底斯堡战役中16.3万士兵中每1000个人里阵亡的人数几乎一样。

有一年夏天，在加拿大洛基山区里弓湖的岸边，我碰见了何伯特·沙林吉夫妇。沙林吉太太非常平和、沉着，仿佛从来没有忧虑过，她给我留下了深刻的印象。晚上，我们坐在熊熊的炉火前，我问她是否曾经因忧虑而烦恼过。她对我说了她的故事：

我的生活差点被烦恼毁了。在学会摆脱烦恼之前，我在苦难中生活了11个年头，那真是自作自受。那时候我脾气很坏、很暴躁，总是生活在非常紧张的情绪之中。我每周都要从在圣马提奥的家乘公共汽车到旧金山购物。即便在购物的时候，我也愁得要命，我担心又把电熨斗忘在熨衣板上了；或许房子失火了；或许我的女佣人丢下孩子们自己跑了；或许孩子们骑着自行车出去，被汽车撞死了。购物时，常因发愁而直冒冷汗。我赶紧冲出商店，搭上公共汽车回家，看看是不是一切都完好。难怪我的第一次婚姻没有维持下去。

我的第二任丈夫是一个律师，他很平静，遇事总能加以分析，从不为什么事情发愁。每次看到我紧张焦虑时，他就会对我说："别慌，让我好好想想——你真正担心的到底是什么呢？我们看看平均率，看看这种事情是不是有可能发生。"

举个例子吧，有一次，我们从新墨西哥州的阿布库基开车到卡斯巴德卡文斯，在经过一条土路时碰到了一场可怕的暴风雨。

车子直打滑，无法控制。我担心会滑到路边的沟里去，可我的先生一直不停地对我说："我现在开得很慢，不会出什么事的。即使车子滑到沟里，我们也不会受伤。"他的镇定和自信使我平静了下来。

有一年夏天，我们到加拿大的洛基山托昆峡谷野营。我们的营帐设在海拔7000英尺高的地方，晚上，暴风雨突然来临，像要把我们的帐篷吹碎。用绳子绑在木制平台上的帐篷，在风雨里颤抖着，发出尖厉的声音。我时刻都在想，我们的帐篷会被吹到天上去的。当时真把我吓坏了。我先生却一再安慰我说："亲爱的，我们有好几个印第安向导，他们对一切都一清二楚，他们在这些山地里已经60年了。很多年来，这个营帐一直都在使用，至今还没有被吹走过，根据平均率，今天晚上也不会被吹走。即使被吹走，我们也可以躲到另外一个营帐里去，所以不要紧张。"我心里踏实了。结果，那后半夜我睡得很好。

小儿麻痹症曾经在加利福尼亚州我们所住的那一带流行。要是在过去，我肯定会惊慌失措。我先生叫我保持镇定，我们尽可能采取了一切预防措施：避免孩子出入公共场所，暂时不去学校，不去看电影。和卫生署联系后得知，到目前为止，即使在最严重的一次小儿麻痹症流行时，整个加利福尼亚州也只有1835个孩子被感染。而平常，一般的数字只在200—300人之间。这些数字听着还是挺严重，可毕竟让我们感觉到，根据平均率，一个孩子被感染的机会还是很小的。"根据平均率，不会发生这种事情"，这句话使我摆脱了90%的忧虑，20年来它使我感到了生活的美好和平静，这真是意想不到的。

乔治·库克将军曾经说过："一切忧虑和哀伤，几乎都是源于人们的想象，而并不是真的。"

每当我回忆起过去的几十年，就会发现其实我自己的大部分忧虑也是这么产生的。詹姆·格兰特说，他也有这样的经验。每当他到佛罗里达州去购买水果时，总会想到些古怪的事情，比如"火车如果失事了该怎么办"，"要是水果掉了，滚得到处都是，该怎么办"，"如果过桥的时候桥突然坍塌该怎么办"？

其实,他购买的水果都是上过保险的,然而他还是担心,怕水果因为火车晚点卖不出去。他怀疑过度的忧虑会让自己患上了胃溃疡,决定到医院去检查。大夫对他说,他没有任何病,只是过度担心了。"我这才明白了真相。"他说,"我开始问自己:'詹姆,这么多年来,你购买过多少车水果?'回答是:'25000车左右。'我又问:'那么,出过多少次车祸呢?'答案是:'大约5次。'我接着问:'你明白其中的含义吗?为什么要为五千分之一的概率担心呢?'

"我又对自己说:'也许桥会塌。'我再次问自己:'以前的损失,有多少次是因为桥塌?'回答是:'没有。'我对自己说:'你为了概率为五千分之一的失事情况和从来未曾塌过的桥而担心使自己患上胃溃疡,你不觉得自己太傻了吗?'

"从那以后,我觉得自己以前的想法太愚蠢了,我再也没有为这些烦恼过了。"

埃尔·史密斯曾担任纽约州州长,那时,我经常听到他对攻击他的政敌说:"让我们看看记录……让我们看看记录。"然后他会摆出很多事实。当你为某些事情而忧虑时,不妨学一学这位聪明的老埃尔·史密斯,让我们看看过去的记录,看看我们这样忧虑是否有道理。当年佛莱德雷·马克斯塔特也有过这样的经历,那时他非常害怕自己要永远躺在坟墓里。他在纽约成人教育班上讲述了这样一个故事:

1944年6月初,我躺在奥玛哈海滩附近的一个散兵坑里。当时我正在999信号连服役,我们刚刚抵达诺曼底。我观察了一下地上那个长方形的散兵坑,就对自己说:"这看起来就像一座坟墓。"当我躺下准备就睡在这里时,更觉得这里真像一座坟墓,我忍不住对自己说:"也许,这就是我的坟墓。"晚上11点钟时,德军的轰炸机来了,炸弹纷纷落下,我吓得几乎不能动了。前3天我根本无法入睡,到第4天第5天夜里,我的精神几乎崩溃了。我知道如果还不想办法的话,我就会发疯的。所以我提醒自己:"都过了5个夜晚了,我不是还活得好好的吗?而且我们这一组的人大家都活得很好,只有两人受了轻伤。而他们也不是被德军的炸弹炸伤,而是被我们自己高射炮的弹片击中的。"我决定做些什么事来摆脱自己的恐惧。我在散兵坑上搭了一个厚厚的木头屋顶,这样就可以保护自己不被碎弹片击中。我告诉自己:

"只有被炸弹直接击中,才可能死在这个又深、又窄的散兵坑里。"于是,我算出被直接击中的比率,恐怕还不到万分之一。两三晚后,我终于平静了下来,就连敌机来袭的时候,我也能安然入睡。

所以,消除忧虑习惯的第八项原则是:
用概率战胜忧虑。

第九章　勇敢面对事实

小的时候，有一次，我和几个小伙伴一起在密苏里州一间破旧的老木屋的阁楼里玩耍，从阁楼爬下来时，我在窗栏站稳，然后跳下去，在跳的过程中，我左手食指上戴着的戒指被一枚钉子挂住，我的手指整个被拉脱了。

我吓坏了，疼得大声尖叫，以为自己会因此而死掉。然而很快我就忘记了这回事儿，从那以后，我就再也没有为此担心过。担心又能怎样呢？我接受了这个现实。

而今，我平时几乎想不起来我的左手只有四个手指。几年前，我在纽约市中心的一座办公大楼里遇见一个同坐电梯的人，我看到他齐腕断掉的左手，便问他会不会因此觉得不舒服，他说："噢，不会的，因为我通常不会想到它，只有在需要缝衣服的时候才会想起来。"

我时常会回忆起在荷兰首都阿姆斯特丹一座15世纪老教堂的废墟上刻着的一句话："事已至此，就不会是其他。"

在我们的漫长人生中，一定会遇到一些不愉快的事情，它们已经如此，就不会是其他样子。我们同样可以做出选择，把它们当作一种无法避免的情况，接受并且适应它，或者让忧虑毁了我们的人生，最终把我们弄得精神崩溃。

以下是我最崇敬的哲学家威廉·詹姆斯说过的忠告："心甘情愿地接受事实，是战胜之后所有困难的第一步。"

住在俄勒冈州波特南的伊丽莎白·康黎却是在经历过很多困难之后才明白这一点。下面这封信是她最近写给我的，信上这样写道：

美国庆祝陆军在北非取得胜利的那天，我接到了一封来自国防部的电报，我最亲爱的侄子在战场上失踪。没过多久，我又收到一封电报，上面说，他已经牺牲了。我的悲伤如同洪水一般。这件事发生之前，我的生活一直都很美好，有一份满意的工作，侄子也是我努力带大的。我能够在他身上看到年轻人的所有美好。我觉得我的一切努力都有了回报。然而现在，这封电报却毁灭了我的世界，我觉得没有必要再活下去了。我开始对生活中的一切充满了冷漠和怨恨。为什么我心爱的侄子会死掉？为什么这个优秀的孩子还没有开始他真正的人生，就倒在了战场上？我没有办法接受现实。过度的悲伤让我决定放弃工作，远离家乡，将自己埋葬在泪水和悲伤中。

当我收拾我办公桌上的东西，准备去辞职的时候，突然发现了一封已经被我遗忘了的信，这封信是我母亲去世的时候，我那侄子寄给我的，信上说："我们当然都会非常想念她的，尤其是你。但是我知道你一定能够挺过去的，以你的人生观，一定可以支撑下去。你教给我的那些美好的真理，我永远都不会忘记，不管走到哪里，不管我们之间的距离有多遥远，我都会记得你给我带来的快乐，像男子汉一样坚强地面对所有事情。"

那封信我反复读了好几遍，感觉这些话好像就是他站在我身边对我说的，他似乎在说："为什么不按照你曾经教给我的道理去做呢？不管发生什么，都要挺过去，把悲伤藏在笑容里，坚强地生活下去。"

于是，我重新开始了我的工作，不再对人冷漠无情。我一遍一遍地对自己说："事已至此，我无法改变，然而我能够像他期盼的那样努力生活下去。"我把所有注意力都集中在工作上，写信慰问前线的士兵，那些别人的儿子；晚上到成人教育班去学习，找到新的乐趣，认识新的朋友。我几乎无法相信自己会发生这样的转变，我已经不再为过去的事情悲伤了，现在的每一天都是快乐的，就像我的侄子希望的那样。

我们所有人迟早都要学到的事情，伊丽莎白·康黎学到了，这就是我们必须承受那些不可避免的现实。做到这一点很不容易，就连那些在位的皇帝，也常常这样提醒自己。已故的英国国王乔治五世在白金汉宫的墙上刻下了这样一句话:"不要为月亮哭泣,也不要为什么事而后悔。"哲学家叔本华也有同感,他说:"在踏上人生旅途时,你要做的最重要的一件事就是接受现实。"

显然,决定我们快乐与否的并不是环境本身,我们对周围环境的反应才决定了我们的感觉。

我们在必要的时候都能够忍受甚至战胜灾难和厄运,也许我们会以为自己无法办到,但其实我们潜在的力量是很惊人的,只要我们能够利用得好,就能够克服所有困难。

已故的史恩·塔金顿在生前经常说:"我可以接受人生中的任何事情,除了失明,我永远都无法忍受变成一个瞎子。"

然而,在他六十多岁的一天,他发觉自己看不清楚地毯的颜色和花纹了,他去看眼科专家,得到了不幸的消息——他的视力正在逐渐减弱,一只眼睛几乎已经失明了,另一只也很快就会完全失明。他最无法忍受的事情,终究还是发生在了他的身上。

面对这种"最难以忍受的事情",塔金顿的反应如何呢?他是不是觉得人生没有希望了呢?不,连他都没想到自己还能够保持愉快。一开始,那些黑色的阴影让他很不舒服,它们时而在他眼前浮现,让他看不清楚东西,然而现在,当最大的阴影出现时,他却调侃着说:"嘿,阴影老爷又来了,今天这么好的天气,不知道它要去哪里。"

当塔金顿完全看不见的时候,他说:"我发觉我对视力丧失的承受,就如同别人对其他事情的承受一样。如果我全部丧失了五种感官,我知道,我依然可以在我的思想里生活,因为不管我们是否能够知道,我们都只有在思想里才能够看和生活。"

为了恢复视力,塔金顿在一年之内一共接受了12次手术,他知道自己必须面对这些。只有爽快地接受现实,才是唯一缓解痛苦的方法。他拒绝住在高级病房里,而是和其他病人一起住在大病房里,并且试着让所有人都开心,每当要做手术的时候,他都会想着自己是多么的幸运。"太好了,"他说,"这是多么美好的事情啊,如今的科学都这么发达了,连眼睛里那么细小的东西都能够动手术了。"

12次以上的手术和暗无天日的生活,换作一般人,恐怕早就患上精神疾病了。然而塔金顿却说:"就算用一些更快乐的事去换这样的经历,我也不会愿意的。"通过这件事，他学会了接受现实，他知道生命带给他的一切，没有什么是无法承受的。他也从中感受到了富尔顿说过的那句话："失明并不可怕，可怕的是你无法忍受失明。"

就算退缩或是悲伤，我们也不可能改变那些无法避免的现实。我们唯一能够改变的就是自己。

这些道理，我已经明白了，因为我做出过尝试。有一次，我不肯相信现实，愚蠢地去反抗，把自己搞得痛苦不堪。我让自己回忆起全部不愿回忆的往事，这样折磨了自己一年，终于接受了那些无法改变的现实。

很多年以来，我一直都能随口吟出惠特曼的诗句：

　　一定要像树木和动物那样
　　独自去面对黑暗和风雨
　　去面对饥饿与意外
　　意外和挫折

我曾经做过12年的放牛工作，但是从没见过哪头母牛会因为草地干枯、天气寒冷或是公牛追求其他母牛而大发脾气。动物们总是能够平静地面对一切，夜晚、寒冷，或是饥饿。这些从来都不会让它们精神崩溃或是患上胃溃疡。

难道我的意思是我们在困难面前低声下气吗？不，只有宿命论者才会那样。不管发生什么，只要还有挽救的机会，我们就要努力下去。然而，当常识表明事情已经不会再有转机的时候，我们要保持冷静，不要再自找麻烦。

已故的哥伦比亚大学校长霍克斯生前曾告诉我，他写了一首打油诗，并将它当作座右铭：

　　人间疾病多，数也数不了。
　　有的可以救，有的治不好。
　　如果还有救，就该把药找。
　　要是没法治，干脆就忘了。

为了写作这本书，我曾访问过许多有名的英国商人，至今仍印象深刻的是，他们中的大多数人都能面对现实，接受那些不可避免的事实，因而他们的生活无忧无虑。否则他们就会承受不了过大的压力而垮掉。下面就是几个很好的例子：

全国连锁潘氏商店的创立者潘尼对我说："就算我赔光了全部的钱，我也不会为此忧虑，因为忧虑无法改变什么，我能够做的就是尽力做好工作，而结果就要看上帝的安排了。"

福特公司的创始人亨利·福特也说过："如果我遇到的事情，凭自己的能力无法解决，那么我就让它们自己解决。"

我向克莱斯勒公司的总经理凯勒先生询问避免忧虑的方法时，他的回答是："遇到棘手的问题时，如果能想到解决方法，我就去解决，如果想不到，那就干脆忘记这回事。我从不担心将来的事情，因为谁都不知道以后会发生什么，所以没有必要担心。"他的意思和19世纪以前的罗马哲学家依匹托泰德的话很相似："不要为无法达到的事情忧虑。"

莎拉·班哈特算得上是最懂得如何去适应那些无法避免的事情的女人了。50年以来，她一直都是四大州剧院里最受全世界观众喜爱的一位女演员。然而，在71岁那一年，她破产了，失去了所有的钱。而在她乘船横渡大西洋的时候，突然遇到了暴风雨，她摔在了甲板上，腿伤十分严重，染上了静脉炎、腿痉挛。她的医生告诉她，她的双腿必须被锯掉。班哈特在一阵沉默之后，平静地说："如果必须这样做，那就只好这样了。"

在被推进手术室的时候，她的儿子拉着她的手哭了。她摆了摆手，语气轻松地说："别离开，我很快就回来了。"

在去手术室的路上，她嘴里一直念着演出时的一句台词。有人问她是不是为了缓解压力才这么做的，她说："不是的，我只不过是想让医生和护士们放松一下，他们才是承受最大压力的人。"

恢复健康后的莎拉·班哈特又继续了她环游世界的旅程，这使得她的观众又疯狂迷恋了她7年。

人不可能有足够的感情和精力一边抗拒无法避免的现实，一边创造新生活。只能在两者之间选一个，要么低下头，要么抵抗而被摧残。

我的农场位于密苏里州，在那里，我种植了很多树木，它们长得很快。后来，一场暴风雪将全部树枝都压上了厚厚的一层冰雪，然而枝条并没有在重压下弯下去，而是坚持挺立着，最终被折断了，失去生机。它们没有北方的树木那么聪明，我去过加拿大很多次，那里有长达几百英里的常青树林，它们知道怎样弯下枝条，适应重压，所以，我从来没有在那里发现哪棵柏树或松树被冰雪压断。

日本的柔道老师教导学生们时常说："要像柳条那样柔韧，不要像橡树那样坚挺。"

为什么汽车的轮胎能够承受颠簸，长时间在路上奔跑呢？一开始，汽车制造商想制造出能够抵抗路面冲击力的轮胎，结果却造成了轮胎的破裂。他们换了一个角度，制造出一种能够承受路面冲击力的轮胎，这样的轮胎才是耐压耐用的。我们的人生也是如此，如果我们能够顺应坎坷的人生之路上所有的冲击力和颠簸，我们就能够更长远更自如地走过人生的旅途。

面对人生中的冲击力，如果我们不去顺应而是抗拒，退缩到自己幻想的世界里，那么会产生什么样的后果呢？答案很简单，我们只会被搞得心力交瘁，变得忧虑、紧张、烦躁，甚至走向崩溃。

战争时期，心怀恐惧的士兵们只有两条路可走：接受那些无法避免的现实，或者在压力下崩溃。下面这个故事，是威廉·凯西鲁斯在纽约成人教育班上讲的：

> 在加入海岸防卫队后不久，我就被派到大西洋附近做管理炸药库的工作。以前，我不过是个卖饼干的杂货店店员，而今却成了管理炸药的人，一想到要站在上万吨炸药上面，我就觉得半边神经都僵住了。我接受了两天的训练，学到了让我内心更加恐惧的东西，第一次执行任务的情景，我永远也不会忘记。
>
> 那天又黑又冷，还下着雾，我奉命到新泽西州的卡文角露码头，负责船上第五号舱的装卸工作。和我一起工作的5个码头工人虽然身体强壮，但是却对炸药一无所知。他们把重2000—4000磅的炸弹装卸

到船上，每个炸弹都能够把那只旧船炸得粉碎。炸弹被我们用两条铁索吊在船上，如果万一有一条铁索滑了或是断了，后果不堪设想，我恐惧到了极点，全身打颤，嘴里发干，脚下软软的，能听见自己的心跳声。可是，我不能就这样跑开，因为这样就算是逃亡了，不但是我，连我的父母也会因此丢脸。而且也有可能我会因为逃亡而被枪毙。我不能逃跑，只能留在那里。我看着那些工人漫不经心地把炸弹搬来搬去，心里想着随时可能会死掉。就这样，过去了一个小时，我开始用普通常识劝说自己："听着，你就算被炸死了又能怎样？反正也不会有感觉了，而且这样死倒是很痛快，比得癌症好多了。别做傻瓜，你不可能一直活着，这些工作逃避不了，所以还不如干得轻松一些。"

就这样，我劝了自己几个小时，然后觉得放松了些，我最终克服了忧虑和恐惧，接受了无法避免的情况。

我永远也无法忘记这段经历。而今，每当一些不可避免的事情让我忧虑的时候，我就摇摇头说："忘掉吧。"

历史上最著名的死亡场景，除了耶稣被钉死在十字架上外，要算苏格拉底饮毒酒身亡了。虽然经过了千秋万代，人们依然会捧读柏拉图的不朽作品，因为那是所有文学作品中最为凄美动人的篇章：古雅典城内有一小撮人嫉妒赤足行走的苏格拉底，他们指控他，使他受审并被判处死刑。当同情他的狱卒将一杯毒酒递给他时，说道："请畅饮这杯毒酒吧！它是一定要喝的。"苏格拉底欣然遵命，在死亡面前，他镇静、顺从，他的禀性丝毫没有改变。

"面对这必须喝下的毒酒，请举杯畅饮吧！"这句话是公元前399年说的。现在，在这个忧患重重的世界，我们比以往任何时候都更需要这句名言。

为了找到排解忧虑的良药，我翻阅了所有搜集到的书籍和报刊上的相关文章。大家一定很想知道我从中发现了什么排解忧虑的好办法吧。这只是短短几句的忠告，请务必将它贴在卫生间的镜子上，在你洗脸时，就能顺手把心中的忧愁洗去。美国牧师尼布尔博士写下了这几句无价的祈祷词：

祈求上帝赐予我心境的安宁，
使我能够接受那无法更改的诸事；

并给我无尽的勇气，
让我去改变那能够更改的诸事；
再赐予我足够的智慧，
去分清这两者之间的细微差别。

生活得是否快乐，完全取决于人对世间一切的看法。因为思想造就了生活。

几年前，我参加了一个广播节目，他们问我："你曾经学过最重要的一课是什么？"

这很容易回答，对于我来说，最重要的一课是思想的重要性。如果想知道你是怎样的一个人，只需要知道你在想些什么。思想创造出了每个人的特性。我们的心理状态决定了我们的命运。

现在，我清楚地知道我们必须面对的最重要的问题，也算得上是我们需要应对的唯一问题，就是怎样选择正确的思想。如果我们能够选择正确的思想，所有问题都可以迎刃而解。曾经统治罗马帝国的伟大哲学家马可·奥勒留皇帝总结出一句能够决定你命运的话："思想决定了生活。"

如果我们总是想悲伤的事情，我们就会悲伤；如果我们总是想着可怕的事情，我们就会恐惧；如果我们总是有不好的念头，我们就无法安心；如果我们总是担心失败，我们就会失败；如果我们总是自怜，所有人最终都会避开我们。

那么，我们是不是要以乐天的态度去面对所有困难呢？不，生活是很复杂的。但是我希望大家都用正面而不是反面的态度面对生活。也就是说，我们对于自己的问题必须重视，但不是忧虑。重视和忧虑有什么区别呢？我说得再清楚一些，每当我在拥挤的纽约市的街道间穿行的时候，我都会对眼下的这件事很重视，但我并不会忧虑。关心问题就是要了解问题的所在，然后再找到方法去解决，而忧虑只能让人发疯一般在原地打转。

所以，消除忧虑习惯的第九项原则是：

勇于面对现实。

第十章 让忧虑到此为止

有人想知道怎样才能在华尔街赚到钱吗？当然，那是无数人的追求。如果我真的能在这里告诉你答案，那么这本书的定价就应该是一万美元了。

但是我可以给大家介绍很多成功操盘手经常使用的一种有效的方法。投资顾问查尔斯·罗伯茨给我讲述了他使用这个方法的经过：

> 当初，我从得克萨斯州来到纽约时，朋友托付给我2万美元，让我用来买股票。我在股票投资方面很有自信，然而我这次却赔了个精光，大大出乎我的意料。在那期间，虽然有几次我赚到了钱，但是最终还是把所有钱都赔光了。
>
> 如果我是用自己的钱投资的，赔了也就赔了，但是那些钱都是朋友的，虽然这点钱他们并不在乎，可是我却满心愧疚。我觉得没有脸再去见那些朋友，然而让我吃惊的是，他们对此毫不介意，不但没有难过，还对未来抱有乐观的态度。
>
> 我开始认真反省自己，分析失败的原因。于是，我去结识了一位非常成功的股票分析专家波顿·卡瑟斯，我相信自己可以从他那里学到包括他成功经验在内的很多有用的知识。但我也知道，他能够取得成功，绝不是仅仅依靠机会和运气的。
>
> 首先，他向我提了几个问题，问我以前的投资策略，然后，他告诉我一个非常重要的股票交易原则："每次我在市场买一只股票，都要设定一个底线，到达这个底线，就要停止，不能再赔下去，比如，假如我买了一只50美元的股票，那么我设定的不能再赔的底线就是45

美元,换句话说,如果股票价格开始下跌,最晚在跌到45美元时就必须卖出去,这样,我的损失就仅仅是5美元,而不是更多了。"

"如果你投资时候眼光足够好,"波顿·卡瑟斯继续说,"平均每股你可能赚到10美元、25美元,甚至是50美元。所以,你的损失永远都不会超过5美元。即便你买的股票有半数的时间都在下跌,然而你最终还是赚了很多钱。"

从那以后,这种方法为我和我的顾客收入了上千万美元。

没多久,我就发现这个"设定底线"的方法同样适用于其他方面。除了理财投资,生活中的各种忧虑和仇恨,我都为自己设定了底线,获得了奇妙的结果。

比如,我的一个朋友很不守时,每次约好共进午餐,我都要在餐厅里等上半个小时,有一次,我终于提醒他,以后我将以10分钟为底线,如果他迟到的时间超过10分钟,我就会离开。

这么多年以来,为什么我从来都不知道这种"设定底线"的方法呢?我早就应该用它来锻炼我的耐心、性情,提升自我认识了,而且,还能够用它来消除我的烦恼和精神压力。为什么我以前没有想过要克制那些会扰乱我内心平静的情况呢?为什么以前我没有告诉自己:"这件事情没什么可怕的,至少没有必要为此这么操心。"

但是,回头想想,还是曾经有一件让我满意的事情,而且当时的情况很严重,是我有生以来遇到的一次重大危机,那个时候,我不得不眼看着我的梦想、计划以及多年来的努力都要白费了。事情是这样的:

那个时候我30岁,希望能够一辈子以写小说为职业,打算做第二个弗兰克·瑞斯洛、杰克·伦敦或是哈代。那时,我的心里满是梦想,第一次世界大战刚刚结束的那段日子里,我在欧洲生活了两年,当时的生活费用非常低廉。那两年里我始终在写作,撰写了一部名为"大风雪"的书稿,这个书名取得十分贴切,就如同所有出版商对它的态度一样。经纪人对我说,这部作品没有一点价值,甚至对我的写作天赋和才能表示怀疑,这让我十分绝望。走出他的办公室时,我觉得整个人都麻木了，这个时候，就算有人用榔头敲我的脑袋，我大概也不会有什么反应。我发现自己走到了人生的岔路口，该到做出选择的时候了。我该走向哪里？几周后，我才逐渐清醒过来，那个时候，我还不知道"为忧虑'设定底线'"的方法，然而现在回忆起来，正是这样的方法让我摆脱了困境。我把埋头写作的两年当作宝贵的人生体验，然后继续前进，重新选择道路，开始了组织和开办成人教育班的工作，一有时间就写一些传记和非小说类的书稿。

我是否应该为自己叫好呢？而今，每当回忆起这件事，我就自豪得想跳舞，可以坦白地说，从那以后，我再也没有为无法成为哈代第二懊恼过一分钟。

100年前的某个夜晚，一只乌鸦叫着从瓦尔登湖畔的树林穿过，这时，梭罗正在用鹅毛笔蘸着墨水写着日记："无论是现在，还是将来的事物，都是我们用生命换来的。"

换句话说，在生活中，如果我们为了某些事情付出了太多的代价，那么我们在这些事情上再忧虑无异于傻瓜。吉尔伯特和沙利文的悲哀之处正在于此：他们知道如何令其创作的词曲充满快乐，却不知道自己在现实生活中该如何寻找快乐。他们创作了很多为世人所传颂的轻歌剧，却无法控制他们自身的情绪。他们只因为一张地毯的价钱，就仇视对方多年。沙利文曾经为剧院购买了一张新地毯，吉尔伯特看到账单时大为恼火，甚至到法院起诉此事，从此两个人再也没有来往。当沙利文作完新歌剧的曲子后，就把它寄给吉尔伯特，等他填完词后再寄回来。有一次，两人不得不同时上台谢幕，就分别站在舞台两侧，为避免看到对方，连鞠躬也向着不同的方向。

他们不像林肯，把仇恨打上"到此为止"的限度。在南北战争时期，林肯对攻击他政敌的几位朋友说："也许是我很迟钝，在这种私人恩怨上，我反而不如你们感觉到的多。但我从来都认为，一个人用半生时间与他人争执，这样做很不值得。如果那个人不再向我挑衅，我就会当作什么也没发生过。"

我多么希望我的爱迪丝婶婶也能拥有林肯那样的胸怀。

爱迪丝婶婶与弗兰克叔叔生活在一栋贷款抵押出去的农场里，那里的土壤以及灌溉条件都很差，所以收成也不好。他们的生活很艰难，日子过得十分节俭，屋子里空荡荡的，爱迪丝婶婶很想买窗帘和一些小饰物来装饰一下，于是向密苏里州马利维里杂货店赊购了一些。弗兰克叔叔很爱面子，不愿意有债务，所以，他私下对店老板说，不要再把东西赊给他的妻子。婶婶知道这件事后大发脾气。现在，这件事已经过去50年了，她还是对此念念不忘，她曾经对我上百次提起过这件事。我最后一次去看望她的时候，她已经快80岁了，我对她说："爱迪丝婶婶，弗兰克叔叔给您带来了羞辱，这肯定是他的不对。但是这个事情已经过去50年了，这50年来您一直都对此埋怨，比起他给您带来的伤害，您给自己的伤害不是更大吗？"

富兰克林7岁的时候，曾经犯下了一个让他70年来都无法忘记的小错误。

那时，他在玩具店里看到一只哨子，非常喜欢，没有砍价，就买下了哨子，并且为此花光了他全部的零花钱。"然后，我高高兴兴地跑回家，"70年后他在信中对朋友说，"在屋子里走来走去，吹着哨子，非常得意。"然而，当他的哥哥姐姐得知他买哨子多花了很多钱后，都嘲笑他。后来他说："当时我哭个不停，心里非常懊恼。"

很多年过去了，富兰克林成了美国驻法国的大使，他的名字全世界人都知道。然而这么一件小事，他依然挂念着，那只哨子给他带来的快乐远远不及他给自己带来的痛苦。

后来，富兰克林从这件事中获益极大："长大以后，我开始观察身边的人时，发现许多人都在他们的'哨子'上花费了过多的代价。也就是说，人类对事物价值的错误判断造成了太多的悲剧。"

吉尔伯特与沙利文在他们的"哨子"身上付出了巨款，我的爱迪丝婶婶也是如此，很多时候，我自己也无法避免这样的事情。还有写出了两部伟大的小说《战争与和平》和《安娜·卡列尼娜》的作家托尔斯泰。根据《大英百科全书》记载，托尔斯泰在他去世前的20年里，被人们认为是世界上最伟大的人。这期间，不断有崇拜者到他家拜访，只是希望能够见他一面，即便只是听到他的声音，摸摸他的衣角也好。他随口说出的话，和不经意间的动作，都会被人们记录下来，称为"神的启示"。然而，一直到他70高龄的时候，在日常生活方面，他还没有7岁的富兰克林聪明，甚至可以称得上愚蠢。我为什么有胆量这样说呢？

托尔斯泰和他非常爱慕的姑娘结了婚，当时，他们的日子过得非常幸福，他们经常跪着向上帝祈祷，希望能够永远这样幸福地走下去。但是，托尔斯泰的妻子是个天性喜欢嫉妒的女人，经常乔装成村妇去跟踪她的丈夫，甚至会跟到森林深处。因为这样的事情，他们争吵过很多次。她甚至连自己的亲生女儿都嫉妒，曾经用枪把女儿的画像打了一个洞。她发脾气的时候样子很可怕，满地打滚或是将整瓶的鸦片倒进嘴里，说要自杀，他们的孩子吓得躲在墙角哭。

对于这样的事情，如果托尔斯泰只是暴躁地把家具打烂倒是可以理解，然而他做的事情实在太糟糕了，他写了一本秘密日记，在日记中发泄对妻子的不满，把过错都推到妻子身上，让后代原谅自己。然而他的妻子又是怎样做的呢？她把日记抢来撕碎，扔到火炉里烧成灰，然后也写了一本回击丈夫的日记，把全部错误推到了托尔斯泰身上，甚至撰写了一本名为"谁之错"的小说。在小说中，她把丈夫描写成一个破坏家庭幸福的人，而自己则是一个受苦受难的女人。

一个幸福的家庭，是怎样被这对夫妻变成了托尔斯泰所说的"疯人院"的呢？其中一个原因就是他们太看重别人的意见，他们最担心的就是别人会怎么想。我们会真的在意他们谁对谁错吗？当然不，我们真正在意的都是自己的问题，才不会愿意在托尔斯泰的家务事上耽误自己的时间，而这对无聊的夫妻却为自己的"哨子"付出了这么大的代价，花费了50年，把他们美好的家庭变成了可怕的地狱。

他们谁都没有说过"到此为止吧"，他们也都没有计算过这样下去对他们有什么损失，说一句："马上停止吧，不要让我们的人生浪费了，让我们到此为止吧。"

所以，消除忧虑习惯的第十项原则是：

让忧虑到此为止。

因此，不管何时何地，当我们的生活中出现不利的情况时，在为此付出巨大代价之前，先问自己这么几个问题：

1. 我遇到的问题和我有多大关系，我值得为此这么担忧吗？
2. 我怎样在这件事情上设个底线，然后将它忘掉？
3. 这只"哨子"究竟值多少钱，我是不是已经多付了钱？

第十一章　不为过去的事忧虑

每当我写作的时候，抬起头来，就能看见花园里堆着的有恐龙足迹的化石。这些恐龙足迹化石是我从耶鲁大学的皮博迪博物馆买来的，还另附了一份说明书，上面说这些足迹产生于1亿8千万年前的远古时代。当然，即便是最愚蠢的人，也不会想回到1亿8千万年前去改变这些足迹。同样，我们也不能愚蠢到要去改变那些无法改变的现实，去自找烦恼，但是却有不少人会去做这样愚蠢的事情。就算是180秒前发生的事情，也已经是不可改变的历史。换句话说就是：我们可以努力改变180秒钟以前发生的事情带来的后果，但是我们没有办法改变当时的情况。冷静地分析错误的根源，并从中总结经验教训，然后彻底遗忘，这样才能使过去的错误给我们的人生真正带来建设性的影响。

我知道这是个很有效的方法，但是我是否勇敢、聪慧得能够一直这样坚持下去？在回答这个问题前，我先来给大家讲讲几年前我经历过的一件独特的事情吧。曾经有三十几万美元从我手中溜走，而我却没有收获一分钱。事情是这样的：

我创办了一个颇具规模的成人教育班，在很多城市设立了分部，我将很多钱投在了组织和宣传上，繁忙的授课让我没有时间也不愿意去过问财务，我也没有意识到需要聘请一位财务专家来替我理财。

一年后，我发现了一个令我震惊的事实：虽然我们每天都有巨额的收入，可是最终的收益却没有一分钱。发现这个问题后，我立即做了下面两件事。第一，我必须像科学家乔治·华盛顿·卡佛尔那样心情平静，即便是银行倒闭，损失了全部5万美元的积蓄，当别人问他是否很清楚自己的处境，他也只是淡然地说："是的，我听说过了。"然后继续做教师工作。而且他似乎已经把这件事情忘得一干二净了，再也没有说起过；第二，我应该认真地把犯下的错误分析一下，从中吸取教训。

然而这两件事实际上我一件都没做到，反而深深地陷入了忧虑和懊悔之中，接下来的几个月，我过得非常迷茫，睡不着觉，一下子消瘦了很多。我不但没能从上一次的大错中吸取教训，还继续犯下了许多小错。

承认自己的愚蠢的确是件丢脸的事情，但是我很早就意识到了，开导自己比开导20个人要难得多。

艾伦·桑德斯的家在纽约市布朗士区，他曾经受过保罗·布兰德威的教育。我也梦想在纽约的乔治·华盛顿高中上学，有机会去聆听保罗·布兰德威的教导。我曾听桑德斯先生说过，保罗·布兰德威博士是他的生理卫生课老师，他听过这位老师的他认为是最有价值的一课：

在我十几岁的时候，我就养成了一种习惯，总是为许多事情担心和忧虑。那时，我经常苦恼自己所犯过的错误，总会忧心忡忡地咬着自己的手指，有时在回忆自己做过的事情时，常常后悔，要是当初没这样做就好了；有时回想自己说过的话，要是能说得更漂亮就好了。每次考完试后，夜晚肯定入睡困难，担心自己考不理想。

有一天早上，科学实验室里聚集着我们全班同学，我看到在案头上放着由布兰德威博士拿来的一瓶牛奶。我们都静静地坐着，猜想着那瓶牛奶与布兰德威博士的这节生理课有什么关系。我们的目光紧随着保罗·布兰德威站起来的身子，突然看到那瓶牛奶被他打翻在水槽里。"不要为打翻的牛奶而伤心。"他马上大声说。

随后，我们按他的要求都走到水槽边，看到了那些四处流散的牛奶。他对我们说："看看吧，我希望你们一辈子都记住这件事，已经打翻了的牛奶都流散了，无论你怎么着急，一滴也捞不回来了。可是当初只要我小心一点，瓶子不会打翻，牛奶也就可以保住。然而现在我们已经无法挽回了，唯一能做到的事，就是完全忘掉它，做好你的下一件事。"

  在以后很长的时间里，布兰德威博士这次出人意料的表演，一直是我不能忘怀的事。后来，我学到的拉丁文和几何知识在脑中所剩无几，但这件事依然记忆犹新。事实上，在高中三年所学到的全部知识都无法和这次表演教给我的相比。它让我明白了：尽可能不要打翻牛奶，如果打翻了，就要把这个事情全部忘掉。

  可能有不少读者会觉得用这么多时间来讲这样一个老旧的道理太没意思了。我知道，这样的道理已经平常得可以说是人们的口头禅了。然而，这样的道理却是人们在生活中积累下的智慧结晶，是世代流传下来的人生经验。如果你有空读读历代伟大学者编写的关于忧虑的书籍，就会发现，没有什么格言比"不要为打翻的牛奶而伤心"有更加深刻的内涵了。如果我们不小看它，而是按照它去做，我们就没有必要看这本书了。如果不按照它去做，知识就很难形成价值了。

  本书提供给你的都是那些你已经明白的道理，并没有什么新的观点，希望你能在生活中合理地运用那些道理。

  已故的佛雷德·福勒·夏德是我非常敬佩的一个人，他能够将古老的哲理用新奇生动的方式阐述出来。他曾经在一家报社担任编辑。在一次演讲中，他问大家："谁曾经锯过木头，请举手！"在座的大部分人都把手举了起来，然后他继续问："那么，有谁曾经锯过木屑？"这一次，没有一个人举手。

  "没错，没有人会去锯木屑，"夏德先生说，"因为木屑是已经被锯过了的。过去了的事也是这样，如果你为那些过去了的事情而忧心，那无异于在锯木屑。"

  有一次感恩节，我和杰克·戴普西共进晚餐。我们一边吃一边聊天，他告诉我，在重量级拳王争霸赛中，当他输给希尼时，自尊心受到了严重的打击。他说：

  在比赛中，我突然意识到自己支撑不下去了，第十回合结束时，我除了勉强站着，做不了任何事，我的脸肿得厉害，浑身都受了伤，两只眼睛几乎睁不开了，裁判举起吉恩·希尼的手，宣布他胜利了。我失去了世界拳王的头衔，我冒雨从拥挤的人群中穿过，走向更衣室时，有些人想和我握手，有些人眼含热泪。

一年后，我和希尼又进行了一次比赛，我又输了，我的拳击生涯就这样结束了。我不可能完全忘掉这件事，但我告诉自己："不要总是为这件事难过，虽然对我来说，这是个打击，但我永远都不会被它打倒。"

杰克·戴普西说到做到。他并没有总是对自己说："不要再为这件事烦恼了！"如果这样，只会让自己更加沉浸于往事中。他接受了现实，把一切失败都忘记了，然后全身心投入到未来的计划中。他在百老汇开了一家杰克·戴普西餐厅，还在第57大街开了一家旅馆。他举办拳击比赛，还安排了拳击展览会，他让自己忙碌起来，没有时间为过去的事情烦恼了。杰克·戴普西说："我在这10年里的生活，比当世界拳王时还要充实很多。"

戴普西先生读过的书没有多少，但是在无意间，他却按照莎士比亚的忠告做了——智慧的人永远不因失败而悲叹，他会轻松地寻找减轻损失的方法。

在阅读了大量的历史和传记书籍后，我发现许多人虽然身处逆境，却能克服人生的苦难与内心的痛苦。他们能够坦然遗忘不幸，继续过着快乐的生活，这让我十分敬佩。

一次，我去探访星星监狱，发现那里的大多数囚犯看上去都比较快乐，无异于外面的人，这令我感到意外。当与监狱长刘易斯·路易士见面时，我向他提到此事，他说："初来星星监狱的罪犯，都脾气暴躁，满怀仇恨。但过了几个月，面对坐牢这个事实，大多数人都能保持比较理智的态度，接受它而变得平静，并尽量做些让自己开心的事。监狱里有个主动承担园艺工作的犯人，他一边在监狱围墙里种花种菜，一边唱着歌。"

不管怎样，就算你把全部精力都用掉了，也绝对不可能改变过去的事实。

所以，消除忧虑习惯的第十一项原则是：

不为过去的事忧虑。

第七篇
如何让自己平安快乐

第一章 憧憬生活的美好

我们内在的精神对我们的身体和力量，有令人难以置信的影响。著名的英国心理学家哈德菲，在他那本只有54页的很了不起的小册子《力量心理学》里，对这个观点有让人惊讶的阐释。"我请来三个人，"他在书中写道，"以便试验心理受生理的影响。我们以握力器来测量。"他要他们在三种不同的情况下，尽全力抓紧握力器。

在这三个人很清醒的状态下，他们平均的握力是约101磅。做第2次实验时，哈德菲将他们催眠，并暗示说现在他们的身体非常虚弱。这次实验结果显示，他们的握力仅有29磅，还不到他们正常力量的三分之一。接着，哈德菲再让这3个人做第3次的实验：在催眠他们之后，告诉他们说他们现在很强壮，结果他们的握力平均达到142磅。当这3个人在认定自己有力量之后，他们的力量增加到了我们难以置信的程度。为了说明精神的魔力，我要告诉你发生在美国内战期间的一个最奇特故事。这个故事足够写一本大书，不过我们还是长话短说吧。

众所周知，基督教信心疗法的创始人是玛丽·贝克·艾迪。那时在她看来，生命中只有疾病、愁苦和不幸。她的第一任丈夫在婚后不久去世，第二任丈夫与一位已婚妇人私奔，她后来才得知，他死在贫民收容所里。她贫病交加，她仅有的一个儿子，在4岁时被她送给了别人。在长达31年之久的日子里，她都不知道儿子的下落。

玛丽·贝克·艾迪的身体健康状况不佳，因此她一直对所谓"信心治疗法"抱有极大的兴趣。在她的生命中发生戏剧性变化的转折点就是在麻省的理安市经历的一件事。在一个寒冷的日子里，她在这座城里的一条街上正行走的时候，突然被一样东西滑倒,摔倒在结冰的路面上,马上就昏了过去。当她被送到医院时,医生看到她的脊椎受到了严重的伤害,并且在不停地痉挛,医生断言她活不了多久。即使出现奇迹,她也绝对无法再行走了。

艾迪躺在一张好似送终的床上,当她打开一本书时,看到里面有这样的句子:"一个瘫子被别人用担架抬着来到了耶稣的跟前,耶稣对瘫子说:'小子,起来,拿着你的褥子回家去吧。放心吧,你的罪赦了。'那人就站起来,回家去了。"

她看完耶稣的这几句话,心中产生了一种力量,那种力量使她"立刻下了床,开始行走"。

艾迪太太所经历的这些,她形象地描述说:"就像那个苹果能够引发牛顿的灵感一样,我明白了自己好起来的原因后,同样也能够帮助别人做到这一点。我可以自信地说,一切都在于你的思想,而心理现象能够影响一切。"

也许你会说:"这个人只不过是在为基督教信心治疗法做宣传。"你错了,我并非这个教派的信徒。然而我活的时间越长,就越相信思想产生的力量。在从事了35年的成人教育后,我了解到无论男人还是女人,都有消除忧虑、恐惧以及多种疾病的能力,想要改变生活,只需要改变自己的想法。

可以通过这样一个例证,说明思想带来令人难以置信的转变,由此可以证明思想的力量。我有一个学生,他的精神曾经崩溃,起因就是忧虑。他告诉我:"我对任何事都发愁——我太瘦了;我感觉我在脱发;我怕永远不能娶妻,因为我没办法赚够钱;我认为自己永远做不成一个好父亲;我怕失去我喜欢的那个女孩子;我觉得现在的日子过得不好;我很担心给别人留下不好的印象……我很担忧,觉得自己得了胃溃疡,无法再工作下去。辞职后,我心里更加紧张,像一个锅炉丢了安全阀——压力终于到了无法忍受的程度,结果出事了。"

如果你从未经历过精神崩溃的话,那么愿上帝永远也不要让你有这种体验,因为精神上那种极度的痛苦能超过任何一种痛苦。他又对我说:"我精神崩溃的严重程度,甚至到了无法与家人交谈。我无法控制自己的思想,内心充满恐惧,只要听到一点声音,我就会跳起来。我不见任何人,经常无缘无故地痛哭。每天生活在痛苦中,觉得自己被所有人抛弃了,甚至也被上帝抛弃了,我真想跳河结束一切。但后来我打算到佛罗里达州旅行,希望通过换个环境调整自己的心态。上火车后,父亲交给我一封信,他嘱咐我,等到了佛罗里达之后再打开看。到佛罗里达的时候正值旅游旺季,因为饭店订不到房间,我就在一家汽车旅馆里租了一个房间住下来。我想在迈阿密一艘不定期的货船上找份工作,但没成功,于是把时间都消磨在海滩上。没想到,在佛罗里达的日子比在家更难过。这时我拆开那封信,打算看看父亲到底写了些什么。信上这样写道:'儿子,虽然你现在离家1500英里,但你并未感到和家里有什么不同,对吗?我相信你不会觉得有什么不一样,原因就在于你还带着你所有烦恼的根源——也就是你自己。你的身体和精神,都没有任何毛病。伤害你的并不是环境,而是你对各种情况的想象。总之,一个人心里怎么想,就会变成什么样。了解到这点,儿子,那就回家吧,因为那样你很快就能好起来。'看了父亲的信,我非常生气,我需要同情,而不是训斥。我气得永远不想回家了。那天晚上,我从迈阿密的一条小街上经过,看到一间正在举行礼拜的教堂,因为没有别的地方可去,我就进去听讲道。讲题是'能征服精神者,胜过攻城略地'。我坐在殿堂里,听到了与我父亲平日对我所说的同样的想法。我这才开始十分清楚而富有理智地去思考,这时才发现自己是个十足的傻瓜。把自己想明白了,真正认清了自己,实在是令我震惊,我常常幻想着去改变世界和所有的人——而真正需要改变的只有我自己,这就是我大脑中镜头的焦点。

"转天清早,我就启程回家了。一周后,我又回去干我的老本行。4个月以后,我娶了那个女孩,过去我一直怕失去她。现在,我们拥有非常幸福的家庭,有了5个子女,在物质和精神方面,上帝都很善待我。我曾是一个部门的小主管,手下只有18个人,如今我是一家纸箱厂的厂长,管理着四百五十多名员工。现在我的生活比以前更加充实、更加友善。我深信,现在的我能了解生命真正的价值了。每当我感到不安的时候,就会对自己说,要把大脑中的摄影机的焦距调好,一切就都好了。

"坦诚地说,我十分感谢曾经有过那次精神崩溃的经验。因为它让我懂得,思想对身心的控制力有多么神奇,从那时起,我才学会了让我的思想为我所用,而不是有损于我。我现在才明白父亲是对的。是我对各种情况的看法导致了我的身心痛苦,而不是外在的情况。当我看透了这一点,我的身体就完全好了,而且不再生病。"

上边就是那个学生的经验。

我坚信我们内心的平静和我们从生活中得到的快乐，并不在于我们在哪、我们拥有什么，或我们是谁，而只在于我们的心境，这与外在条件没有多大关系。200年前，密尔顿在双目失明后，也发现了同样的真理：精神的运用和精神本身，就能把地狱改造成天堂，把天堂变成地狱。

拿破仑和海伦·凯勒就是密尔顿这句话的最好例证。拿破仑拥有普通人一生所追求的一切荣耀、权力、财富，可他却对圣海莲娜说："我这一生从没有过快乐的日子。"而海伦·凯勒又瞎、又聋、又哑，却表示："我发现生命原来是这么美好！"

如果说半个世纪的生活曾让我学到什么的话，那就是：除了你自己，没有任何东西可以带给你平静。我只是想再重复一次爱默生在他那篇叫作《自信》的散文里说的话："一次政治上的胜利，一次经济收入的增加，一次身体的康复，或久别好友的归来，或什么其他纯粹外在的事物，都能提高你的兴趣，让你觉得眼前有那么多的好日子。但是，请不要相信它，事实并非如此。因为除了你自己以外，再没有别的什么能带给你内心的安宁。"

依匹克特修斯，这位伟大的斯多葛派哲学家，曾在19个世纪之前警告我们说："我们应该尽力消除在思想中的错误想法，这比割除'身体上的肿瘤和脓疮'还重要。"他的这句话，在现代医学中能找到理论上的依据。坎贝·罗宾博士说，在约翰·霍普金斯医院中有80%的病人的疾病是由于情绪紧张和精神压力所致，甚至有些生理器官的病例也是如此。他说，"归根结底，生活和工作中的各种问题无法协调，是出现这种现状的根源。"

当我们被各种各样的烦恼所困扰时，整个人的精神是十分紧张的，我可以大胆地告诉你，可以凭借自己的意志力改变你的心境。我还要提示你如何做到这一点，这可能要花一点力气，但秘诀很简单。

威廉·詹姆斯是实用心理学的权威，我用他曾经说过的话，告诉你如何去做。"如果你感到不愉快，那么唯一能让自己愉快的方法，就是振奋精神，使自己的行动和言辞好像已经感觉到快乐的样子。"

这种办法是否有用呢？你试试看。让你的脸上露出开心的笑容，先深呼吸一下，再挺起胸膛，然后唱一小段歌，若不会唱，就吹口哨或哼一段歌。你的行为能够显出快乐的样子，也就不再忧虑和颓丧了，此时你就体会到威廉·詹姆斯所说的话的意思了。

如果在生活中找到快乐，就会使我们的言行出现奇迹，这是大自然的基本真理之一。我曾认识一位女士，她住在加利福尼亚州，倘若她懂得这个真理的话，她就能够在一天之内把自己所有的哀愁完全忘记。她是一位年老的寡妇，她为此感到很悲伤，但她有没有尝试过让自己快乐的方法呢？她虽然在嘴上总是说："呵，我还好。"但她的脸色和声音让人有无病呻吟的感觉，让人感到她的内心总是在说："天啊，要是让你遇到我所经历的烦恼，你就能理解我了。"她认为天底下所有女人的情况都不如自己糟糕，假如你高兴地站在她的面前，也会让她烦。她的丈夫给她留下一笔保险金，足以使她维持生计，她的子女都已成家，有能力奉养她，可很少见到她笑过。她一直抱怨她的3个女婿既自私又差劲，虽然她经常到她的女儿家里去居住，有时一待就是好几个月，但是她还是抱怨说，她的女儿不给她买礼物。这位老妇人对她自己的钱看管得非常紧，她总是"替未来打算"。她让自己成了一个令人讨厌的家伙，这一点对她和她的家人都是不幸的。然而，她能够改变自己，把自己从一个愁苦、挑剔、不快乐的老女人变成让家人尊敬和喜爱的老人。这主要取决于她自己的意愿。首先，她得有迫切要求转变的心意；其次，她要每天高兴地活着；第三，就是将自己的一点点爱给予别人，而不是只专注于自己的不快和不幸。

我认识一位名叫英格莱特的人。他还活着，就是因为他发现了这个快乐的真理。在10年前，英格莱特患上了猩红热，而康复以后，他又得了肾脏病。他四处求医，甚至去找过巫婆，都没有治好他的病。

最近，他又并发高血压症。医生面对已高达214的血压，对他宣布已经没有办法救治了，回去马上料理后事吧。

他告诉我：

我回到家里，首先清查一下我所有的保险金是否都已经付过了，然后向上帝忏悔我以前所犯过的各种过错，最后我非常难过地坐下来默默思考。我的所作所为令家人非常难过，我自己更是深深地埋在颓丧的情绪里。然而，一周的自怜自艾之后，我警告自己："你真是个傻瓜。一年之内可能你都不会死掉，那么，就这个样子生活吗？既然还活着，何不快快乐乐生活呢？"

我开始挺起胸膛，脸上常常挂着微笑，尝试着让自己表现出好像什么都没发生的样子。我不得不承认起初我那样去做是相当费力的，那时我只能强迫自己做出一副既开心又高兴的神态，我清楚这样做不仅有助于我的家人，也对自己有很大的帮助。

一段时间以后，我开始感觉情况出现了变化，觉得自己好多了，如同我装出来的一样好。这种改进在不断继续下去，如今我不仅很快乐、很健康，活得好好的，而且血压也降下来了。按医生的话，现在的我早已经躺在坟墓里几个月了。我可以肯定地说：假如我从那时起总是去想会死、会垮掉的话，那位医生的预言就会实现。然而，我给自己的身体一个恢复的机会，只有改变自己的心情，才有今天的我的存在，一切别的都是没有用的。

让自己的每一天都觉得开心、充满信心和勇气，用健康的思想拯救一个人的生命。那么你我还会为那些小小的失意和颓丧而难过吗？只要自己是乐观的，就能够创造出快乐来，所以何必让自己和身边的人难过呢？

我在多年前曾看过一本小书，它长久地影响了我的生活。"人的思想"是这部书的名字，作者是詹姆士·艾伦，以下一段是从书中摘录的：

> 当一个人改变了对事物和别人的看法时，他会发现事物和他人对他也发生了改变。若有人向着光明的方面进行思考，他会吃惊于那也极大地影响了自己的生活。人所向往的不会被吸引，他们拥有的却可能被吸引，只有我们自身才能改变气质。一个人思想的直接结果，就是他所能得到的。一个人只有从思想上奋发向上，才能有所成就。

若他赶不上自身的思想，就只能与愁苦为伴。有人说，上帝让人类来主宰整个世界，这真是一份大礼。可我对这种特权并无兴趣。我希望的是，能控制自己，控制自己的恐惧感，控制自己的内心和精神世界。就这点来说，我的成绩是惊人的。无论何时，我总在想，只要能控制住自己的行为，就能控制住自己的反应。将恐惧演变成奋斗，就能将内心的邪念变为自身的福祉。

让我们一起为快乐而努力吧，让我们拟定一个计划，让它每天都能产生快乐。我们将这个计划命名为"为了今天"。我觉得这个计划的效果将是显著的，于是便复印了几千份送给别人。这是已故的西贝儿·派屈吉在36年前所写的，如果能够照着他说的方法去做，我们将消除大部分的烦恼，大量地增加"生活中的快乐"。

1. 为了今天，我要非常快乐。林肯说："大部分的人只要下定决心都能非常快乐。"如果这句话是正确的，那么快乐就应该存在于内心，而不必向外界索取。

2. 为了今天，我应该去适应一切，而不必调整外界来迎合我的欲望。我要抱定这种态度来接受我的家庭、事业和运气。

3. 为了今天，我要爱护自己的身体。我要多运动，爱护并珍惜它，不伤害和忽视它，让它成为我成功的好伙伴。

4. 为了今天，我要完善自己的思想。要学以致用，决不胡思乱想。要看这样一些书，它们使你能更集中精神思考。

5. 为了今天，我要从两个方面来锻炼自己的灵魂：为别人做件好事，但不要告诉人家；再做两件自己并不想做的事，而这样做的目的，就像威廉·詹姆斯所说的，只是为了锻炼。

6. 为了今天，我要努力讨人欢喜，尽量修饰外表，衣着尽量得体，说话轻柔，举止优雅，对别人的毁誉毫不在意。对任何事都不计较，不干涉或教训别人。

7. 为了今天，我要尝试只考虑今天的过法，而不试图将一生的问题一次性解决。因为，尽管我能连续12个小时做某件事，但假设终生如此，我将非常恐惧。

8. 为了今天，我要制订一个计划。安排好每个钟点该做的事情。也许我不会完全照计划做，但制订计划还是必要的，这样做至少可以纠正两种缺点——过分仓促和犹豫不决。

9. 为了今天，我要留下半个小时，让自己安静、轻松一下。在这半个小时里，神会使我的生命更充满希望。

10. 为了今天，我要心无惧怕，追求快乐，要去欣赏一切美的事物，去爱，并且相信我爱的那些人，他们同样会爱我。

第二章　不要报复你的敌人

几年前的一个晚上，我旅行经过黄石公园。一个公园管理人员骑马过来，跟我们这群兴奋的游客谈论有关灰熊的事。他告诉我们，有一只大灰熊大概能够击倒除了水牛和另一种黑熊以外西方所有的动物。但那天晚上，他却观察到一只小动物，那只大灰熊不但让它自由地从森林里出来，并且在灯光下和它一起进食。那是一只臭鼬！大灰熊知道，自己可用一掌之力把这只臭鼬打昏，可它为什么不那样做？

因为已有的经验告诉它，这样做十分划不来。

我也认同这一点。当我还很小的时候，曾经在密苏里州的农庄抓过臭鼬，长大后，我在纽约的街上，也碰到过几个像臭鼬一样的人。我从这些不幸的经验教训里发现，无论招惹哪一种臭鼬，都是划不来的。

当我们仇视我们的敌人时，就等于赋予了他们取胜的力量。那力量能影响我们的睡眠、胃口、血压、健康以及快乐。如果我们的敌人知道他们如何令我们担心、苦恼，让我们一心想报复的话，他们一定会手舞足蹈。我们心中的恨意完全不能伤害到他们，却使我们的生活变得像地狱一般糟糕。

"要是自私的人想占你的便宜，就不要去理睬他们，更不要想去报复。当你想跟他扯平的时候，你伤害自己比伤到那家伙更多一点。"这段话出自一份由密尔沃基警察局所发出的通告上。报复怎么会伤害你自己呢？这伤害的程度远远超出你的想象。根据《生活》杂志的报道，报复甚至会损伤你的健康。"高血压患者主要的特征就是容易愤慨，"《生活》杂志说，"愤怒如果不能控制好，长期性的高血压和心脏病就会随之而来。"

现在你该体悟耶稣所谓"爱你的敌人"，不只是一种道德上的教化，还是宣扬一种20世纪的医学，他是在教我们怎样避免心脏病、高血压、胃溃疡和许多其他疾病。

最近，我的一个朋友患上了严重的心脏病，医生叫他每天在床上躺着，不管遇到什么事情，都不能发脾气。医生们都清楚，心脏有问题的人，一旦发脾气就可能丢了性命。几年前，华盛顿州史泼坎城的一个饭店老板就是死于发脾气。现在，我手里还有来自华盛顿州史泼坎城警察局局长杰瑞史瓦脱的信。信上写道："几年前，68岁的威廉·传坎伯在史泼坎城开了一家小饭店。他雇用的厨师非要用盛菜的碟子喝咖啡，威廉火冒三丈，结果心脏病突然发作，倒地而死。他的验尸报告上写着：'他的心脏病是由愤怒引起的。'"

如果我们的敌人得知我们对他的怨恨让我们精疲力竭、焦躁不宁、紧张不安，害得我们容颜憔悴并且患上心脏病，甚至可能使我们短命的话，他们是不是会称心如意呢？

我们做不到去爱我们的敌人，但至少要学会爱我们自己。让敌人难以控制我们的快乐、健康和外表。如莎士比亚所说："不要因为你的敌人而燃起一把怒火，烧伤你自己。"

耶稣基督曾说过，我应该原谅我们的仇人"七十个七次"，要知道他也在教我们怎样做生意。例如，我的面前有一封乔治·罗纳寄来的信，他居住在瑞典的艾普苏那。乔治·罗纳在维也纳做律师已经有许多年了，在第二次世界大战期间，他逃到了瑞典，当时他非常需要找份工作。他能说会写好几国的语言，所以希望能做一家进出口公司的秘书工作。他收到多家公司的回信，但都告诉他因为正在打仗，暂时不需要这一类的人，他们会把他的名字存在档案里。

其中有一封写给乔治·罗纳的信上说："你完全错误地理解我的生意了。你不仅傻而且又笨，我不用秘书替我写信。即使我需要，也不会请你，因为你连瑞典文都写不好，你的来信中错别字连篇。"

看完这封信，乔治·罗纳气得发疯。那个瑞典人还说他写不通瑞典文，他自己的信就错误百出。于是，乔治·罗纳也打算写一封回信，目的是激怒那个人，让他也大发脾气。冷静地思考一会儿后，他自言自语道："等会儿。他的这个说法是错的吗？我虽然学过瑞典文，但毕竟它不是我的母语，或许我确实犯了很多我并不知道的错误。假如是那样的话，我要得到一份工作，就必须再继续努力学习。虽然他的本意并非如此，但是他确实有可能帮我一个大忙。他用这么无礼的话表达他的观点，但是我依然可以从中受惠，所以应该写封感谢信给他。"

乔治·罗纳开始想写一封骂人的信，后来变成写一封感谢信。在信中他写道："你不怕麻烦能给我写信，我十分感谢，特别是在你根本不需要秘书时。关于我把贵公司的业务弄错的事，我感到十分抱歉。我通过别人的介绍才给你写信的，他们告诉我你是这一行业的领头人物，另外我还不知道我的信上有很多文法上的错误，我觉得很惭愧和难过。我会更加努力地去学习瑞典文，尽快改正我的错误，谢谢你能使我踏上改进的道路。"

没几天，乔治·罗纳又收到那个人的回信，邀请罗纳去看他。罗纳去拜访了那个人，并且在他的公司谋得了一份差事。乔治·罗纳由此得出，"消除怒气莫过于温和的回答"。

我们也许不能像圣人那样去爱我们的敌人，但是为了我们自己的健康和快乐，我们至少要原谅他们、忘掉他们，这种做法实在是很聪明。有一次，我问艾森豪威尔将军的儿子约翰，他父亲会不会一直怀恨别人。

"不会，"他回答，"我爸爸从来不浪费一分钟去想那些他不喜欢的人。"

纽约州前州长威廉·盖诺所用的策略就是这样。他曾被一家内幕小报抨击得一无是处，又被一个疯子打了一枪，险些送命。当他躺在医院里苦苦挣扎的时候，他说："在每天晚上，我都设法原谅所有的事情和每一个人。"他这样做是否太理想化、太轻松、太善良了呢？假如是这样的话，那就让我们来看看伟大的德国哲学家叔本华的理论，他是"悲观论"者，他把生命看作既毫无价值又痛苦的冒险。叔本华写道："假如可能的话，应该对任何人不怀有怨恨的心理。"

曾经做过六位总统（威尔逊、哈定、柯立芝、胡佛、罗斯福和杜鲁门）的顾问的伯纳·巴鲁，在回答我的问题"他是否因为受到敌人的攻击而难过"时，曾这样说过："我不受任何人的羞辱或者干扰。"他进一步说："我绝不让他们这样做。"

实际上，确实没有人能够羞辱或干扰你和我——除非我们让他这样做。

"棍子和石头也许会打断我的骨头，可是言语永远无法伤害我。"

我曾常站在加拿大杰斯帕国家公园里，仰望那座可能是最美的山。这座山用伊笛丝·卡薇尔的名字命名，以此纪念那位在1915年10月12日被德军枪毙的护士。她犯的是什么罪呢？因为她在比利时的家中收容和看护了很多受伤的法国、英国士兵，并协助他们逃到荷兰去。在 10 月 12 日的那天早上，一个英国教士走进她的牢房替她做临终祈祷时，伊笛丝·卡薇尔说了两句不朽的话："我知道仅仅爱国还不够，我一定不能对任何人怀有敌意和怨恨。"4 年之后，她的遗体被转放到英国，并且在西敏寺大教堂举行了隆重的安葬仪式。在伦敦住过的那年，我常常到国立肖像画廊对面去看伊笛丝·卡薇尔的那座雕像，同时默诵她临刑前不朽的名言：我知道仅仅爱国还不够，我一定不能对任何人怀有敌意和怨恨。

有一个能帮助我们原谅和忘记误解并错怪自己的人的有效方法，就是让自己去做一些完全超出我们能力的大事。这样，我们所遇到的侮辱和敌意就不那么重要了。

在 1918 年，密西西比州松树林里上演了一件极富戏剧性的事。劳伦斯·琼斯是当地的一个黑人讲师，几年前，我曾去看过他创办的一所学校，还应邀对全校学生作了一次演说。到今天这所学校在美国可算是妇孺皆知了，可是我要说的事情却发生在很早以前。在第一次世界大战时，人们的感情极易冲动，密西西比州中部就流传着一种谣言，说德国人正在教唆黑人起来叛变。劳伦斯·琼斯就是黑人，有人控告他激起族人的反叛，许多白人在教堂外面听见劳伦斯·琼斯对他的听众义正词严地说："生命，是一场战斗！每一个黑人都该穿上他的盔甲，以战斗来求生存和成功！""盔甲""战斗"，够了。这些白人趁夜色冲出去，纠集了一大群暴徒回到教堂，用一条绳子捆住了这个传教士，把他拖到一英里以外，放在一大堆干柴上面，迅速点着了火柴，准备一面对他施以火刑，一面把他吊死。正在这时，有一个人叫起来："在我们烧死他之前，让这个多嘴多舌的人说句话。说话啊！说话啊！"劳伦斯站在柴堆上，脖子上系着绳索，为他的生命和理想发表了最后一篇演说。

1900 年，劳伦斯·琼斯毕业于爱荷华大学，他的纯朴、善良、博学，以及他在音乐方面的才华，获得了所有老师和同学的喜爱。

毕业以后，他拒绝了一家旅馆提供的职位，也拒绝了一个有钱人资助他继续深造音乐的计划。这是为什么呢？因为他怀揣一个非常高远的理想。当他阅读布克·华盛顿传记时，就决心投身于教育事业，去教育那些因贫困而无法上学的人。于是，他一毕业就回到南方最贫瘠的地区，就是密西西比州灰克镇以南 25 英里的小地方，在那里把自己的手表当了 1.65 美元后，就以树枝为原料制成桌子，创建了他的露天学校。劳伦斯·琼斯告诉那些愤怒的、等着要烧死他的人他曾进行过的各种奋斗，他教育了那些没有上过学的黑人男孩和女孩，训练他们成为出色的农民、工匠、厨子、家庭主妇。他谈到有一些白人曾经帮助他建立这所学校，那些白人送给他土地、木材、猪、牛和钱，协助他的教育工作。

劳伦斯·琼斯后来被人问起，会不会恨那些把他拖出来准备吊死他的那些白人，能否专心地做一些超过自己能力的大事。"我没有时间去跟别人吵架。"当时劳伦斯·琼斯的态度非常诚恳，他没有为自己哀求。他说，他的父亲复诵着耶稣基督的那些话，那些只要人类怀揣理想就会一再重复的话："爱你们的敌人，善待恨你们的人；诅咒你的，要为他祝福；凌辱你的，要为他祷告。"他父亲做到了这些，也使自己的内心得到了贵族与君王都无法追求到的平静。

让自己平安快乐的第二大原则：

不要报复你的敌人。

第三章　付出不求回报

一位先哲曾说过："一个愤怒的人，是全身都有毒的人。"最近，我就遇到过一个满肚子怨气的人，我们刚一见面他就向我谈起那件事，虽然那事已过去了 11 个月，但他仍难消怒气。事情是这样的：圣诞节那天，他将一万美元作为奖金发给了自己公司里的 34 名员工，每个员工大约得到了 300 美元，可让他意想不到的是没有一个员工前来感谢他。他很生气地说："我非常后悔，我竟然给他们发了奖金。"

我很同情这位老板，但为他感到悲哀。他已经 60 岁了，根据人寿保险公司统计的数字来看，现在人均寿命是 74 岁左右，如果运气不错的话，他大约还有十四五年活着的时间。但不幸的是，他在自己所剩的宝贵时间里，浪费了近一年的时间来为过去的事愤愤不平，这着实让人同情。

我觉得他除了悔恨之外，还应当反省一下：为什么员工不感激他呢？是否是因为待遇太低、工作时间太长，或员工认为节日奖金是他们应得的报酬呢？或许他自己也是个苛刻、琐碎而不知感恩的人，所以员工都不敢也没必要感谢他。或许大家还认为，反正大部分工资都要缴税，还不如当成奖金发给大家算了。

不过，我们再来分析下他手下的员工，也许他们真的是自私、卑鄙、不懂礼节的人，可是，无论是什么原因，约翰逊博士说过："只有非常有教养的人才知感恩，你不可能随便就从一般人那里得到。"

在这里需要说明的是：指望别人感恩，就是犯下一个常识性的错误，因为你的确不知晓人性。如果你救了一个人的命，你会期待他感恩吗？也许你会。但著名的刑事律师塞缪尔·莱博维茨在他当法官后，曾让 78 名罪犯免去了上电椅的极刑。你猜想这些人中有几个会登门向他道谢，或至少寄张圣诞贺卡来表示感谢吗？

你应该可以猜对：没有一个人。

耶稣曾用一个下午的时间让 10 个瘫痪的人站立行走，但有谁会回来感谢他呢？只有一个。基督问他的门徒："其余 9 位呢？"他们连一句道谢的话都没说，就消失得无影无踪了！试想一下，像我们这样的凡夫俗子，就算给了别人一些小恩惠，又凭什么就奢望得到比耶稣得到的还多的感谢呢？

如果是和钱有关，那就根本不必奢望别人的感恩了！有一次，查尔斯·舒瓦特对我说，他曾帮助过一位挪用公款去炒股而赔得一塌糊涂的银行出纳，舒瓦特帮他弥补了亏空，避免了牢狱之灾。后来这位出纳感谢他了吗？的确，感谢过他一段时间，但没过多久，那人就跟舒瓦特反目。他完全忘记了，是因为舒瓦特的帮助才让自己免除牢狱之苦。

如果你送给你亲戚 100 万美元，他会不会非常感谢你呢？安德鲁·卡内基就曾送给他的亲戚 100 万美元，不过，要是安德鲁·卡内基能够复活的话，他一定会非常惊讶地发现，他的这位接受馈赠的亲戚正在恶毒地诅咒他！这是因为什么呢？因为卡内基将 3 亿多财产捐作慈善基金，而只赠送给他的亲戚 100 万美元。这就是人世间的事，这就是人性，你不要奢望这些会有什么改变。还不如坦然面对这个残酷的事实，就像那位最智慧的罗马帝王马可·奥勒留一样分析世事，他在日记中这么写道：

> 我天天遇到一些在背后说我坏话、心胸狭窄、自私自利、忘恩负义的卑鄙小人。我没有必要为此小题大做或为之忧虑，因为我现在还找不到一个没有这些人存在的世界。

马可·奥勒留说的话不是很有道理吗？我们每天都在埋怨他人不会感恩，这到底是谁的过错呢？这就是人性。别指望别人对你知恩图报，如果有时获得他人的感谢，那是生活给我们的一份惊喜。如果没有的话，也不必后悔、难过。

忘记别人给自己的恩惠乃是人的天性，要是我们总是在期待别人的感恩，那完全是在自寻烦恼。我认识一个纽约的老太太，她整天埋怨自己非常孤独，很少有亲戚前来看她。当你去看望她时，她会对你唠唠叨叨地说几个小时，讲她是如何将侄子们抚养长大，在他们得病的时候，她是如何细心照料。他们和她一起生活了很多年，在她的资助下，一个侄子才能顺利完成商业学校的学业。他们住在她家里，直到结婚。然而，在那之后，她的侄子们是否回来看望过她呢？是的，回来过，但那只不过是出于义务。他们对见到她感到恐惧，因为她会几个小时地给他们讲述过去的事情，不停地抱怨和自怜。当她发觉已经没有办法再让侄子们来看自己的时候，她决定使出最后一招：装作心脏病发作了。

心脏病可以装出来吗？当然不可以，然而医生说她的情绪容易激动，心跳波动很大，她的病完全是因为不良的情绪引发的。

或许这位老太太需要的是关注，然而我觉得她真正索取的却是感恩。但是她可能永远都得不到侄子们的感恩，她觉得自己理所当然要得到这些回报，所以，她直接向别人提出要求。

生活中有不少人和她一样，因为别人不懂感恩，便在孤寂中得病。他们渴望被他人关爱，但他们不知道在这个世界上唯一得到爱的方式是：给予，但不求回报。

这话听起来好像不太实际、过于理想，但这却是追求幸福的最佳途径。在我家，我的父母总是热心地帮助他人，我们家虽然非常贫穷，总欠别人家的债，但父母总要每年凑出一些钱寄给一所孤儿院。他们从来没有去访问过这所孤儿院，大概除了收到过回信之外，从来没有人来我家感谢，但我父母已得到了报偿，因为他们从资助这些可怜孩子的过程中得到了宽慰，他们并不期待得到他人的感恩与回报。

我离家去外地工作后，每年圣诞前，我都会寄钱给父母，让他们买些自己喜欢的商品，但他们总是很节俭。当我回家过节时，父亲告诉我，他们用我寄回的钱买了煤和日用品送给同城一个有几个孩子的贫困母亲。给予而不求回报，这就是他们生活中最大的快乐。

亚里士多德说过："真正懂得人生的人，会深深体会到给予的快乐。"我父母的人生，我相信是符合亚里士多德所说的分享欢乐这一最高标准的。

想要追求真正的快乐，首先就要摒弃他人是否会对你感恩的念头，真正快乐的秘密在于，只享受付出的快乐。

身为父母的人经常会埋怨儿女不知道感恩，就像莎士比亚戏剧中的李尔王所喊的："不知感恩的儿女，比毒蛇的毒汁还能伤害人心。"

但假如我们不教导孩子们，他们又怎么会知道感恩呢？忘恩原就是人的本性，它就像野地的杂草随时滋长起来；感恩则像玫瑰，需要投入情感精心培育。如果子女们不知感恩，那责任在谁呢？也许我们先要进行反思。从小不培养子女学会感恩的品德，又如何能期待子女会感谢身为父母的我们呢？

我有一位在芝加哥木箱厂工作的朋友，平时，他的工作强度很大，可周薪只有40美元。他娶了一个寡妇为妻，并被她说服向银行贷款供她前夫的两个孩子上大学。他整天像服苦役一样为食物、房租、燃料、衣服忙个没完，一干就是4年，但他从来没有抱怨过。

后来，这两个养子感谢过他吗？没有，他妻子认为这是他应该做的，而两个儿子呢，更认为这是继父的责任。他们认为对这位含辛茹苦帮助他们完成学业的继父没有任何亏欠，连一句感谢的话都没有说。那么责任在谁呢？在他养子的身上吗？或许是这样的，可这位母亲的责任不是更大吗？是的，她认为这两个年轻的孩子不应该承担这种感恩的义务，她不想让自己的儿子们因这件事情背上心理包袱。因此，她不曾对孩子们说："你们的继父贷款资助你们完成大学学业，他是一个多么好的父亲！"她的态度却始终是："那是他应该做的事。"

这位寡妇认为她是在替孩子们着想，事实上，她让他们产生了一种可怕的错觉，认为别人有义务去帮助自己。后来，在这种错觉影响下他们犯下了错误，她的一个儿子想向老板"借点钱"，结果被判刑坐了牢。

我们一定要以身作则教育孩子，这对他们日后的人生至关重要。在我的记忆中，我姨妈从不抱怨自己的儿女不懂感恩。在我还是一个小孩时，姨妈把她的母亲接到家里细心照顾，同时也精心照料她丈夫的母亲。两位老人坐在炉火前的情景，让我记忆犹新。姨妈一个人要照顾两位老人，一定很辛劳，但你从她的表情上一点也察觉不到。她对她们问寒问暖，让老人们体会到家庭的温暖。而姨妈自己还有6个孩子需要抚养，可她从不认为自己做了件了不起的事。对她来说，这一切都是她应该做的，她所做的一切都源于爱。我姨妈已守寡了二十多年，她的5个已成年的儿子都非常爱她，都想把她接到自己家里去住。这是出于"感恩"吗？肯定不是。那是因为她的儿女们非常爱她，这是出自一种真正的爱！他们童年起就生活在充满爱与温馨的家庭氛围里。如今照顾他们慈祥的母亲，是出于真心的爱来回报这位不求回报的母亲，这当然是件非常自然的事。

我们一定要记住，如果想有对自己感恩的儿女，就必须自己先成为对别人感恩的人。我们的一言一行，将深深地影响孩子们的身心。在孩子面前，绝对不能轻易指责他人的善意，比如"你看表妹送我的圣诞礼物，肯定没花一分钱，是她自己做的"这类蠢话。这种无意间的举动，却会对孩子的成长带来很大的影响。我们应当这样说："表妹为准备这份精美的圣诞礼物，得花她多少时间！她太好了！我们得写封感谢信给她。"这样，我们的儿女在这种潜移默化中就会养成欣赏和感恩的习惯。

让自己平安快乐的第三大原则是：

付出不求回报。

第四章　珍惜所拥有的

我们每天生活在美丽的童话王国,但却什么也看不见,什么也感觉不到,这是为什么呢?

哈罗·艾伯特是我以前的教务主任,我们认识很多年了。有一天,我在堪萨斯城遇见了他。他开车送我回密苏里州贝尔城我的农庄去。在路上,我问他是怎样让自己保持愉快的,他给我讲了一个非常有趣的故事:

以前,我经常为很多事情忧虑,然而,1934年春季里的一天,我正在韦伯镇西道提街上走着,突然,眼前的景象让我从此再也不会去忧虑了。虽然只是短短10分钟的事,然而,就在这10分钟里,我学会了如何生活,这是我过去10年里学到的全部知识都无法相比的。

我在韦伯城开了两年的杂货店,为此,我赔光了全部积蓄,还欠下了一笔债。杂货店倒闭了,我打算去工矿银行借些钱,然后到堪萨斯城去找一份工作。我在路上走着,像个失败者一样,没有一点信心和勇气。这个时候,我突然看到迎面来了一个没有腿的人,他坐在一个下面装着溜冰鞋轮子的小木制台子上,两只手各握着一根木棍,挂着地在街道上滑行。我看到他的时候,他刚好从街对面横穿了过来,正要将自己抬高几英寸,以便到人行道上来。这时,我们俩的目光刚好对上,他对我微微一笑,说:"早上好,先生,今天的天气真好啊,难道不是吗?"他的样子显得很开心。此刻,我才发觉自己是多么富有,我身体健全,可以做任何事情,我为我的自怜感到羞耻。我告诉自己,残疾人能够做到的事情,我同样也能做到。我抬起了头,带着勇气到工矿银行里借了200美元,并且到堪萨斯城找了一份工作。

我在浴室的镜子上贴了一张字条,每天早上刮胡子时,我都能看到上面的字:"别人骑马我骑驴,转身看看推车汉——比上不足,比下有余。"

我有一次问艾迪·雷根伯克,当他毫无希望地在太平洋上,和他的同伴在救生筏上漂流了21天之久时后,他学到的最重要的经验是什么,"我从那次经历所学到的最重要的体会是,"他说,"如果你有足够的水可喝,有足够的食物可吃,就绝不要再抱怨任何事情。"

《时代》杂志刊载过一篇报道,讲的是一个士兵在关达坎诺受了伤,喉部被弹片击中,输了7次血。他写了一张纸条给他的医生问:"我能活下去吗?"医生说:"能的。"他又另外写了一张纸条问:"我还能不能说话?"医生又回答他说能。然后他又写了一张纸条说:"那我还有什么担心的?"在生活中当你遇到问题时,何不马上停下来问自己:"那我还有什么担心的。"

你很可能发现,自己所担心的事与这个士兵所遇到的比起来实在是微不足道。

生活里的事情,大概有90%都是对的,只有10%是错的。假如我们要快乐,我们所应该做的事情就是:集中精神在那90%对的事情上,而不要去理会那10%的错误。假如想要担忧,让自己难过,甚至得胃溃疡,那么我们只要集中精神去想那10%的错事,而不管那90%的好事。

英国有很多新教堂里面的墙壁上刻着"多想,多感激",这两句话也应当铭刻在我们的心中。当然,在这里它指的是要感激上帝。

《格列佛游记》的作者斯威夫特应该算得上是英国文学史上最悲观的一个作家了。他为自己的出生感到难过,因此,每次他在过生日那天一定会穿黑衣服,并绝食一天。可这位英国文学史上有名的悲观主义者,却赞颂开心与快乐能带给人健康的力量。"世界上最好的三个医生是,"他说,"节食、安静和快乐。"

我们每天、每个小时,都可以得到"快乐医生"的无偿服务,只要我们把精力集中在我们所拥有的令人难以置信的财富上,那些财富远超过阿里巴巴的宝藏。你愿意把你的双眼卖一亿美元吗?你肯把你的两条腿卖多少钱呢?还有你的两只手、你的耳朵、你的家庭?把你所有的资产加在一起,你就会发现,你绝不会卖掉你现在所拥有的一切，即使价钱是把洛克菲勒、福特和摩根三个家族所有的黄金都加在一起也不会卖。

可我们是否欣赏这些呢？不！正如叔本华所说的："我们很少会想我们已经拥有的，而总是想我们所没有的。"这世界上最大的悲剧所带来的痛苦，可能比历史上所有的战争和疾病带来的更多。这一点，几乎使约翰·派玛"从一个正常人变成一个脾气暴躁的老家伙"，也差点因为这个毁了他的家庭。我知道这事，因为他亲口对我讲过。派玛先生说：

> 我从部队退伍回乡不久，就开始做生意。我夜以继日地工作着，一切进行得很顺利。然后问题就来了，因为我买不到零件和原料。我为可能被迫放弃我刚刚起步的生意而焦虑不安，从一个普通人变成一个脾气暴躁的家伙。那时，我变得非常尖刻，可我自己并不清楚，直到现在我才明白。我几乎失去了我快乐的家。有一天，在我手下工作的一个年轻伤兵对我说："约翰，你实在应该感到羞愧。你这个样子，好像世界上只有你一个人有麻烦似的，就算你把店关上一些时候，那又怎么样呢？等到事情恢复正常之后，你可以重新开始。你有太多值得感激的事，可你却总是在抱怨，我的天啊，我真希望我是你。你看看我，只有一只胳臂，半边脸都伤了，可我不去埋怨。要是你再这样继续啰唆埋怨下去的话，你不仅会失去你的生意，更会失去你的健康、你的家庭和你的朋友。"
>
> 这些话使我猛然醒悟了过来，我发现自己走了很长的弯路。当场我就决定必须改变现状，重新成为我自己，而我真的就做到了这一点。

很多年前，我认识了露西莉，当时我们都在哥伦比亚大学的新闻学院选修短篇小说写作。9年前，她正住在亚利桑那州的杜森城，她的生活在那里发生了巨大的变化。以下，就是她给我讲的故事：

> 我的生活一直都很忙碌。我在亚利桑那大学学风琴，在城里开办了一所语言学校，在我所住的沙漠柳牧场上教音乐欣赏课。我到处参加宴会和舞会，在星光下骑马。一天早上，我的心脏病发作了，整个

身体都垮了。"你得在床上安静地休息一年。"医生对我说。他没有鼓励我，以致我没有自信恢复健康。

在床上做一年废人，最后可能还会死掉。我害怕极了。为什么我会遇见这样的事，我做错什么了吗，为什么会受得到这样的报应？我哭闹着，心里满是怨恨。但我还是不得不按照医生说的在床上静养。我的邻居鲁道夫先生是个艺术家，他对我说："现在，你觉得在床上躺一年是极其痛苦的事情，可是实际上不是这样的，你可以有思考的时间，能够真正地看清自己了。在未来的几个月里，你在思想上的进步，会比你这辈子得到的还要多。"于是，我平静了下来，开始为自己确立新的价值观。我看了很多能够发人深省的书。一天，我听到一个广播新闻评论员说："你只能谈你了解的事情。"以前，类似的话我听到很多，可是直到现在才深刻地感受到其中的意义。我决定只想那些愉快而健康的事情。从早上睁开眼，我就逼着自己想一些美好的事情：我没有痛苦，我有个可爱的女儿，我看得见，听得到，能够欣赏优美的音乐，有空闲的时间读书，吃饭很香，有很多好朋友，我很快乐。而且，来探望我的人太多了，以至于医生要在门口挂个牌子，提醒只许在规定的时间里限制人数探病。

这件事已经过去9年了，现在，我的生活多姿多彩。在床上度过的那一年，是我最难忘的一年，是我在亚利桑那州所度过的最有意义、最快乐的一年，我充满了感激。而且，直到现在，每天早上我还会统计一下身边美好的事情，那是我最宝贵的财富。让我觉得惭愧的是，一直到我为死亡而担心时，才真正学会了如何生活。

撒姆尔·约翰生博士说过："理智地看待每一件事，比每年赚1000英镑更有意义。"

需要提醒各位的是，说这句话的可不是一个天生乐观的人，他曾经过着痛苦的生活，贫困地度过了20年，然而他最终成了那个时代最著名的作家和演说家。

罗根·皮尔萨尔·史密斯曾经说过："人生应该有两个目标：第一个是得到你想要的，第二个是在得到之后享受它。第二个目标只有聪明人才能达到。"

波姬儿·戴尔是个在失明边缘生活了 50 年的女人，她编写了一本名为"我希望能看见"的书。"我只有一只眼睛能够看到，"她写道，"但是这只眼睛上满是伤疤，只能用眼睛左边的一个小孔看东西。无论看什么，都要离得很近才行，而且要把另一只眼尽量侧过去。"

然而她不愿意被当成特殊的人，她拒绝接受别人的怜悯，她看不见地上的线，所以不能和别的小孩一起玩"跳房子"游戏，于是便在别的孩子回家以后，趴在地上，把眼睛贴在线上努力观察，把每一条线都牢牢记住，没过多久，她就是"跳房子"高手了。她阅读时必须把印有大字的书贴在脸上，近得可以碰触到睫毛。她先在明尼苏达州立大学获得了学士学位，又在哥伦比亚大学获得了硕士学位。

在明尼苏达州双谷的一个小村子里，她开始了她的教学生涯，然后逐渐升任南达科他州奥格塔那学院的新闻学和文学教授，并且在那里教了 13 年。她在很多妇女俱乐部发表演讲，还在电台主持读书节目。

她说："我的内心深处经常害怕自己会完全失明，为了克服这样的恐惧，我对生活的态度是快活而且近乎戏谑的。"

1943 年，她 52 岁了，一个奇迹发生了。著名的梅育诊所为她进行了一次手术，她比以前看清楚了 40 倍。一个崭新、美丽的世界出现在她的眼前。她发觉，就算是在厨房的水池里洗刷碗碟，都是如此开心的事。"我玩着水池里的肥皂泡沫，捧起大把大把的泡泡，对着阳光举起来，我可以在每个泡泡里看到丰富明亮的色彩。"

我们都应该感到惭愧，这么多年来，我们每天都生活在这个美丽的世界里，然而却无所作为。

让自己平安快乐的第四大原则是：

珍惜所拥有的。

第五章　保持自我的本色

一个人如果打算拥有别人的全部优点，那简直是最荒谬、愚蠢的想法。北卡罗来纳州艾尔山的伊笛丝·阿雷德太太曾经给我写来这样一封信：

　　从小我就很害羞，而且性格敏感。我很胖，再加上我的脸让我看上去比实际要胖很多。我的妈妈是个刻板守旧的人，她觉得打扮漂亮是很傻的事情。"宽衣好穿，窄衣易破"是她经常对我说的话，而且在帮我挑选服装时，她也遵守着这样的原则。因此，别的孩子在室外做游戏时，我从来都不参与，甚至不愿意去上体育课。我太害羞了，觉得我不同于他人，是个让人讨厌的人。
　　长大后，我嫁给一个比我年纪大许多的男人，可我并没有什么改变。我丈夫的家人都很好，他们很自信，他们就是我想成为而现在还不是的那种人。我尽了最大的努力要像他们一样，可我办不到。他们为让我变得开朗所做的每一件事，都只会令我更进一步地退缩到我的壳里去。我因此变得紧张不安，避开所有的朋友，甚至怕听到门铃响。我知道自己是一个失败的人，可又怕我的丈夫会发现这一点。所以每次我们出现在公共场合时，我都装成很开心的样子，结果却常常做得太过。我知道自己做得太过分了点，并且事后还会为此而伤心好几天。
　　我最终难过得失去了活下去的勇气，甚至有了自杀的念头。

这个不快乐的女人是因什么改变了生活呢？只不过是脱口而出的一句话。

一天，我的婆婆谈起了她教育小孩的方法，她说："无论发生什么事，我都要求他们保留自己的本色。"就是这句"保留本色"让我在一瞬间发现了我烦恼的原因，我一直在试图让自己适应一个不适合自己的模式。

一夜之间我彻底改变了。我开始保持自己的本色，试着研究自己的个性，弄清楚自己究竟是怎样的人。我研究自己的优点，尽我所能去解决色彩和服饰搭配的技巧，尽可能用适合我的方式穿衣服。我主动结交朋友，参加社团组织活动，开始时是一个很小的社团，他们邀请我参加活动，把我吓坏了。可我每发一次言，就增加一分勇气。这事虽然花了很长的一段时间，可今天我所有的快乐，却是我从来没想过会得到的。我在教育孩子时，也总把自己从痛苦经验中学到的东西教给他们："不管事情怎么样，尽量保持自己的本色。"

"保持个人本色的问题就如历史一样古老，"詹姆斯·高登·季尔基博士说，"也如人生一样简单。"有的人不愿意保持自己的个人本色，是很多精神和心理的潜在原因造成的。作家安吉罗·帕屈在怎么教育幼儿方面，曾写过13本书和数以千计的文章，他说："在人的一生中没有什么比想做其他人更痛苦的事了。"

这种想做跟自己不一样的人的想法，在好莱坞尤为流行。山姆·伍德是好莱坞最为知名的导演之一，他说在启发一些年轻演员时，遇到的最让自己头痛的问题是如何让他们保持本色。他们都想做二流的拉娜·特纳，或是三流的克拉克·盖博。"这一套表演方式观众经已经受够了，"山姆·伍德说，"最好的做法是，尽量丢开那些装腔作势的演法，回到本色中去。"

最近我访问索凡石油公司人力资源部主任保罗·包延登，并向他请教来应聘的人常犯的最大错误是什么。这个在人力资源部有资深工作经验的人曾和6万多个应聘者面谈过，还写过一本叫"求职的六种方法"的书。他的回答是："来应聘的人所犯的最大错误就是不保持本色，他们不敢以真面目示人，不能完全坦诚，却给你一些他认为你想要的回答。"可这种做法一点用都没有，因为没有哪家公司需要伪君子，就像从来没有人愿意收假钞票一样。

有一个电车司机的女儿，历尽艰辛才学到了这一点：

她想要成为一个歌唱演员，可她长得并不好看。嘴很大，牙齿有点龅，每次在新泽西州的一家夜总会唱歌时，她总会把上嘴唇拉下来盖住自己的牙。结果呢？

她经常让自己洋相大出，命运注定她会失败。可在那家夜总会里听她唱歌的一个人，认为她很有天分。"我跟你说，"他很直率地告诉她，"我一直在看你的演出，我知道你想掩藏的是什么，你是不是觉得你的牙长得很难看？"这个女孩子非常难堪，可那个男人继续说道："这是怎么回事，难道说长龅牙就是罪大恶极吗？不要去遮掩，张开你的嘴，观众看到你不在乎的话，他们就会喜欢你。"他很尖锐地说："那些你想遮起来的生理缺陷，说不定还会带给你好运。"

凯丝·达莉接受了他的忠告，在演出中不再注意牙齿。从那时起，她一心只想到她的观众。她张大嘴巴，热情而欢快地演唱，最后成为电影界和广播界的一流明星，现在其他的喜剧演员还希望能学她的样子呢。

著名的威廉·詹姆斯曾谈到过那些从来没有发现自己的人，他说，一般人只发掘了自己10%的潜力，"和我们该做到的比较，"他说，"我们等于只用了一半；我们身心两个方面的能力，我们只用了很小的一部分。我们具有各种各样的潜力，可我们却习惯性地忽视了，不懂得怎么去利用这些潜力。"

我们都有这样的能力，所以不该再浪费时间，为我们没有拥有其他人的优点而苦恼。在这个世界上你是唯一的，过去从未有过，从开天辟地直到今天，没有谁跟你完全一样；而将来直到永远，也不可能再有一个完全同你一样的人。新的遗传学告诉我们，你之所以为你，是因为你父亲的23对染色体和你母亲的23对染色体的遗传。"在每一对染色体里，"阿伦·舒因费说，"可能有几十到几百个遗传因子，在某些情况下，每一个遗传因子都能对一个人的一生产生影响。"的确不错，我们就是这样被"既可怕又奇妙地"造成的。

即使在你母亲和父亲相遇结婚后，生下的这个孩子正好是你的机会也仅仅是二十万亿分之一。换句话说，即使你有二十万亿个兄弟姐妹，也不可能和你完全一样。这是想象吗？不是，这是科学的事实。

对这一点如果你想了解得更详细的话，不妨到图书馆借一本《遗传与你》，这本书的作者就是阿伦·舒因费。我对保持本色这个问题感触很深，下面我们继续深谈。对这个问题，我曾有过痛苦的经验，并为此付出了相当大的代价，在这里向大家介绍一下。

  从密苏里州的乡下来到纽约时，我进了美国戏剧学院，希望能在这里当个演员。当时我有一个自认为非常聪明的想法，以为找到了成功的捷径；这个想法很简单，很完美，我不明白为什么成千上万野心勃勃的人竟没有发现这一点。这个想法是这样的，我要去学那些名演员的演戏方法，学习他们的长处，把他们每个人的优点学到手，把他们所有的长处集于一身。这个想法是多么愚蠢、多么荒唐！我怎么能浪费那么多的时间去模仿别人？最后终于明白，我必须保持本色，我不可能变成他们中的任何人。

  这次痛苦的经历，本应成为永远难忘的教训，可事实并非如此。我并没有因此学乖，可能我太笨了。我计划写一本书，是关于演说的，希望它成为此类书中最好的一本。写那本书时，我又有了像过去演戏时的笨想法。我打算把其他作者的观点全部"借"过来，放在我自己的书里，使它能够包罗万象。于是，我买来十几本有关公开演讲的书，用了一年的时间把它们的观点搬进我的书里，可是最后我发现，我又办了一件傻事。把别人的观念拼凑在一起，这样写成的东西非常做作，非常沉闷，没有谁能看得下去。我只好将一年的辛苦都丢进纸篓里，重新开始。这次我对自己说："你必须保持自己的本色，不管你有多少错，能力多么有限，你总不能变成别人。"从这以后，我不再尝试做其他所有人的集合体，相反，我挽起袖子，做我一开始就该做的那件事：完全以自己的经验和观察，以演说家和演说教师的身份写了一本关于公开演讲的教科书。我学到了华特·罗里爵士所学到的那一课，并希望能长久坚持下去。华特·罗里爵士曾于1904年在牛津大学任英国文学教授，他说："我没有能力写一本足以与莎士比亚媲美的书，但是我可以写一本由我写成的书。"

  保持你的本色，像欧文·柏林给已故的乔治·盖许文的忠告那样。柏林和盖许文初次会面时，柏林已经名声在外了，而作为年轻作曲家的盖许文才刚刚出道，一星期只赚35美元。对于盖许文的能力柏林很欣赏，他问盖许文是否愿意做自己的秘书，可以付给他3倍的薪水。"但你不能接受这个工作，"柏林忠告说，"如果你接受的话，你可能就会变成一个二流的柏林。如果你继续保持自己的本色，总有一天你会成为一个一流的盖许文。"

盖许文接受了这个建议。后来他渐渐成为这一代美国最重要的作曲家之一。

玛丽·玛格丽特·麦克布蕾初入广播界时，想做一个爱尔兰喜剧演员，结果没成功。后来她发挥了自己的本色，从一个密苏里州来的很平凡的乡下女孩子，变身成了纽约最受欢迎的广播明星。

刚出道时的金·奥特雷，希望像城里的绅士一样，于是他把自己的得克萨斯口音改掉，并自称是纽约人，结果成了大家背后的笑柄。后来他开始唱自己的西部歌曲，弹奏吉他，成为在电影和广播里最受欢迎的西部歌星，为他那了不起的演艺生涯拉开了序幕。

你应该庆幸自己是这世上的新东西，大自然赋予你的一切都应物尽其用。总的来说，些微的自传性质，是所有艺术的共同之处：你只能唱自己的歌，画自己的画，做一个由你的环境、经验和家庭造就的自己。不管好坏，你都要独自创造一个小环境；不管好坏，你都要把自己的乐章，融入生命的交响曲。

如同爱默生在他那篇《论自信》的散文里所说的："每个人在其接受教育的过程中，一定会在某个时期发现，羡慕意味着无知，模仿意味着自杀。不管怎样，他都必须保持自己的本色。即便在这广阔的宇宙间还充满了无数的好东西，然而除非他心甘情愿在属于自己的那片土地上耕种，他绝对无法获得好收成。他所拥有的全部能力是自然界的一种新能力，任何人都不知道他能做些什么，除了他自己，而所有这些，只有尝试之后才能知道。"

另一位诗人道格拉斯·马洛奇这样说：

> 如果你无法成为山巅上的一棵劲松，
> 那就安心做一株山谷中的灌木吧！
> 但一定要做那溪边最好的灌木；
> 如果你无法成为一棵参天大树，
> 那就安心做一片灌木丛林吧！
>
> 如果你无法成为一株灌木，

那就不妨做一棵小草，带给道路生气；
如果你做不了麋鹿，
做一条小鱼也不错！
但一定要是湖中最活泼的那条！

我们无法都做船长，总要有人当船员，
每人都要各司其职；
不管事情大小，
我们一定要做好分内的工作。

走不了大路，就走羊肠小道，
不能成为太阳，当星星又有什么不好；
无论成败如何，
只在于你是否已尽力而为。

让自己平安快乐的第五大原则：
保持自我的本色。

第六章　化不利为有利

贝多芬最好的曲子，是在他耳聋之后做出的。由此可见，缺憾对我们常会产生意外的帮助。

写作本书的时候，有一天，我曾到芝加哥大学拜见罗勃·梅南·罗吉斯校长，向他请教如何才能获得快乐。他回答说："已故的西尔斯公司董事长裘利亚斯曾对我有个小小的忠告，我一直试着按照他说的去做，这就是：'如果手中有个柠檬，把它做成柠檬汁。'"

这是一位伟大的教育家的做法。而常人的做法正好相反。要是一个人发现生命所赋予他的只有一个柠檬，他就会自暴自弃地说："我完了，这就是命运，一点机会也不属于我。"接着他开始诅咒这个世界，让自己沉浸在自怜之中。然而，当聪明人拿到一个柠檬的时候，他就会说："我能从这件不幸的事情中学到什么呢？我怎样才能改变现状，怎样才能把这个柠檬做成一杯柠檬汁？"

伟大的心理学家阿佛瑞德·安德尔用毕生的心血来研究人类的潜能，他说，人类最奇妙的特性之一，就是"变负面为正面的力量"。

下面有一个很有趣的故事要和大家分享，故事的主角是一个名叫瑟玛·汤普森的女人，她说：

战争时期，我的丈夫驻守在加州莫嘉佛沙漠附近的陆军训练营里。为了离他近一些，我也搬了过去。我对那个地方深恶痛绝，从来都没有那么痛苦过。我丈夫被派到莫嘉佛沙漠出差时，我只能独自待在又小又破的屋子里，那里热得让人窒息，就算是在大仙人掌的阴影下，气温也高达华氏125度。当地都是墨西哥人和印第安人，而他们又不会说英语，简直无法交流。风吹得沙子到处都是，连吃的东西和呼吸的空气里也充满了沙子。

当时，我难过到了极点，只好给父母写了封信，对他们说我忍受不了，想回家，连一分钟也不能等了，住在这里还不如住到监狱去。我父亲在回信中只写了两行字，那是改变我人生的两行字，我永远忘不了。"两个囚犯从监狱的铁窗里向外看。一个囚犯看见的全是烂泥，另一个看到了满天的星星。"

这两行字我反复念了很多遍，感到非常惭愧。我决心找出当时处境下的好事情，我想看到那些美好的东西。

我很快就和当地人交上了朋友，他们对我非常热情，让我惊喜万分。当我对他们自制的布和陶器表现出喜爱时，他们把那些不舍得卖给游客的东西送给了我。我认真观察仙人掌迷人的形态，了解土拨鼠的生活习性，欣赏大漠的日落，还去捡拾贝壳。这片沙漠在300万年前还是海床呢！

为什么我会有这么大的转变呢？我身边的一切都没有变，但是我变了。我的态度改变了，我把以前感到懊恼的事情当作刺激性的冒险。我发现这是一个让我感动的崭新世界，我为此感到兴奋。我写了一本小说，名字叫"光明的城堡"。我为自己设下了一个监狱，当我从铁窗向外望时，我看到了星星。

耶稣基督降生前500年，希腊人曾说出这样一个真理："最好的也是最难得到的。"

在20世纪，哈瑞·艾默生·福斯狄克将这句话重复了一遍："大部分快乐并非享受，而是成功。"不错，这种成功来自一种成就感，一种志得意满，也来自我们能把柠檬做成柠檬汁。

我拜访过一个家住佛罗里达州的快乐农民，他甚至能够把一个"毒柠檬"做成了柠檬汁。

当买下现在拥有的那片农场后，他沮丧极了，那块土地非常差劲，无法种水果树，也无法养猪，只有白杨树和响尾蛇才能在那种土地上生长。然而，他立刻想到了一个好办法，他要利用那些响尾蛇来挣钱。他把响尾蛇做成了肉罐头。几年前我去拜访他的时候,他告诉我每年到他那里参观响尾蛇农场的游客几乎有2万人。他的生意越做越大。他把从响尾蛇毒牙中取出来的蛇毒运送到各大药厂做防蛇毒血清,把响尾蛇皮以高价卖去做女人的鞋子和皮包,把响尾蛇肉罐头运送到世界各地。现在,为了纪念这位先生,这个村子已经改名为佛州响尾蛇村,这也是为了纪念他将有毒的柠檬做成了甜美的柠檬汁。

《十二个以人力胜天的人》一书的作者,也就是已故的威廉·波里索,曾经说过这样的话:"不要把你的收入当作资本,这是生命中最重要的一件事。从你的损失里获取好处,是我们需要学会的经验。当然,这需要足够的智慧,而这一点恰恰是聪明人和常人的本质区别。"

这段话是波里索在一次火车事故中摔断了一条腿后说的。还有一个两条腿全断掉的人,他也改变了伤痛的负面影响。他的名字叫班·符特生。我曾在佐治亚州大西洋城一家旅馆的电梯里遇见他。在我走进电梯时,发现他坐在电梯角落里的轮椅上,他的两条腿都断了,仍很乐观的样子。电梯到了他要去的那一层时,他很愉快地问我是否可以让一下,好让他转动轮椅出去。"真对不起,"他说,"麻烦您了。"说这话的时候,他的脸上露出非常温和的微笑。

他给我留下了深刻的印象,以致当我离开电梯回到房间后,什么事情也不愿想,脑子里全是他的影子。于是我去拜访他,请他讲讲自己的故事。

"那是1929年,"他微笑着说,"我砍了一大堆胡桃木的枝干,准备在菜园里做豆子的撑架。我把那些树枝装上车,就开车回家。在车子急转弯的时候,一根树枝突然滑了下来,卡在引擎里,这时,车子顺势冲出路外,撞到树上。我的脊椎受了伤,两条腿都麻痹了。

"出事时我才24岁,从那以后我就再没走过一步路。"仅仅24岁,就要开始终生的轮椅生活,怎样才能勇敢地接受这个事实呢?当我提出这个问题后,他说:"我以前并不能接受这个现实。"他说当时自己很愤恨很难过,抱怨命运对自己不公。可是随着时间一年一年地过去,他终于发现愤恨使自己一事无成,相反,只能给别人带来恶劣影响。"我终于明白,"他说,"大家对我友善,非常有礼貌,所以我至少应该做到对别人也要有礼貌。"

我问他,事情已经过去很多年了,他是否还觉得那次意外很可怕很不幸?他很快回答说:"不会了,我现在甚至很庆幸有过那一次遭遇。"他告诉我,当克服了震惊和悔恨之后,他就开始了一种全新的生活。他开始看书,对一些优秀的文学作品产生了兴趣。他说，在14年里，他至少读了1400本书，这些书为他展示了全新的境界，使他的生活比以前所设想的还要丰富多彩。他开始欣赏很多音乐作品，过去认为令人烦闷的著名的交响曲，现在都能使他感动。而最大的改变是，他现在有时间去思考。"生平第一次，"他说，"我能让自己认真观察这个世界，有了真正的价值观念。我开始明白，过去我所追求的事情，大都没有任何价值。"

阅读使他对政治发生了兴趣。他研究公共问题，坐着他的轮椅去演说，通过这些活动结识了很多人，很多人也因此认识了他。今天，班·符特生——依然坐在轮椅上——但他现在的身份，已是佐治亚州政府的秘书长了。

在过去的35年里，我一直在纽约市主持成人教育班的工作。我发现很多成年人最大的遗憾是没有上过大学。他们似乎认为没有接受高等教育是人生的一大缺陷。我知道这话不一定对，因为有许多很成功的人，甚至连中学都没有毕业。所以，我常常对这些学生们讲一个故事，故事的主人公甚至连小学都没有毕业。他家里很穷，父亲去世后，他靠朋友们的募捐，才把父亲安葬了。父亲死后，母亲在一家制伞厂里做事，一天工作10个小时，下班后还要带一些活儿回家，一直干到夜里11点。

在这种环境里，这个男孩子长大了，他曾参加当地教堂举办的一次业余戏剧演出活动。演出时他觉得特别痛快，于是他决定去学演讲，后来，这种能力又引导他进入政界。30岁的时候，他当选为纽约州的议员，但他对此毫无准备。他告诉我，其实他根本不知道该怎么做。他研究那些长而复杂的法案，这需要他投票表决，然而对他来说，这些法案就像用印第安文字写的。在当选为森林问题委员会委员时，他既吃惊又担心，因为他从来没有进过森林。在当选为州议会金融委员会委员时，他同样特别吃惊和担心，因为他都没在银行开过账户。他告诉我，他当时太紧张了，以至于想从议会里辞职，只是他羞于向母亲承认他的失败。在绝望中，他决心每天苦读16个小时，把他那无知的柠檬变成一杯盛满知识的柠檬汁。经过努力，他从当地一个小政治家变成了一个全国的知名人物，以至《纽约时报》称他为"纽约最受欢迎的市民"。

我说的就是艾尔·史密斯。

艾尔·史密斯经过10年的自学，掌握了政治课程，此后，他成为评价纽约州政府一切事务最有权威的人。他曾四度被选为纽约州州长，这是一个空前绝后的纪录。1918 年，他成为民主党总统候选人，包括哥伦比亚大学和哈佛大学在内的 6 所大学把名誉学位授予这个甚至连小学都没有毕业的人。

艾尔·史密斯曾亲口对我说，如果他当年没有一天学习 16 个小时、化被动为主动的努力，所有这些事情都不会发生。

尼采对超人下的定义是："不仅是在必要情况下忍受一切，而且还要喜欢各种具有挑战性的机遇。"

研究过那些成功者的经历后，我更加深刻地感受到，他们成功的原因，就在于他们虽有一些会阻碍自己成功的缺陷，但正是这些缺陷促使他们加倍努力，从而得到了更多的回报。正如威廉·詹姆斯所说："缺陷对我们会产生意外的帮助。"的确，弥尔顿很可能就是因为双眼失明，才写出更好的诗篇来；而贝多芬因为双耳失聪，才做出了更好的曲子。

海伦·凯勒之所以成就辉煌，也是因为她又瞎又聋。柴可夫斯基悲剧性的婚姻使他濒临自杀的边缘，如果他自己的生活不是那么凄惨，他也许永远也写不出那首不朽的《悲怆交响曲》。如果陀思妥耶夫斯基和托尔斯泰的生活不是那样历尽坎坷，他们可能永远无法写出流传后世的小说。

达尔文发现了地球上生命科学的基本概念，他曾经写道："如果我身体没有这样的残疾，我也许不会完成这么多工作。"他坦白地承认残疾对他有意想不到的帮助。

在达尔文出生的同一天，另外一个孩子也在肯塔基州森林里的一个小木屋里降生了，他也是个有缺陷的人，而且他的缺陷也对他产生了帮助。他就是亚伯拉罕·林肯。如果他出生在贵族之家，在哈佛大学法学院得到学位，而婚姻生活又幸福美满的话，那篇在葛底斯堡所发表的不朽演说，也许就不可能在他内心深处被发现，也不会有那句如诗般的名言。那句名言是他在连任总统的就职演说上所说的，是美国总统所说的最美最高贵的话："不要对任何人怀有敌意，要对每一个人怀有爱心……"

哈瑞·艾默生·福斯狄克著有《洞视一切》一书，他在书中说："我们可以用斯堪的纳维亚半岛人的一句俗话来鼓励自己：北风造就维京人。我们为什么会觉得，安全而舒适的生活，没有任何困难，这些就能使人变得积极快乐呢？事实正相反，那些可怜自己的人会继续自怜下去，即使他们舒适地躺在一个大垫子上也不例外。从历史上看，不同的环境虽然会对一个人的性格和他的幸福产生影响，但重要的是他们的责任感。所以我们要再说一遍：北风造就维京人。"

理由第一条，我们可能成功。

理由第二条，即使没有成功，只要尝试一下把负面因素转变为正面因素，就会促使我们向前看而不是向后看。

所以，用肯定的思想来代替否定的思想，这样就能激发我们的创造力，促使我们忘掉那些已经过去和已经完成的事情，因为我们忙得根本没有时间去理睬它们。

有一次，世界著名的小提琴家欧利·布尔在巴黎举办音乐会，突然，他小提琴上的 A 弦断了，可是欧利·布尔竟用另外三根弦演奏完了那支曲子。"这就是生活，"哈瑞·艾默生·福斯狄克说，"如果你的 A 弦断了，那么，你就在其他弦上把曲子演奏完吧。"

这是更可贵的生活，是生命的一次胜利。如果可以的话，我会在每所学校挂上刻有威廉·波里索这句话的铜板："不要把你的收入当作资本，这是生命中最重要的一件事。从你损失里获取好处，是我们需要学会的经验。当然，这需要足够的智慧，而这一点恰恰是聪明人和常人的本质区别。"

让自己平安快乐的第六大原则是：

化不利为有利。

第七章　忘掉自己，关心他人

当准备写这部书时，我曾以 200 美元的奖金向社会征集关于"我是如何克服忧虑"的真实感人的故事。

我聘请了 3 个人作为这次征文比赛的评委：艾迪·雷特贝克——东方航空公司董事长，斯图伦特·麦克兰德——林肯大学校长，卡博恩——广播新闻评论家。我们收集了很多故事，其中有两篇作品十分精彩，难分轩轾。最终我们决定，这笔奖金由两个作者分享。

以下是波顿讲述的故事：

我 9 岁后，就再也没见到过母亲。父亲也在我 12 岁那年去世了。在我 9 岁时，母亲带着我的两个妹妹，在一次出门后，再也没回过家。我收到母亲寄来的第一封信，是在她离开家 7 年以后。我母亲出走 3 年后，父亲死于一次意外事故。在密苏里州的一个城镇，父亲与人合伙开了家咖啡厅。但那个合伙人趁父亲外出办事时，将咖啡厅转卖后逃之夭夭。父亲的一个朋友给他发了电报告知此事，并让他尽快回来。父亲于慌乱之中，在堪萨斯州不幸发生车祸身亡。我的两位姑妈都已年高体弱，而且也很贫穷，因此只能收留我们家的 3 个孩子。不过好在有位好心人，收留了没人照料的我和小弟。那时我们最害怕其他人把我们像孤儿一样看待，因为那会让我们内心充满不安。一段时间后，我们寄住的那家主人突然失业，这令他们家贫穷得不能再多养活一人。幸好在这时，住在农场的洛夫廷夫妇收留了我，他们的农场距离镇子 11 英里。洛夫廷先生长年卧病在床，已经 70 高龄的他说，如果我们想和他们永远在一起生活，就一定要做到三点：一不能说谎，二不能偷窃，三必须听话。这三项纪律成了我日常行为的守则，我一直将它们记在心中，并很好地照做。在我进入学校读书的第一个星期，发生了令人难堪的事情。别的同学总嘲笑我的大鼻子，说我是小笨猪，是没有父母的小孤儿。我难过得想跟他们打架，但我还是克制住自己，不与其纠缠，因为洛夫廷先生的忠告就在我耳边："必须记住，随便跟人打架，那并不是真正的男子汉的行为！"但有一天，一个男同学抓起一把鸡屎抛到我脸上，我忍无可忍，扑过去狠狠地揍了他，旁边的小孩子们看到，认为他应该挨揍，就这样，我和他们交上了朋友。

我很喜爱洛夫廷夫人给我买的新帽子，可有一次，一个高年级女生从我头上抢走了那顶帽子，并灌上水，把它弄坏了。她用满不在乎的口气对我说，她要用帽子装满水，浇到我的木头脑袋上令我开窍。

当时在学校，我并没有哭，但回家后，我忍不住大声哭了起来。洛夫廷夫人叫我过去，教给我一个好办法，可以与人化敌为友。她对我说："波顿，如果你尝试帮助他们，当他们对你有好感时，就不会再欺负你了。"于是，我牢记着她的建议，并开始努力学习。因为总是乐于助人，所以当我成为全班成绩最好的学生时，并没有招来同学们的妒忌。

我帮几个男同学学写作文，其中有一个同学害怕他妈妈知道我在帮他，就用遛狗作借口，悄悄过来把狗拴在洛夫廷夫人家的仓库里，并让我帮他补习。我曾经帮一名同学写读后感，还帮一名女同学补习数学——这用去了我几个晚上的时间。

在那段日子里，村里有两位老人去世，另外有一位中年妇女被丈夫抛弃，而我成了这几个家庭的支柱。在两年里我一直帮助这几位可怜人。

我在放学后，去他们家帮忙劈柴、挤牛奶、喂牲口。现在我和大家成为好朋友，人们都用赞扬代替嘲笑。当我从海军退伍归来时，他们用真正的热情与欢迎来对待我。刚到家的那天，我接受了两百多位邻居的探望，甚至还有远道而来的人，驱车80英里来看我，他们对我流露出真正的关切。13年来，再也没有人取笑我是笨蛋和孤儿了。现在我的生活中很少有烦恼，因为我一直在帮助别人。

让我们为波顿先生喝彩！他懂得了与人交往、排解忧虑和享受生活的诀窍。

拥有同样经历的弗兰克·卢普博士，已瘫痪在床23年。任职于西雅图《星报》的斯图尔特·怀特斯先生曾对我说："我曾多次采访卢普博士，他是在我所知道的人中，最无私也是最会享受生活的。"

这位长年卧床的病人如何享受生活呢？自我中心、一味自怜，还是怨天尤人？不，绝不是。因为他是按威尔斯王子的誓辞去做的："我为大家服务。"许多瘫痪卧床病人的姓名和地址都被他收集起来，并给他们每人写了慰问信。他还为病友组织了一个俱乐部，可以让他们写信，以便相互鼓励，这个俱乐部最后发展成为一个全国性的组织。

躺在病床上的卢普博士平均每年要写1400封信，为很多病友送去快乐和温暖。

卢普和其他人之间的最大不同是：他拥有神圣的使命感和崇高的信念。他深切地体会到，奉献精神高于一切，而且会带给所有人真正的欢乐。就像萧伯纳所说："一个自私自利的人必定会陷入对生活的抱怨中，因为世界已经不能令他感到快乐。"

著名心理学家阿德勒常对忧郁症患者所说的话，给我带来了很大的震撼："如果你每天想着，并用尽所有办法使一个人开心，保证你的忧郁症能在两个星期内痊愈。"

这句话乍听之下有些离奇，因此，为了供大家学习，我从阿德勒博士所著的《生活的意义》一书中摘录了几个段落：

> 忧郁症是一种长期对他人抱有怨恨，而病人自己感到沮丧的情绪，其目的是博得他人的关爱、认同与同情。有一件事是忧郁症病人常会想到的：我记得有一次我很想睡在沙发上，可是哥哥坐在那里，他不让，我就一直哭到他站起来把座位让给我为止。
>
> 自杀是忧郁症病人经常会选择的方式，因此作为医生首先要不给他任何理由去自杀。缓和所有会带来紧张的气氛，让他们放松，是我所用的治疗方法。我会告诉病人："你不愿意做的事，就千万别去做。"

这听起来像废话，但我确信所有问题都由此而来。如果病人诸事遂心，那么他还有什么好埋怨呢？又有什么自残的理由？我提醒他们："如果你想去看电影或度假，只管去就好。如果半路上你改变了主意，那就尽管随自己的心意做。"如此这般，他可以像上帝一般来去自由，其优越感就会得到满足。如果大家事事都随他心意，他即使想埋怨、支配他人，也没有借口了。病人常常说："任何事情都提不起我的兴趣。"我听过不下一千次，早就知道该怎样回答，我会对他说："所有你不喜欢的事，你都不必做。"有时有人会回答："一整天我都想躺在床上。"我清楚如果我答应，他就不会那样做，若我不答应，就会使他的情绪爆发。所以我会表示赞同，而且毫不犹豫。

这是交流方法之一，而另一种更直接的方法也可帮助他们，我告诉他们："请每天想方设法让别人高兴，看他们有什么反应。如果你照这个建议去做，两星期内就会痊愈。"大脑早已被自己占满的他们会想：我去管别人，有必要吗？也有人会说："这是我经常做的，我总在想办法让别人高兴。"实际上，他们从来没有这样做过。他们会把我要求多想想的事，立刻丢到脑后。我对他们说："在合适的时候，你可以认真想一个你愿意让他高兴的人，这对你的健康很有好处。"转天，我问他们："昨晚你有没有认真考虑一下呀？"通常他们会回答："昨天晚上我躺下就睡着了。"不能让他们感到任何压力，这些都是在一种平等、友好的气氛中进行的。

有人会说："我做不到，我烦透了！"我说："继续你的烦恼吧，只要抽空想一想别人就可以。"我要做的，是把他们的视线暂时转移到别人身上。很多人问我："为什么要我使他人快乐？为什么不是别人来使我快乐呢？"我回答说："这样你会健康起来，将来你也许会比其他人快乐。"我遇到的病人几乎都不会说："你的建议我会遵守。"所有我做的只是令病人渐渐提高对他人的兴趣。我知道他们与别人的交流很少，这点也要让他们认识到，如果有一天他把别人和自己放在同等位置，那么他的病就好了。"爱你的邻人"是十诫中最难做到的一条，自私自利的人不但会困扰自身，还会使周围的人受到伤害，他们几乎导致了人类的所有失败。我们对他人的要求及给予他人最高的赞美是：

他是个好同事、好朋友、好恋人和好伴侣。

每天做一件善事，这是阿德勒博士提醒我们的。那么怎样的行为可以算作善事呢？先知穆罕默德说："善事是能给别人带来快乐的举动。"日行一善，这会对我们有很大帮助！因为当我们努力使他人快乐的同时，就没有自怜自艾的时间了，也没有忧虑、恐惧与苦闷的理由了。

威廉·蒙恩夫人在纽约开办了一所慈善秘书学校，在不到两周的时间内，她的忧郁症就痊愈了。事实上，是一对孤儿的出现，令她在一天之内摆脱了忧郁的困扰。以下是蒙恩夫人向我讲述的故事：

5年前的12月，与我共度多年美满时光的丈夫永远地离开了我，这使我的情绪十分低落。随着圣诞节的临近，我的哀伤逐渐加深。我越来越惧怕圣诞节的到来，因为此前我从未独自度过这个节日。朋友们邀请我和他们一起过圣诞节，可我不敢答应。因为我明白，看到其他幸福的家庭，我会陷入往日的回忆而愈发伤心，因此他们的好意被我一一谢绝。没错，身边虽然有不少本应庆幸的事，但伤心还是淹没了我。平安夜那天下午3点，我离开办公室，漫不经心地独自在街上闲逛，希望可以忘掉心中的孤单与忧虑。欢乐的人群布满了街道，这让我触景伤情。想到空荡荡的公寓，我就不敢回去，不知该做什么，也不知道目的何在，我不禁泪流满面。过了一个多小时，我发现自己站在公交车站前，当第一辆公交车开来时，我不由自主地走了上去，因为这使我想到了和丈夫一起坐公交车去旅行探险的情景。乘务员在车经过哈德逊河后不久说："夫人，终点站已经到了。"我不知道自己是在哪里下车的，不过那是个非常静谧的地方。趁回程车没来，我去附近的住宅区闲逛。当路过一座教堂时，我听到里面传出了优美的《平安夜》乐曲，便走了进去，发现除了一位尽情演奏的风琴手之外，这里并没有旁人。我在教友席上静静地坐着，看着五彩缤纷的圣诞树，听着优美的音乐，渐渐地，一天都没吃东西的我疲倦地睡着了。

当醒来时，我发现面前站着两个来看圣诞树的小孩。其中那个小女孩指着我问："她是和圣诞老人一起来的吗？"看到我醒来，他们显然被吓了一跳。我对他们说："孩子，我是好人，不要担心。"

他们的衣着很破旧，于是我问："你们的父母呢？"他们回答道："我们是孤儿。"听到这句话我很惭愧，因为这两个孩子显然比我有更多的不幸。我与他们一起欣赏圣诞树，并去商店给他们买了些糖果点心和小礼物。数月以来，我第一次感到真正的关怀与快乐，是这两个小孤儿给我带来的，我的悲伤和孤独感消失得无影无踪。与他们交谈，我发现自己很幸运。我衷心感谢上帝，让儿时的我一直在双亲的疼爱与呵护下，快乐地度过每个圣诞节。这两个小孤儿带给我的，远多于我带给他们的。我从这次经历中学习到，只有首先让别人快乐，自己才会快乐。我发觉快乐具有感染力，我因帮助、关心别人，而消除了自怜、悲伤与忧郁情绪，有了重获新生的喜悦。我的确有了很多改变，并把这种改变持续至今。

因无私帮助他人而重获快乐健康的故事不胜枚举，足够我写出一本书。不过我们再去看一下最受美国海军欢迎的女士玛格丽特·泰勒·叶芝的故事吧。

作为作家，叶芝夫人身上发生的事比她写的小说还要精彩而真实，二战时，日军偷袭珍珠港的当天早晨，故事发生了。因心脏病而在家休养的叶芝夫人，在一年多时间内，每天几乎要在病床上度过22个小时。从房间到可以晒太阳的花园，是她所能走的最长的路。而且，这还是在女佣的搀扶下走完的。回忆起当年的情形，她说：

我当时认定自己要瘫在床上度过下半生。如果日军没有偷袭珍珠港，我几乎就不能真正重回生活的怀抱了。当轰炸刚开始时一片混乱，我家的旁边落下一枚炸弹，把我震下了床。军队派出汽车，把军人的妻子儿女送去学校避难。红十字会的人希望我帮忙做些联络工作，因为他们知道有一部电话在我床边。于是我开始记录流落在各处的海军、陆军家属的情况，那些军人接到红十字会的通知，再给我打电话来查找他们家人的情况。很快，在得知丈夫平安的消息后，我一边鼓励那些丈夫生死不明的女人们，一边安慰着那些一夜之间成为寡妇的女人们。这次共有2117名官兵阵亡，另有960名不明下落。

最开始，我还是躺在床上接听电话，之后我便坐在床上。拜忙碌和紧张所赐，最后我竟忘记了自己的病情，不再躺在床上，而是坐在桌旁，为比我更不幸的人送去帮助。就这样，我每天要做16个小时的工作。

我发现，如果没有日军偷袭珍珠港，也许我会在床上虚度自己的后半生了。那时，我用消极的态度生活着，在床上舒服地躺着。现在我明白，那时的我早就对恢复健康不抱希望了。日军偷袭珍珠港在美国历史上是一个惨剧，对我却是改变一生的大事。我在这次灾难中发觉了自己以往不知道的力量，它让我把关心从自身转移到别人身上，同时赋予我战胜自我的信心，令我没有时间去关心或哀叹自己的疾病，而是继续坚强地生活下去。在忘掉自己的同时，我获得了新生。

有心理障碍的病人如果都像叶芝夫人那样去帮助和关心别人，那么可以痊愈的人起码会有三分之一以上。这并不只是我提出来的。著名心理学家荣格说："我的患者中，在医学上找不出任何病因的人有三分之一以上，他们只是不懂得什么是生活的意义。他们只关心自己，自私自利。"也就是说，他们只想以搭便车的形式度过一生，但满腔的寂寞和无聊驱使他们向心理医师寻求帮助。当渡轮在他们赶到之前开走时，他们就会怪罪码头上除自己以外的所有的人。他们总是自私自利，想让全世界只为自己服务。

也许你现在会说："这些事有什么好说的，如果我在圣诞节遇到了孤儿，也会关照他们的。如果我遇到珍珠港事件，也会很乐于做善事，就像叶芝夫人那样。然而我和他们的情况截然不同，我每天照常工作8个小时，生活平淡得从未发生过任何有趣的事。我怎可能有关心帮助他人的兴趣，为何要我帮助他人？对我来说，这些又有什么好处？"

这还算是正常想法，你的疑问就让我来回答吧。无论你过着多么无趣的人生，每天还是会遇到一些人，你会怎样对待他们？你是当作没看见，还是有和他们交谈的意愿？比如一天要走几百英里路程为大家送信的邮差，你是否想了解他住在哪里，他妻子和孩子的状况你知道吗？他是否会感到疲劳或单调，你询问过吗？

商店售货员、邮差、擦鞋童，你注意过他们吗？他们是和我们一样的人，也会苦闷，也有对未来的梦想和抱负，他们也希望与人交流，这样的机会你是否为他们提供过？对他们的生活，你是否曾表示关心？并不需要你成为南丁格尔或社会变革者，但你完全可以帮助和关心他人，就从明天第一个你遇到的人开始。对你来说，这样做的好处是什么？当然会使你更满足、更快乐、更自豪。这种观念被亚里士多德称为"开明的自私观"。宗教学家左罗斯特拉说："对他人好并不是压力，它能使你健康快乐，因此应把它看作享受。"富兰克林说得更简洁："实际上，取悦别人就是取悦自己。"

纽约心理服务中心主任林克曾说："现代心理学最重要的发现，在我看来，是证明了自我牺牲与纪律是自我实现与获得快乐的必要条件。"

多为别人着想，不仅可使自己摆脱烦恼，还能得到更多乐趣，结识更多朋友。我向耶鲁大学的威廉·费尔普斯教授请教，他回答道：

我一定会在去商店、理发店或旅店时，与我遇到的人交谈。我要让他们觉得他们不是一部机器上的螺丝，而是一个人。有时我会对店里的女服务员表示赞美，说她们的眼睛或头发很漂亮。我会问他一整天站着理发累不累，他是如何涉足理发业的，干这一行有多久，为多少人理过发？并和他一起数。我发现如果你对他们感兴趣，他们就会感到很开心。我常跟工作了一天的行李搬运工握手，这会令他们精神振奋。我曾在一个酷热的夏天到火车餐车上用午餐，餐车很闷热，人群拥挤，而服务速度很慢。当服务员终于把菜单给我送来时，我说："今天在厨房做菜的人可真倒霉。"我以为服务员会抱怨，但他说："上帝啊！客人都在埋怨饭菜不好，嫌这里太热，服务慢，东西又太贵。我听了19年这样的抱怨，你是唯一同情厨师的客人。我真希望像你这样的客人能够多一些。"

只因我同情厨师，服务员就如此惊异。人们所希望的都是自己被当作人对待。在路上，有时我会遇到牵着狗散步的人，我总记得对那只狗表示赞赏。当我经过后再回头看，往往能见到那人很欣赏地拍拍他的狗，我的赞赏重新引起他对自己爱犬的欣赏。

有一次，我在英国遇到一位牧羊人，我对他那只健壮聪明的牧羊犬表示真心的称赞，并向他请教那只狗是如何训练的。当我走开再回头看时，见到牧羊犬的主人让它把前爪搭在自己肩上，轻拍它的头。那牧羊人很开心，只因别人也对他的狗感兴趣，当然主人开心，狗也开心，我自己更开心。

你能想象得到，一个常与搬运工握手，又对厨师表示同情，或经常称赞别人的狗优秀的人，会整日受忧虑困扰，需要找心理医生吗？你绝对不能想象吧！中国有句谚语说："送人玫瑰，手有余香。"

一位已经做祖母的女士讲述了一个故事。多年前，我去一个小镇演讲时，在这位女士家借宿一晚，第二天，她开车五十多英里，把我送到火车站。在路上，她把自己从未告诉别人的经历讲给我听，她说：

> 我出生在一个靠救济金生活的贫困家庭中，当时住在费城。贫困使我非常苦恼，以至于参加社交活动，都不能像其他女孩那样愉快。我的衣服瘦小又不太漂亮，是很旧的款式。因为自觉没面子，我经常在哭泣中入睡。我突然在沮丧中想到一个办法，就是在每次聚会时，请我的男伴描述他的人生观、经历和对未来的设想。说实话，我只是为了分散他们的注意力，不让他们看到我寒酸的衣着，而并非喜欢听他们所讲的内容。但令人感到惊讶的是，我在他们的讲述中逐渐学到一些宝贵的东西，对他们抱有的极大兴趣，也使我忘记了自己寒酸的衣服。让我更为欣喜的是：成为一个很好的倾听者和鼓励者的我，总能使别人感到快乐。因此从那时起，我就成为最受男士欢迎的女孩，向我求婚的有三位男士。

也许有人会说："对别人的事感兴趣什么的，全是胡扯！我才没精力顾虑别人，只要我赚到钱，能把追求的东西弄到手就行，何必管别人的闲事？"

你当然有自由选择的权利，可以照自己的想法去做，不过，如果你认为自己是正确的，那么古代的所有圣贤——耶稣、孔子、释迦牟尼、苏格拉底、柏拉图、亚里士多德等，就都是错的了。也许你反感宗教大师，那就让我再举几个例子，他们都是无神论者。第一个例子是当代极负盛名的学者，剑桥大学的豪斯曼教授。1936年在剑桥，他曾在演说《诗歌的名与质》中提到：

耶稣基督说："因我失去生命的人，将得到永生。"这确实是最深刻的道德发现，也是永恒的真理。

那种论调，我们天天都会从传教士那里听到，但豪斯曼教授同时作为无神论者和悲观主义者，却仍旧发现，只想着自己的人，他们的生活绝不是真正的人生，事实上，他们的生活会很糟。相反的，无私奉献的人才能享受到生活带来的喜悦。

如果你还不为所动，那我们再来看看西奥多·德莱塞——20世纪美国最优秀的无神论者。

所有的宗教在德莱塞眼里都是神话，而人生只是"无意义的傻瓜说故事"。但德莱塞遵守着耶稣的一条训诫——为他人服务。德莱塞曾说："任何人若想得到人生中的快乐，就不能自私自利，而应多考虑他人，因为你为别人、别人为你，这才是快乐的来源。"

如果我们真的听德莱塞所说的话，就应立即行动，帮助别人过得更好，不应浪费时间。我只有一次人生，如果有任何善事是我力所能及的，不要拖延，也不要轻视，我要立刻就做，因为在人生的道路上我再也不能回头。

让自己平安快乐的第七大原则是：

忘掉自己，关心他人！

第八篇
如何保持充沛的活力

第一章　刻薄的批评也表明尊敬

1929年，发生了一件震惊美国教育界的大事，各地的学者专家都赶到芝加哥去看热闹。8年前，一个名叫罗勃·郝金斯的年轻人半工半读地从耶鲁大学毕业，之前他曾做过作家、伐木工人、家庭教师和卖成衣的售货员。仅仅过去了8年的时间，他就被任命为美国第四所著名大学——芝加哥大学的校长。他只有30岁！这真令人难以置信。老一辈的教育专家都大为不满，对他的批评如同山崩落石一样，说他这样、说他那样，说他太年轻了、经验不够，说他的教育观念很不成熟，就连各大报纸也都参与了对他的批评。

在罗勃·郝金斯就任校长的那一天，有人对他的父亲说："今天早上，我看见报上的社论在批评你的儿子，我真是吓坏了。"

"不错，"郝金斯的父亲回答道，"但请记住，从来没有人会踢一条死了的狗。"

没错，这条狗越是重要，踢它的人就越能从踢它的过程中得到满足。后来成为英王爱德华八世的温莎王子(即温莎公爵)，他也被人狠狠地踢过屁股。那时他正在德文郡的达特茅斯学院（相当于美国安那波利斯市的海军军官学校）读书。温莎王子当时只有14岁，有一次，一个海军军官发现他在哭，就问他发生了什么事。刚开始他不肯说，最后终于说了实话——他被军校的学生踢了屁股。指挥官把学院所有的学生集合起来，向他们说明王子并没有告状，可他想知道这些人为何要这样虐待温莎王子。

支吾了半天，那些打人的学生终于承认，他们希望自己成为皇家海军的指挥官或舰长时，能告诉手下，自己曾经踢过国王的屁股。

因此，要是你被别人踢了，或是被别人恶意中伤，请一定要记住，他们之所以做这样的事，是因为这能使他们有一种自以为很重要的错觉。这些针对你的行为通常也就意味着你已有所成就，且值得别人注意。许多人在骂那些教育程度比他们高，或在各方面比他们成功得多的人时，内心都会有一种满足感。比如，我写这一章时，就接到过一个女人的来信，是痛骂创建救世军的威廉·布慈将军的。因我曾在一个广播节目里赞扬过布慈将军，那个女人写信给我，说布慈将军侵吞了她募来救济穷人的800万美元捐款。当然这种指责相当荒谬，可这个女人并不是想找出事情的真相，只是想打倒一个比她伟大的人，从而获得心理上的满足。我把她那封无聊的信扔进了废纸篓，我看不出布慈将军是这样的人，可却对她十分了解。很多年前，叔本华就说过："庸俗的人在伟人的错误和愚行中能够得到最大的快感。"

可能很少有人认为担任耶鲁大学校长的是一个庸俗的人，可担任过耶鲁大学校长的摩太·道特，却显然是能够责骂一个竞选上总统的人。

"我们将会看到自己的妻子和女儿成为合法卖淫的殉葬品，我们将会因此大受羞辱，我们的自尊和品德都将消失殆尽，以致人神共愤。"

这段话看起来像骂希特勒，实际上是骂托马斯·杰斐逊。是哪一个托马斯·杰斐逊呢？想必不是那个不朽的托马斯·杰斐逊吧？是那个写《独立宣言》的民主政体的代表人物吗？对，摩太·道特骂的就是他。试想，哪一个美国人曾被人骂作"大骗子""伪君子"和"只比谋杀犯强一点点"的人呢？

一份报纸曾登过一幅漫画，一个人站在断头台上，一把大刀正准备将他的头砍下来。当这个人骑马从街上走过时，一大帮人围着他又喊又骂。这个人是谁呢？他就是美国国父——乔治·华盛顿。

可这些都是很久以前的事了，也许从那时起，人性已有所进步。让我们举1909年4月6日乘雪橇到达北极，因而震惊全球的著名探险家佩瑞海军上将的例子吧。几个世纪以来，无数勇敢的人为了达到这个目标而挨饿受冻，甚至失去生命。佩瑞也差点因为饥寒交迫而死去，他的8个脚趾头因冻僵受伤而不得不被切除掉，他在路上碰到了各种各样的灾难，他担心自己会受不了而疯掉。而那些待在华盛顿的海军官员们，却因佩瑞受到如此大的欢迎和重视而妒忌不已。于是，他们诬蔑他假借科学探险的名义聚敛钱财，然后"无所事事地在北极享受追捧"。而且他们可能还真相信这句话，因为一个人差不多不可能不相信他们想相信的事情。他们想侮辱和阻挠佩瑞的决心非常强烈，到最后必须要麦金莱总统直接下令，才让佩瑞能在北极继续他的科研工作。

假如佩瑞当时就坐在华盛顿的海军总部办公室里的话，他会不会遭到别人的批评和恶意中伤呢？肯定不会，因为那样他就不能引起别人对他的嫉妒了。

格兰特将军遇到的事比佩瑞上将更糟糕。1862年，格兰特将军赢得了北军第一次关键性的胜利，顿时成为美国民众心中的英雄，甚至在遥远的欧洲也引发了强烈的反响。从缅因州直到密西西比河岸，处处都敲钟点火以示庆祝。但在他和他的军队取得这次伟大胜利6个星期后，他却遭到了逮捕，兵权也被剥夺了，这使他因羞辱而失望地痛哭不已。

为什么格兰特将军会在他军事事业处在巅峰的情况下被捕呢？绝大部分原因是他引起了一些傲慢的上级对他的羡慕与妒忌。

当我们为荒唐无理的言辞和非难中伤而苦恼的时候，一定要记住我们需要掌握的第一个原则是：

对你刻薄的斥责往往能从另一面表现出人们对你的重视。

第二章　不去理睬不合理的批评

有一次，我去拜访有"地狱恶魔""老锥子眼"之称的史密德里·伯特勒少将。他是统领过美国海军陆战队的将军中经历最多姿多彩、又最会摆派头的将军。

他对我说，他在年轻的时候努力想成为一个最受人们欢迎的人物，想让身边的每一个人都对他有良好的印象。在那个时候，一个小小的批评都会让他难过半天。但是他承认在海军陆战队30年的生活让他变得坚强了很多。"我曾被人羞辱和责骂过，"他说，"他们骂我是毒蛇、臭鼬、黄狗。我还被'骂人专家'骂过，他们使用在英文里所有能想得出来却印刷不出来的脏字眼骂我。这会不会让我感到难过？不！要是现在听见有人在身后骂我，我甚至都不会回头看是什么人在骂。"

可能伯特勒将军对别人的羞辱太不在乎。可有件事是可以肯定的，在现实生活中我们多数人会把那种不值得一提的小事看得过于重大。几年前，有一个来自纽约《太阳报》的记者参加了我为成年人教育班举办的示范教学会，他在会上故意攻击和诋毁我个人，以及我从事的工作。当时我非常生气，认为这是对我人格的一种侮辱。我立即打电话给《太阳报》执行委员会的主席吉尔·何吉斯，强烈要求他刊登一篇文章，说明事实真相，而不是这样来嘲弄我。我下定决心要让那个当众侮辱我的记者受到应有的惩罚。

而现在，每当回想起当时自己的作为，我就深深地感到羞愧。到现在我才明白，买那份澄清事实真相的报纸的人大多不会看那篇文章；看到的人里边半数会把它当成一件小事；而真正注意这篇文章的人，又有一半会在几个星期之后就把此事整个忘掉。

普通人根本就不会想到我们，或关心别人批评我们的是什么话，他们只会想到自己在早饭之前和之后，一直到凌晨干了些什么事。他们对自己的小问题的关心程度，要强过关心我们的大消息一千倍。

即便是我们被别人说了闲话，被别人当成了笑话，被人骗了，被别人从背后捅了一刀，或者被最亲密的朋友出卖——也千万不要只知道自怜，应当提醒自己，想想基督耶稣所遇到的那些事——他的12个最亲密的门徒里，有一个人背叛了他，只是因为贪图赏金，折合成现在的钱只有19美元；他最亲密的门徒里还有一个人，在他遇到麻烦后公然背弃了他，还3次表白他根本不认识耶稣，一边说还一边发誓。出卖耶稣的两个门徒占他最亲密门徒的人数的六分之一，这就是耶稣遇上的事，为什么我们期望自己能够比他更幸运呢？

我在多年以前就发现，虽然我无法阻止别人对我作任何不公正的批评，可是我能为自己做一件更重要的事：我能够决定是否让自己受到那些不公正批评的困扰。

让我把这事说得更清楚些，我并不赞同人们完全不理会所有的批评，相反，我说的只是不理会那些不公正的批评。有一次，我就这个问题请教过埃莉诺·罗斯福，问她是如何面对那些不公正的批评的——老天知道，她所遭受的批评可真不少。她有过许多热心的朋友，也有许多凶恶的敌人，人数大概比任何在美国白宫居住过的第一夫人所遇的都多得多。她告诉我，她很小的时候就很害怕别人说她什么。她对批评的害怕促使她去向她姨妈，也就是老罗斯福总统的妹妹求助，她对姨妈说："姨妈，我想做一件事，但是我怕会受到批评。"

老罗斯福总统的妹妹用眼睛正视着她说："不要管别人说什么，只要你自己明白你是对的就行。"埃莉诺告诉我，当她在多年后住进白宫以后，她姨妈的这个忠告，一直是她的行事准则。避免所有不公正批评的唯一方式，是"只要做你内心认为对的事，就不必在乎别人的批评"。

"做也受批评，不做也受批评"，这就是埃莉诺对我的忠告。已故的马休·布拉，早年还是华尔街40号美国国际公司的总裁时，我问过他是否对他人的批评很敏感。他告诉我："是的，我早年对别人的批评十分敏感。当时我急于让公司里的每一个人都认为我很完美，要是他们不这样认为，我会感到焦急和忧虑。只要一个人对我有些怨言，我就会想办法取悦他。可是我取悦了他，总会让另一些人感到不满。等我想去讨好这些人时，又会惹恼其他的人。后来我发现，我越是想讨好别人，来避免别人对我的批评，敌视我的人就越多。因此，我对自己说，只要你自己卓越超群，就一定会受到批评，所以还是趁早习惯的好。这一点自我认识对我个人的发展有很大的帮助。从那以后我就决定尽自己最大的努力去做事，把自己的那把破伞收起来，让批评像雨水一样从身边流过，而不让它滴在脖子里。"

狄姆士·泰勒对待别人的批评更进一步，他会让批评的雨水流进他的脖子，并为此哈哈大笑一番，而且当众如此。有段时期，每个星期日下午，他会到纽约爱乐交响乐团举办的空中音乐会发表音乐评论，以此消磨时间，有个女士写信给他，骂他是"骗子、叛徒、毒蛇和傻子"。泰勒在他写作的那本叫"音乐与人"的书中写道："我猜想这个批评我的女士只是喜欢听音乐，而不喜欢听乐评。"第二个星期的节目里，泰勒把这封信通过广播宣读给几百万的听众——没过几天，他又接到那位女士的来信，她表示自己丝毫没有改变对他的意见。泰勒说："她仍坚持认为，我是一个白痴、骗子加叛徒。"这件事让我不得不佩服这种态度来接受批评的狄姆士·泰勒，他的沉着，毫不动摇的态度与幽默感令人钦佩。

查尔斯·舒韦伯在普林斯顿大学对学生发表演讲时表示，他人生中所学到的最重要的一课，是在钢铁厂里工作的一个德国老人教给他的。那个德国老人因为跟其他一些工人为战事问题发生了争执，而被那些人丢到了河里。"当他来到我的办公室时，"舒韦伯先生说，"满身全是泥和水，我问他对那些把他丢进河里的人怎么说？他回答：'我只是笑一笑。'"

舒韦伯先生说，后来，他就把这个德国老人的话当成他一生的座右铭——"只笑一笑"。当你成为不公正批评的受害者时，这句座右铭尤其好用。别人骂你时，你可以反唇相讥，可是对那些"只笑一笑"的人，你还能如何去说呢？

林肯要不是学会了对那些批评他的话置之不理，恐怕早就受不了内战时的压力而崩溃了。他用自身经历写下的如何处理批评的方法，已经成为文学上的经典题材。二战期间，麦克阿瑟将军就曾把这个方法抄下来，挂在他总部写字台后边的墙上。丘吉尔也把这段话镶在镜框里，挂在他的书房里。林肯的方法如下："如果我只是试着要去读——更不用说去回答所有对我的攻击，这家店不如关门去做其他生意。我尽我所知道的最好的办法去做——也尽我所能去做，那么，即使别人花费十倍的力气来说我做的事是错的，那也是毫无用处的。"

假若你遭到非难，请多考虑第二个原则：

不去理睬不合理的批评。

第三章　学会自我反省

如果去翻看我的档案柜，你会发现其中放有私人档案的一格柜子里有个档案袋，里面装的是我对"自己所干的愚蠢事"的记录。有时，秘书会根据我的口述做些记录。但因为有些事情牵涉到私人隐私，如果让秘书做记录，我自己都会不好意思，那就须我自己动手记录了。

那个档案袋名为"蠢事录"，我会时不时取出它重新看一遍，进行一番及时的自我批评。这样能帮我处理一些棘手的问题。

我曾经把自己所干蠢事的责任推卸到别人头上，但后来我发现每个人都应当承担起各自的责任。随着时间的推移，我逐渐变得成熟和理性后才认识到这点。很多人和我一样，随着年龄的增长而意识到这点。在流放到圣赫勒拿岛后，拿破仑说："我不应该让其他人承担失败的责任，全部问题出在我自己身上。我最大的敌人是自己，正是这个原因酿成了我现在的悲剧。"

1944年7月31日，一个深谙自我管理艺术的人——豪威尔，在纽约大酒店突然身亡。这个消息一经传出，立即震惊全国，对华尔街的股市造成了很大的影响。因为当时这位美国财经界的精英人物兼任了几家大公司的董事，还曾经出任美国商业信托银行的董事长。没有受过很多教育的豪威尔，曾经在小镇做过售货员，后来在一家国有钢铁公司的信用部当经理。从基层做起，经过多次升迁，才有了如此的成就。

我曾在豪威尔先生去世几年前，向他请教成功的经验，他这样告诉我：

我多年以来，一直坚持用日记本记录两天中的预约。我的家人知道我必须在周末晚上花些时间进行自我反省，并认真评估自己这一周的工作，他们从不奢望我会与他们共度周末。我会独自待在房间里，打开日记本，回忆这一周来经历过的会面、讨论及开会的过程。我对自己说："我能怎样改进自己的工作方法？我从这件事情中是否得到了什么经验？我那时的发言是否还可以更好？哪些决定是正确的，而哪些是值得再考虑的？"回顾这些事的时候，我甚至不敢相信有些蠢事竟然是自己干的。开始，这样的自我反省使我每周都很沮丧。然而，这样的情况已经随着岁月的流逝而变得愈来愈少，而且这种自我剖析的习惯对我能成就今天的事业有很大的帮助。

这种自我剖析的方法，可能是豪威尔从富兰克林那里得到的启发。而富兰克林的做法是在每天晚上都进行自我反思，而不会等到周末。富兰克林发现自己会为小事分心、爱与人争辩以及虚度光阴，而这只是他发现的自己13项严重错误行为里的3项。富兰克林清楚地知道，这些毛病必然会阻碍他的事业，必须及时做出改正。他为此制订出一个计划：每周必须找出一个缺点去改正，而且每天检查自己是否做到。当新的一周开始，他又会努力改掉另一个坏毛病。他坚持与自己的缺点战斗，并持续了两年。能够成为大众楷模的富兰克林，难道不正是因为这个原因才获得成功的吗？

"每个人的每天中最少也会有5分钟是在犯错误。"艾尔伯特·哈达罗这样说过。

著名诗人惠特曼也曾说："难道不能从那些反对你、批评你的人那里获得更多吗？促使你虚心学习的人，难道只是那些认同你、尊重你，并且欣赏你的人吗？"这番话点出了一种很普遍的情况：很多人对于批评往往很难接受，可真正有智慧的人却能从别人的批评中收获进步。

我们尽力把事情做到最好，这样比等待别人来指出不足更好。还是让我们先用最严格的目光来审视自己吧。我们应当在其他人发现自己的缺点之前先发现并改正它。为了完成流传后世的著作《物种起源》，达尔文就是这样做的。他在长达15年的时间中不停地自我剖析，并查找更多相关资料。这个里程碑式的学说如他所想象的那样，震惊了整个宗教界和学术界，这与他不断挑战、完善自己的理论是密不可分的。

被别人骂成猪头，相信任何人都是非常愤怒的。林肯总统如何处理这样的事情呢？他的战争部长爱德华·史丹顿因为他干预军务就曾这样骂过他。当时为讨好部分自私的政客，林肯下达了一项调动军队的命令。当有人告诉他史丹顿坚决不执行命令，还骂他脑子进了水时，林肯平静地说："我这就过去和他讨论一下。如果是史丹顿骂我愚蠢，那我真的应该好好反省一下。以前出现这种情况时，他基本上都骂对了。"

林肯是个有勇气接受他人批评的人。当他觉得你的批评确有道理的时候，一定会认真思考自己的不足，并虚心接受那些对他有益的建议。林肯来到战争部，在史丹顿分析并指出他的命令错在何处后，立即收回了命令。

罗斯福总统只敢奢望自己做对的事情的几率是75%。甚至爱因斯坦这位伟大的科学家，也曾承认自己的科学结论也许只有1%的正确率，任何时间里做出的理论，都有可能是错误的。没有任何人能够从来不犯错误，所以也应该懂得接受别人的批评。

法国作家拉劳斯夫说："人们对自己的看法，往往比不上敌人对自己的看法中肯。"

通常这些话都是被人们认同的。但当受到批评时，人们却很少提醒自己反思，而是条件反射般地采取抵制和防卫的态度。不管对方是否正确，没人喜欢被批评，而只喜欢被称赞。我们经常是很情绪化的，不能接受尖锐的批评，理性往往脆弱得像暴风雨中的小树苗般不堪一击。如果清醒些，谦和些，我们也许会想：要是他能指出我更多的不足，那就先虚心接受这些有益的批评吧！当别人谈论我们的缺点时，需要先做到不急于辩解。

假如是面对不中肯的人身攻击呢？我曾和其他人谈到一个观点——当你因恶意诋毁而大怒时，不如先想一想：是的，人并不是完美的。说不定这个批评是正确的，那我应当表示感谢才对，并设法在今后不犯类似的错误。连爱因斯坦这样伟大的人物，都承认自己所做的判断有99%的几率是错误的，我们至少也会在80%的时间里犯错误吧。就算不是，至少也起到一种提醒作用。

查尔斯·卢克曼以100万美元的高薪聘请鲍恩·霍伯出席广播节目。鲍恩从来只注重那些批评他的信，而不在意夸奖他的信，因为他清楚地知道从批评中才能获益。福特汽车公司也会为了摸清公司管理与运作中的缺陷，专门邀请员工对公司提出批评与建议。

我认识一个推销香皂的业务员。最初，他推销高露洁香皂时，只能接到非常少的订单。那时，他觉得这样下去自己肯定会失去这份工作。他知道产品本身和价位都没有问题，那么问题肯定要从自身挖掘。他经常主动请别人提出批评和意见，在销售情况不好的时候，他会停在路上并思考自己哪方面做得不对，是表现得不够热情，还是没讲明白产品的优点？他还会回访买过东西的客户："我返回来并不是为了出售香皂，而是希望能得到您的批评与建议。以您丰富的经验，相信能给我一些有益的忠告和建议。您可否告诉我刚才我哪里做得不足？恳请您告诉我您真实的看法。"这种真诚的工作态度使他得到了很多宝贵的收获，也结识了很多朋友。

后来这名普通的香皂推销业务员怎么样了呢？他成了当代最大的香皂生产公司——高露洁公司的总裁。他就是立特先生。

你想如豪威尔、富兰克林和立特那样出众吗？你能在工作和生活中积极地跟自己的缺点说"不"吗？

如果想的话，请多考虑第三个原则：

学会自我反省。

第四章　每天多清醒一小时

本书旨在谈论人怎样才能避免忧虑这个问题，那么，怎样消除疲劳将是本书的关键了。在日常生活中，一次感冒会让人全身酸痛，免疫力下降，然后困倦感就会产生。心理医生会告诉你，困倦容易让人产生忧虑、恐惧的情绪，空虚、烦恼等不良情绪也会出现。因此，预防疲劳就等于预防忧虑。

防止困倦是为了预防忧虑，这话是不是说得过于委婉了？对此，艾德蒙·雅各布森博士说得更直接。他担任芝加哥大学实验心理学实验室的主任，写过《消除紧张》和《你必须学会放松》两本书，多年来，他一直潜心研究放松紧张情绪的方法。那么，该如何面对紧张情绪呢？他说："精神和情绪上的紧张造成了所有的忧虑、烦恼和压力，只要让大脑完全放松，所有这样的症状都会随之消失。"

因此，休息是消除忧虑的首要途径，要利用好疲倦袭来之前的时间休息，使我们紧张的情绪得以完全放松。

休息为什么对我们如此重要呢？因为疲劳一旦积累到一定程度的话，将会影响人工作的质量。美国陆军曾做过多次实验，证明即使是年轻人，要是在军事训练中每小时休息 10 分钟的话，他们的行军速度就会加快，而且更为持久，因此陆军军规规定他们必须这样做。其实，我们的心脏也像美国陆军一样。每天心脏要流过能够装满一节火车油厢的血液量；心脏每天提供的能量，相当于你用一把铲子把 20 吨煤装到一个 3 英尺高的平台上。一个人的心脏能够完成如此巨大的工作量，真是难以置信，而且，还要这样持续工作 50 年、70 年，甚至 90 年。在这样漫长的时间里，它如何能承受得了呢？哈佛医学院的沃尔特·坎农博士说："很多人都认为人的心脏一天 24 小时都不停忙碌，事实上，每一次压缩过血液之后，心脏就会休息一小会儿。心脏以正常频率每分钟跳动72次，如此算来，24小时里心脏实际上只工作了9小时，而其他的15个小时都是间隔的休息时间。"

二战时，年近70岁的丘吉尔仍在指挥英国军队同德军作战，他每天要工作16个小时，真是一件难以置信的事情。那么他是如何工作的呢？每天清晨起床后，他开始工作，看报告、下命令、打电话，有时还会在床前召开重要会议，中午11点才下床吃点东西，然后上床稍微休息一小时。8点钟吃晚餐前，他会再休息两个小时。在疲惫的感觉开始之前，他就已经睡觉了，因此，疲劳不会困扰他。他预防了身体疲劳感的发生，这样他就能够以饱满的精神工作到深夜。

约翰·洛克菲勒创造了两项惊人的纪录：一是，他赚到了巨额财富，成为当时世界上最富有的人；二是，他活到了98岁的高龄。那么他又是如何做到这两点呢？当然，他家族里的人都很长寿，这种遗传基因是重要的。但最重要的是他过着有规律的生活，每天午餐后，他都会在办公室里休息半个小时，在办公室的沙发上午睡时，哪怕美国总统打来电话，他也不会去接。

《人为什么会疲倦》的作者丹尼尔说："并不是说非要睡得昏天黑地才叫休息，休息其实是及时补充身体所需的养料。哪怕只稍稍睡上5分钟，我们疲劳的身体都会得到改善，也能够有效预防疲劳。"棒球明星康尼·麦克曾对我说："每次比赛前，我都会睡一会儿午觉，否则打到第五局时，我全身都会感到非常疲惫。但只要休息哪怕5分钟，我也会精神饱满地打到最后一秒钟。"

当第一夫人的12年中，埃莉诺·罗斯福夫人又是如何面对紧张生活的呢？她告诉我说："每次需要接见很多人或者在众人面前发表演说之前，我都会坐在椅子上，闭目养神20分钟。"

前不久，我采访了演艺界的著名人物乔恩·奥特里，我惊奇地发现他的办公室里放了一张床。乔恩·奥特里解释说："每天下午我都要在这张床上休息片刻，两场演出中间，我都会休息1小时。在好莱坞拍电影时，即使是在最繁忙的日子里，我也会找来一把软椅子，以便躺下来休息。我睡上20分钟后，工作起来更有精神。"

大发明家爱迪生一生中发明了很多东西，个中原因除了他身体强壮之外，还有他想睡就睡的习惯，这些都让他在工作中精力充沛。

我在商界名人亨利·福特80岁生日前夕采访了他。让我疑惑的是，他的样子依然精神抖擞。我问他有没有什么秘诀，他说："很简单，我能够坐着就绝不站着，能躺下就绝不坐着。"

现代教育之父霍勒斯·曼也采用同样的方法。他担任安提奥克大学校长时年纪已经很大了，因此接见学生时经常会躺在椅子上。

我曾向一个朋友提议尝试这个方法，后来他告诉我，这个方法十分有效，他就是好莱坞大名鼎鼎的导演杰克·切特克。几年前他是米高梅影片公司制片部主任，繁重的工作经常让他疲惫不堪。他尝试过很多种方法，喝矿泉水、吃维他命含片等，但都没有一点效果。

我建议他每天休息一下，方法非常简单，就是在工作时，时常躺下来让自己尽可能地放松。

两年后我们再次见面，杰克好像变了一个人似的。他兴奋地对我说："你的方法太神奇了，连医生都觉得十分惊讶。以前我和别人谈剧本时都是坐着，这让我很疲惫。现在，我都是躺在沙发里开会。我感到自己的精神比20年前还要好，每天能多工作两个小时，再也没有过疲惫的感觉。"

然而并不是每个人都适合这种方法。如果你是一个打字员，就没有办法像爱迪生或杰克·切特克那样，每天在办公室里休息一会儿。如果你是一名会计师，你也没有胆量躺在长沙发上和上司讨论账目。假如你住的城市不大，每天中午回家吃饭时，挤出10分钟时间休息，便可避免劳累。二战时期，马歇尔将军感到指挥美军部队非常紧张，因此十分需要午睡。如果你已经年过50，却忙得连一点点的休息都做不到，那么趁早买人寿保险吧。

假如你没有办法做到这一点，晚饭前一定要记得抽空休息一小时，这比喝酒提神有效得多。如果你能在下午5点或6点时休息一小时，你每天的生活将增加一小时的清醒时间。因为晚饭前休息一小时相当于夜里休息六个小时，这样，大部分疲惫将不再困扰你。

上边所说的经验不仅对从事脑力工作的人有效，对体力工作者也同样有效。如果休息充分的话，那么你将可以胜任更多的工作。管理学专家弗雷德里克·泰勒在担任贝德汉姆钢铁公司工程师时，曾做了一个试验证明这一点：一个工人如果每天往货车上装运12.5吨钢材，没过中午他就会非常疲惫。泰勒做了一次定性研究，调查是什么让工人们产生疲劳。按照他的计算，人们应该能够运40吨以上的钢铁而不至于这样疲劳。

泰勒选择施密特先生作为他的试验对象，让他按照规定的作息时间安排工作。有个人负责站在施密特旁边测算时间，到了规定的休息时间就让他停下来。

　　结果怎样呢？别人每天只能装运12.5吨钢铁，然而施密特每天却能够轻轻松松地装运47.5吨钢铁。弗雷德里克·泰勒在贝德汉姆钢铁公司工作的3年中，施密特的工作效率从来都没有降低过。他能够以如此高的效率工作，是因为他能够赶在疲劳来临之前稍作休息，每小时他只工作26分钟，其余的34分钟用来休整。他休息时间是工作时间的一倍半，但他的效率几乎是别人的4倍。

　　让我们将美国陆军的经验变成自己的经验吧。按照你的心脏给你的提示去做，在感觉疲劳之前休息。假如你能够掌握这一技巧，就不会再受到疲劳的困扰了。

第五章 是什么让你疲劳

有一个也许很多人都想象不到的事实，它的确会令你非常惊讶：是的，脑力工作者不会因为用脑而疲倦。这个事实影响了我的一生。不论人的大脑进行多久的运作，都不是产生疲劳的主要原因。这是多年前，对人的大脑机能进行了仔细而充分的研究后，从事脑神经研究的科学家们得出的结论。人们曾经从伟大的科学家爱因斯坦身上抽血研究，血液里并没有找到任何有害的疲劳毒素，即使是在他已经整整工作了一天的情况下。而从一个正在进行体力劳动的人身上抽出血液研究，却发现他的血液里含有多种有害物质和疲劳毒素。这表示如果只是脑力劳动的话，大脑并没有产生疲倦感，即便已经工作8个或者12个小时之后，它与工作前并没有什么不同。那究竟是什么原因让你感到疲倦呢？

心理学家通过研究相信，大部分疲劳是由精神和情绪因素引起的。哈德菲尔德，这位英国有史以来最著名的心理学家在其所著《心理的力量》一书中说道："人们的疲劳感大部分是由心理因素造成，而不是由生理原因造成的。实际上，单纯因生理引发的疲劳反而极其少见。"

美国另一位非常著名的精神病理分析家布里尔博士对此有这样的精辟论述："心理因素，也就是情感因素，这是一个健康的脑力劳动者全部疲劳感的源头所在。"

哪些心理因素会让坐在办公室工作的人感到非常疲倦呢？很明显，快乐、满足等积极的心理因素肯定不是疲劳的原因。使人们感到疲惫的因素必定是忧虑、烦躁、懊丧、愤怒、仇恨……这些消极的无形杀手。匆忙、失落、犹豫等等，这些会给人们带来负担的心理因素都是导致办公室工作的人们精神疲惫的原因。心理学专家威廉·詹姆斯所著《怎样放松心情》中说："美国人有种种不折不扣的坏习惯：精神过度紧张、坐立不安、烦躁以及自然显现的痛苦不堪的表情等。"紧张和放松都是人们的习惯，只是有好坏的分别。好习惯应该慢慢培养，坏习惯则应该改掉。这种改变也会让你的生活和工作产生实质性的变化，为此花上很多精力也是非常值得的。

如何才能够放松自己呢？从神经开始，还是从内心开始？其实倘若一个人不能学会首先放松肌肉，这些办法都不可能解决问题。那么又要如何放松肌肉呢？让我们先从眼睛开始吧。读完这段后，将身体靠在椅子上，闭上眼睛，在心中对自己轻轻说："放松，再放松，不能再皱眉，不要紧张，要放轻松些，再放轻松些……"就这样持续一分钟，用慢慢的速度念。

过了一会儿后，你是否已经感觉到眼部的肌肉已随着你心中所念的放松的声音而轻松下来呢？就像一只无形的手，把那些紧张的、急迫的、让人浮躁的烦恼都抹去了一样，心情也变得轻松了起来。你也可以用同样的办法，放松你的脸、整个头部、颈部、上肢，等等。你的整个身心都可以用这个方法放松。你已经学会了放松情绪的秘诀，只花了你一分钟的时间。这也许有些出乎你的意料。当然，你最需要放松的也是最重要的器官，还是你的眼睛。芝加哥大学的杰克布森博士说："你完全有能力忘记你的所有烦恼，假如你能够彻底放松眼部肌肉的话。"眼睛为什么如此重要呢？医学告诉我们，眼睛占据了我们身体所有精力的四分之一，甚至那些视力正常的人也是一样，每个人都会因为眼部的原因而觉得疲劳和紧张。

著名女作家维基·鲍姆小的时候曾经摔过一跤，这一跤给她的人生带来了很重要的影响。当时她被一位老人救起，老人对她说的一番话，让她感到终生受益。老人告诉她："你应该试着把自己想象成一只袜子那样柔软，像一只柔软的旧袜子那样。这样才能让你放松下来。不懂如何放松会让你容易受伤。来，小姑娘，我给你示范，你也来试试看。"

接着，那个老人就教维基和她的小伙伴们如何像一只旧袜子般放松。如何跳、如何跑、如何翻筋斗，他教她们如何照那句有益的话做："假如能把自己想象成一只柔软的旧袜子，你就能够放松下来。"

放松，能让你消除全部的压迫感和紧张感。你在任何地方都能随时放松下来，但不必特别刻意。首先，重点放松一下眼部，然后是脸上的肌肉，直到你可以觉出脸部肌肉甚至整个身体都如同婴儿般自然地放松。这期间你只需不断地提醒自己："放松！放松！再放松！"

著名女高音盖莉·库尔奇也经常采用这个办法。她在表演前会让全身的肌肉放松，连下颚也低垂着。她就这样完全瘫在一张长沙发里，从而让身心松懈下来。她每次登台之前都会这样放松自己，这也是她不会感到紧张的秘诀，并且有效地防止了疲劳的产生。

对于如何放松，本书有四项详细的建议：

首先，能够时刻让身体柔软得像一只旧袜子。也许很好笑，但工作的时候，将一只旧袜子放在书桌上能够很好地提醒我们应当放松到怎样的程度。如果不能找到一只旧袜子，那就换成一只猫吧。印度瑜伽术的始祖应该算是猫儿了，当你抱起它时，就能真切地感受到它的柔软和放松，那毛茸茸的头和四肢像打湿了的报纸一样软。当你想不起应该如何放松时，就应该多观察观察猫。要是能像它一样放松自己，一切烦恼肯定烟消云散。

其次，尽量保持正确的舒服的工作姿势。因为肩膀的酸痛和精神上的疲劳，多是因为身体的紧张和姿势的不正确引起的。

还有，每天都要告诫自己，多反省几次："有没有把不好的精神力量用在了工作上？我能否再放松和舒适些？"这些都能帮你养成正确的放松自己的好习惯。如芬克博士所说："三分之二的疲倦都是由不良习惯引起的，完全可以避免。"

最后，当夜晚来临时再反省一遍，问自己："我是不是疲倦了？如果真的感到疲倦，就应该从我做事的方法中找原因。"乔士林说："我应该看到的是一个十分有精神的自己，如果感到劳累或精神上十分疲惫，并不是我的工作多么好，而相反是一种失败。我明白，这一天在工作上我是失败的。"如果人们都可以掌握放松和对抗疲劳的方法，那么精神病院里再也不会有因过度疲劳而精神崩溃的人，如果美国企业的管理者也能了解并督促员工使用这一方法，就会大大降低因精神紧张而引发疾病甚至导致死亡的概率。

希望更多人掌握精神焕发的钥匙，让疲劳远离生活。

第六章　让疲劳永远消失

我的助手在去年秋天的一个下午参加了在波士顿举行的一场医学座谈会，这次会议是为了帮助因焦躁苦闷而发病的人们，实际上是一次心理治疗实验，所以，与会者都是一些经医院诊断为精神失常的女人。

为什么要开这样的座谈会呢？1930年，著名心理医生约瑟夫·布拉特博士发现了一项令人震惊的事实：多数来看病的患者在生理上其实并没有什么问题，但是在别人看来，他们的病症却是很严重的。有个妇女患的是严重的手指关节炎，十根手指都疼得动不了。而另外一位好像患有胃癌。还有很多人，她们头痛、背痛，总是觉得疲惫，甚至无缘无故地突然感觉疼痛。虽然她们有这些古怪的现象，但是在进行了全面的身体检查后，却查不出任何生理上的病变，如果换了以前的医生，一定会觉得是她们过重的思想负担导致了幻想症。

布拉特博士是个经验丰富的医生，他清楚地知道，这个时候，无论对她们说什么，都不会有什么效果的，也根本不能解决问题。而且，如果真的那么轻易就能解决，她们哪里还需要跑到医院来呢？

因此，他决定举办这种特殊的座谈会。18年来，几千名患者通过参加这种座谈会得到了康复，有一些人每年都会参加。我的助手和一位连续9年参加这种座谈会的妇女进行了交谈。她说，一开始，她坚信自己得了肾病和心脏病，这让她长期处于忧虑之中，有时甚至会引发间歇性失明。通过参加座谈会，她想开了很多，对人生也恢复了自信。现在，她已经到了花甲之年，并且已经当上了外婆，然而别人都以为她不过40岁。她说："无论如何，你都不会觉得以前的我和现在的我是同一个人。以前，我曾经痛苦得想要自杀，而现在我终于知道了那些不良情绪会损害健康。我还明白了，要想创造出新生活，只有靠自己的力量。"

露丝·海夫汀博士认为，找知心的朋友倾诉，是治疗烦恼最有效的良方，她称之为"宣泄疗法"。她说："每次病人来看病，总是牢骚满腹，她们不能控制自己苦闷的情绪，急切地将郁闷、忧愁、苦恼都说给你听，希望从你这里得到宽慰。当然，我们有责任帮助她们排解忧愁，我要做的是尽可能减少她们的痛苦，使她们看到人世间的真情，从而感受到生活在这个世界上是有意义的。"

我的助手曾亲眼目睹这种方法的奇特疗效。

有一位女士最初来参加座谈会时，活像一只受惊的小鸟，内心恐惧不安。不久，她就可以正常交流了，她滔滔不绝地倾倒自己的苦水，大谈与这个世界格格不入的看法和观点，并很快平静下来。座谈会结束时，她笑了，笑得非常轻松。那么，这是否意味着她已康复？不会那么容易，她只是在语言的交流中体会到了大家庭的温暖，感到在这个世界上自己还是被关心和同情的。这短暂的成功来自语言的魅力，语言在治疗过程中产生了巨大的作用。

说实话，语言的沟通使心理分析产生功效，自弗洛伊德时代起，心理学家就明白，如果病人将长期的苦闷倾诉出来，他们就可以得到放松，至少他们的忧虑可以减轻许多。这是什么原因呢？大概他吐出了心里话，就可以摆脱内心的不安，让自己清醒一些，从而发现问题的根源。或者说，"倾吐心中的郁闷"，能让自己完全放松一次。

因此，下次当你再感觉烦闷的时候，不妨找个人来倾诉一番。这样做并不是让你变得唠唠叨叨，而是要挑选对象，起码是你信得过的朋友，比如医生、亲戚或者神父。告诉他你自己有些什么苦闷需要倾诉，即使他们帮不了你，却能坐在那里认真地做你的听众，这样对你也是非常有益的。把烦恼全都倾诉出来，是最基本的治疗手段，再配合一些别的方法，这对你自我治疗或许有一定的促进作用：

1. 有些作品能够使人获得精神力量，你不妨将它们剪辑成册，当遭受挫折时，就将它翻出来，并找到那些使你心情愉悦的文字读一读。现在大家都比较认可这种疗法。

2. 不要过分计较别人的过失，就算你的丈夫（或妻子）有什么样的毛病，你也要清楚，如果他样样都完美，那他就是"神"，而不是"人"了。

难道不是这样吗？有一次，有个每天只知道对丈夫挑三拣四的女人参加了治疗座谈会，主持医生问她，如果她的丈夫突然去世了，她会怎样呢？她顿时清醒了，在一张纸上满满写上了丈夫的优点。

如果你对和某个男人结婚感到后悔，你不妨试试这种方法，然后你会发现，他并不是像你认为的那样讨厌，而且非常爱你。

3. 尽量向身边的人多奉献爱心。有一个保守的女人，她没有一个朋友，但是后来，她努力让自己学会放松，并且主动与他人交往，现在，她已经过上了非常快乐的生活。

4. 在入睡之前，把明天要做的事情计划好。繁重忙碌的工作让人心情厌烦并且沮丧。为了让自己不至于手忙脚乱，就必须事先把事情的条理梳理清楚，而且要掌握好时间。当所有的事情都能顺利完成，你自然就会有满足感。

5. 远离疲劳和紧张，让自己放松下来。疲劳和紧张对你的伤害远远超出最厉害的魔鬼。如果你想安静下来做点事情，就必须学会放松下来，你可以轻松地躺在地板或者沙发上，木板床是更好的选择，利于消除烦闷和紧张的情绪。你不妨试试下面这几种方法，坚持一周，或许会有效果：

（1）一旦感觉不舒服，就在地板上平躺好，舒展四肢，然后打个滚。每天这样做两次。

（2）闭上双眼，对自己说："阳光照在我的脸上真舒服，蔚蓝的天空是温柔的，大自然是美好宁静的，我是上帝的孩子，此刻正与自然界融为一体。"在心里反复默念这些句子。

（3）如果躺在地板上不方便，可以坐在硬木椅上，也能产生相同的作用。将腰杆挺直，双手平放在大腿上，保持轻松的心情，伸伸脖子，活动一下筋骨。

（4）从脚趾开始收放肌肉，慢慢移至腿部，最后到达头顶，并使头部和脚部一样用力地收放。这样反复多次，然后，轻轻对肌肉说："别紧张，要放松！"

（5）尝试以一定节奏的深呼吸来调整内心的焦虑。

（6）想象一下自己脸部的皱纹，再想象将它慢慢抚平。一天重复两次，这样产生的快乐心境能消除衰老的痕迹，或许能使你不必进美容院，就能恢复美丽的容颜。

第七章　四个良好的工作习惯

要形成良好的工作习惯，首先应做到：写字台上除急需处理的文件外，其他的都收起来。芝加哥西北钢铁公司的总裁威廉姆斯说过："将桌上不用的文件收拾整齐，与将桌上堆满各种文件相比，前者的工作效率要远高于后者。我认为前者是一种聪明的方法，也是提高效率的第一步。"

当步入华盛顿国会图书馆时，你会在天井的石雕上看到著名诗人赫普的名言：自然法则的第一条，就是井然有序。

第一个良好的工作习惯是：把事情安排得井然有序。

但现实中人们的表现又如何呢？职员中的绝大多数，都会在办公桌上堆放大量的闲置文件。《新奥尔良报》的发行商曾对我提到，在他的秘书清理桌子时，一台两年前丢失的打字机竟意外地被发现。

桌上堆放着的信笺、文件及备忘录，那些东西让人看了就头痛，工作起来更是毫无头绪。而人们也不去收拾，还会找来各种借口，什么最近太忙啦、无从下手啦等等，给自己制造出不必要的麻烦，最糟糕的是会因此引发高血压、心脏病及胃溃疡。

宾夕法尼亚大学医学院教授发表了一篇题为"功能性神经衰弱——常见的机体并发症"的报告，这篇报告很有见解。教授在这篇报告中提出了11项需要患者改进的精神状态，第一项是："责任感过于强烈，工作起来无休止。"

然而，就算是把写字台整理得很干净整洁，你的心理疾病也未必就能因此得到控制。

著名的心理医生萨德勒没花多少时间就治愈了一位神经衰弱者。那个人是芝加哥一家大公司的主管，他患上了严重的忧郁症，于是来到萨德勒医生的诊所。

这名主管一点都不清楚自己每天都在做什么，虽然病情越来越严重，但是他看上去并不像得了什么病，所以他没有理由退出工作岗位，只好向心理医生求助。

萨德勒医生是这样描述那天的情况的：

> 那天，我正要和他交谈，但是却有好几个电话接连打进来。第一个是医院打来的，我迅速给了答复；第二个是紧急电话，我和对方稍微讨论了一下便做出了回应；第三个是我的朋友打来的，向我询问精神病患者的治疗意见。当我接完电话正要向他道歉时，却发现他已经放松下来了，像换了一个人似的。
>
> 他说："没关系，医生，在你接电话的时候，我想了很多，我突然明白了自己的不足之处。我回去后会努力改进，让自己过得轻松些。在那之前，能否让我看看你的抽屉？"
>
> 我拉开了抽屉，里面除了一些办公文具，几乎什么都没有。他说，你没有要做的文件吗？我说都已经做完了，没有任何工作拖欠下来，如果工作太忙，就由我口授让秘书执笔。
>
> 6周以后，我应他邀请来到了他的办公室，我们又见了面。他发生了很大的改变，他的桌子和抽屉除了文具什么都没有，这一点是跟我一样的。他对我说："在6周前，这里还有两间办公室，那里摆放着三张办公桌，桌子里塞满了文件，不曾想过去整理。但我在你那里很受启发，回来后，马上清理办公室里的杂物。你看，我现在只用一张桌子，心情感到非常轻松，只要有了工作，我就立刻做完，决不拖延，也不再为以前累积的欠账而发愁了。这个功劳应归于你，我现在有非常好的精神状态和健康的身体。"

哈格斯曾是美国最高法院院长，他这样说过："再多的劳动也不会致命，而过度的烦恼和忧愁却能使人丧命。"在工作上，致人死命的真正原因是烦恼过多和忧虑过度。

第二项良好的工作习惯是：处理事情要有重点。

创建城市服务公司的杜赫曾经说过："思维敏捷和分析事情的轻重缓急，是用多少金钱都买不到的两种具有创造性的能力。"

莱克曼是派珀秀登公司的老板，他原来是一个穷光蛋，奋斗了12年后，最终跻身于百万富翁之列，他是杜赫所提到的两种才能的受益者。莱克曼说："不知从何时起，我养成了清晨5点起床的习惯。一起床，我的思路就相当清晰，马上开始一天的工作安排，很快决定怎样进行具体操作。"

贝特格从事保险业，他是全美业绩最好的保险业务员。他安排一天工作的时间是在前一天夜间而不是在清晨5点，并且要求自己在第二天达到某个标准。如果第二天没有达到，就将其差额再加在第三天的标准数额上。

经验告诉我们，要人总是井井有条地做事是件困难的事情。但是有秩序地开展工作，要比蒙着眼睛瞎做事更有效。

如果萧伯纳做事没有条理，他就无法成为世界闻名的作家，只能一辈子做一个小小的银行职员。他希望自己出人头地，所以为自己制订下每天写5页作品的计划，即便是在过得最绝望的9年里，他的总收入只有30美元，他也没有放弃这样的计划。

第三项良好的工作习惯是：当机立断、赶快行动。

我以前的学员豪威尔虽然已去世了，但他曾对我讲过的一件事还是令我记忆犹新。当时他担任全美钢铁公司董事，在董事会审议提案时，花了大量的精力准备的许多提案，只有小部分被通过，大部分在争吵中被搁置了。这使得各位董事还得将这些提案带回家去继续研究。经过据理力争，他说服董事会每天只对一个提案进行审议，而且必须讨论出最终结果，不可留到下一次会议。这样，效率果然大大提高了，问题顺利解决了，董事们再也不会因为这些事情烦躁不安了。所以，这个好习惯值得每个公司的董事会借鉴。

第四项良好的工作习惯是：学会领导、权力下放和监督。

许多事业有成的老板不懂得权力下放，独揽大权，然而人的精力毕竟是有限的，要想事事都做得完美是不可能的。所有的事情都亲自去做，肯定导致忧虑。我知道，想放心地把权力分给别人是很难的，如果用错了人，后果将不堪设想，但是为了避免不必要的忧虑和苦闷，除了下放权力，没有别的办法。

自主创业的人多半都很忙，如果不养成领导、权力下放和监督这三项好习惯，就准备五六十岁便死于劳累吧。若你不相信，认为这些是耸人听闻，那就去看看每天在报纸上发布的讣闻吧。

第八章 如何预防烦闷

看看艾丽丝的例子，就能明白厌烦心理确实是导致身体疲劳的最主要原因了。

艾丽丝在公司里负责主管工作，忙了一天的她回到家后，感觉全身像要散架一样，倒在床上就能立刻睡着，当然什么东西也吃不下。妈妈做了好吃的关心地劝她吃，她也只是应付着吃上几口。可当男朋友这个时候打来电话，约她出去跳舞，她顿时精神抖擞，如吃过兴奋剂一般。她开心地哼歌，上楼换了最好看的衣服，直到凌晨3点才回到家。直到她躺到床上，还兴奋地睡不着。

她是不是真的累了呢？为什么她的男朋友打来电话约她玩，她所有的劳累全都不见了呢？是的，她的确累了。由于厌倦自己的工作，她感到十分疲惫和不开心。可她会带着希望憧憬着未来。或许你也像她一样，因为有这种相似心理的人不在少数。

心理上的厌烦比工作中的劳累更容易让人感到疲倦，这一点是没有争议的。几年前，巴麦克博士为了证明疲劳是由厌烦情绪产生的，曾经让他的学生参与了实验。实验中，学生们都表现出昏昏沉沉、焦虑不安、异常疲惫的情况，甚至有人觉得胃口也出了毛病。这个实验就记录在他的那本《心理学档案》中。这些不适的表现是故意装出来的吗？

答案当然是否定的。对学生们新陈代谢的检查表明，工作顺利的情况下，他们的情绪就会比较稳定，新陈代谢也大大加快。相反，感到疲倦时，氧的消耗量会成倍下降，新陈代谢也降低了。

我曾在加拿大落基山度假，在那次远距离的旅行中，我穿过恼人的灌木丛、荆棘林，冒着随时会摔倒的可能跋山涉水，并沿途在克莱尔河中钓鱼。我并没有感到十分疲劳，纵使长途跋涉是如此辛苦。这是为什么呢？要知道，钓鱼对我来说是多么有意思的事情，我所有的辛苦就在钓到很多大鱼的时候变成了甘甜。假如我对钓鱼毫无兴趣，结果又会怎样？人们对某些事情产生热情时，就不会有疲劳感。否则对任何人来说，要翻过一座海拔7000英尺的大山都是一种痛苦的折磨。

登山这种体力消耗极大的运动，是否会把身体搞垮，主要取决于人的思想和精神。让我们看看明里阿波利斯的金融巨头金曼先生以下的经历，相信你更能体会到这点：

> 为帮助森林巡逻队训练，1953年7月，加拿大政府指定登山协会抽调一些高手为他们做向导，这其中也有我。在50岁左右的向导的带领下，经过115个小时的历程，我们过河、爬山，经过专业训练的年轻登山队员全都累趴下了。
>
> 甚至大部分人没有顾上吃就睡了，年长他们很多的向导们不仅从容地吃过晚餐，还在睡觉前谈笑风生，丝毫看不出疲倦的样子，这是为什么呢？这就是因为他们十分热爱这项体育运动。

那些年轻人又为什么疲惫不堪，因为训练没有目的性吗？当然，有点常识的人都不会认为是这个原因。其实，最大的原因是登山活动没有激发出他们的热情，他们对此并不热衷。索达克博士曾让几个年轻人通过不同的方式在一个星期内没睡觉。根据这项有趣的实验，他写出了一份报告，说明产生疲劳的根源是烦闷心理。如果你是一个脑力工作者，工作中的压力和紧张情绪就成为你工作效率下降最可能的原因，不是因为工作量大，而是这一切让你感到很厌烦：要经手很多的琐事，信函也处理不完，工作效率不高，还没有时间赴约。你就这样拖着沉重的脚步回到家，沮丧、疲惫，并且感到很头疼。转天，你能够很好地处理这一切，并且效率惊人，回家后也觉得一切都是那么舒畅。相信大部分人肯定有过这种经历，我们能从中得到些怎样的启示呢？那就是疲劳的根源在于烦闷情绪。我看了科恩的喜剧作品《展船》，里面的安迪船长有这样一段台词："我一生的好运就在于我做着自己喜爱的工作。"能做自己喜欢的事，并从中得到一些乐趣，没有太多的烦恼和厌倦，这其实就是一种幸福。这对我写作的这段日子，也有很好的启示。

有位俄克拉荷马石油公司的女职员，她每天上班的内容，就是把一些数据写在已经印好的合同书上，然后机械地进行统计。这种工作实在是没什么发挥创造性的空间，枯燥得很。她能凭赞誉、感激、晋级、加工资来犒赏自己么？不，她将工作做了调整，使它变得有趣。即使没有任何奖励，她也能从中享受到真正的快乐。本来的枯燥工作变得有趣了，她也因此没有了烦恼的感觉。这个真实故事中的女职员，后来成为我的妻子。

下一个故事的提供人是戈尔登小姐，对工作非常富有热情的她告诉我们：

> 在我工作的单位里有4名女同事，每人负责处理4到5人的信件。忙不过来时，我经常感到焦头烂额。一天，我拒绝了副经理要我重新打印一封很长的书信的要求。我对他说没必要重新打，修饰一下就可以。他很直接地对我说："不想做的话，还有别人。"我非常气愤。但当我重新打字时，一想到这份工作来之不易，就平静下来。在那一刻，我决定要让自己成为最出色的女秘书。我要调整心态，这时我发现，如果工作快乐，精神上就没有压力，心情舒畅。如果再把工作当作享受，效率就会成倍增长。通过这样的改变和自己的努力，我得到了上司的表扬。不久，经理让我做他的秘书。吃苦耐劳的确是人生最大的财富。

戈尔登小姐的成功，与汉斯·维亨格教授的哲学相符，他要求我们在痛苦中寻找快乐，去"想象"工作中的乐趣并坚持下去，这样，对不感兴趣的工作，你也就会产生兴趣，甚至喜欢上它。那么，也就避免了你的忧愁和烦闷。

几年前，霍华德的工作十分单调，他想让自己的工作变得有情趣一些。当那些同龄的男孩不是在打棒球，就是在同女孩子谈情说爱时，他却被安排到餐厅里洗盘子、擦柜台、分送冰淇淋。他不喜欢这份工作，但为了生存，还得干下去。他试图"诱导"自己的兴趣，他对什么感兴趣呢？他要自己对冰淇淋的生产过程发生兴趣。就这样，他很快成了顶尖化学高手。接着，他又对营养化学发生了浓厚兴趣，并立志要主攻食品化学，结果他得偿所愿，考入了麻省理工学院。纽约的可亚交易所以"怎样使可可变成最佳巧克力"为题开展征文活动，并提出为获奖的学生资助奖学金，他参加这次征文活动，荣获金奖。

大学毕业后，因为还没有找到合适的工作，他便租了一间地下室用作自己的工作室。不久，新法律的出台给他带来了希望，政府文件规定：牛奶公司的产品必须经过细菌数目检测后方可上市。他在牛奶公司找到很多活，一个人忙不过来时，他还雇用了两名帮手。

再过25年，那些年轻人将成为食品营养化学方面的主力，而我们将告老退休。25年后，霍华德也许已经成了该领域的导师，他的同学却可能在接受救济，也可能还沉湎在自暴自弃中，或哀叹怀才不遇。事实上，如果不想方设法把自己认为的低贱工作做得富有情趣，他就不会有成功的机遇。

萨姆因为找不到适合他的好工作，只得留下来继续做他觉得十分枯燥的工作——生产螺丝。他在无奈中想，是否可以把工作变得有趣一点呢？他还要靠这份工作生存。他这样想着，便与另一位工人在这份生产螺丝的工作中开展竞赛，比谁干得又快又好。萨姆不久就因技术精湛被调入另外一个部门。这个部门的技术含量比较高，他的工资也连升好几级。原来十分厌恶这项工作的他，30年后成为一家工厂的董事长兼总经理。不难想到，如果不是他想办法使工作变得有趣而勤奋努力，也许这辈子他都只能是个普通工人。正是他的上进决定了他日后的成功。

考登·波恩用了一年的时间净赚5000美元，成为当时法国的推销之王，可是谁又知道他年轻时其实是个法语掌握得不多的毛头小子呢？他成功后自豪地对人们说，这一年在法国的工作经历，比在哈佛大学进修一年，单纯学习书本上的知识来得更有意义，他也确实了解到自己有这方面的能力。

他对法国的文化习俗有了相当深入的了解，这期间积累的宝贵经验，让他可以胜任之后从事的欧洲报道。在法国，不太懂法语的人干推销，而能跃居一流推销员的行列，是什么原因呢？他告诉大家自己的经历：

> 我在上门拜访前就把所有法文版的推销台词背熟。主妇听到门铃开门出来时，我开始说法语，背出那些拗口的广告词，当然是用我那显得滑稽的美国口音。她们听到我用美国式法语推销，被逗得哈哈大

笑，我说："我是美国人、美国人。"我递给她们法文的宣传单和广告词，当气氛逐渐融洽时，再递上幻灯片。当然我每天必修的功课，就是出发前对着镜子给自己鼓劲儿，因为我也不是每次都充满信心。

他觉得自己如果不做这些显得滑稽的表演，做任何事都会没意思。他乐于从按动门铃的那刻起，就让自己成为在舞台上闪耀的吸引人的角色。从这样的经验中我们可以看出，当对工作投入极大热情的时候，它也会让你赢得丰厚的回报。

他说："每天早上不如给工作下个赌注，提醒自己，就这样加把劲吧！这样还未完全清醒的身体就动了起来，身体的每个部位也都充满活力。"渴望获得成功的美国青年从他这里得到了激励，他们崇拜这位靠努力在国外站稳脚跟的同乡。

心理学家说，每天用积极向上的思想鼓励自己，是健康心理所必需的。一厢情愿地对自己进行鼓励，这似乎有点可笑。但就在1800年前，罗马皇帝马可·奥勒留在《马上沉思录》中说过一句流传后世的名言："通过思想才能创造人生！"

我们如果能够经常激励自己，就能在生活和工作中都充满热情。常常提醒自己吧，让我们多一些时间思考勇气、幸福和安宁的意义，你会得到更多的收获。

想降低你心中对工作的厌倦感，就要有正确的策略。上司布置任务的时候，一定是希望员工可以很好地接受，并且出色地完成任务。而多拿一些薪水又何尝不是员工的想法呢？先不论你的上司将如何考虑，从个人的角度出发，你当然也想在自己的岗位上获得更多的成功和更大的进步，不是吗？当你因为这种想法而扎扎实实地工作，并竭尽所能为更高的目标努力并取得进步，还会担心没有出路吗？更详尽的说法就是，如果因个人的努力把工作干得出色，这样不仅烦恼会消失，也会不断得到晋升，获得的薪水也将不断增加，这是一个很好的良性循环。就算没有物质上的奖励，工作中的你也可把烦恼降到最低限度，这样工作中的快乐才真正属于你。

第九章　不再为失眠忧虑

人在睡眠中度过了三分之一的人生，然而睡眠的价值却不为人所知，只被当成很自然的事情，实际上，我们对人体对睡眠时间的需求并不了解。

失眠会使你忧虑吗？国际著名律师安特梅尔一生竟没有睡过一天安稳觉。还是在上大学时，他患了哮喘病，这使他无法安睡。因无法医治，气喘和失眠几乎要了他的命。因为无法入睡，他只能看书，这倒造就了他出色的成绩，乃至被誉为"天才"。当律师后，失眠症状仍然不见好转，他只有不断自我激励。他有坚强的信念，尽管睡眠时间短，但身体依然很强壮，精力比任何律师都充沛，每天的工作量几乎超出常人的承受范围。

虽然他年仅21岁，但年薪却已经达到7.5万美元，这是许多同龄人无法企及的高度。1931年，他办了一件案子，律师费超过了100万美元。这时的他业绩非常突出，但依然失眠：午夜，他还在看书读报，凌晨5点时还在写信。别人刚开始工作，他的工作差不多已经完成。他一辈子都不知道睡好觉的滋味，但他对此一点也不在意，不然的话他早就见上帝去了。虽然如此，他却很长寿，一直活到81岁。

保罗·凯因是一位匈牙利士兵，一战中他脑部受伤，痊愈后就无法入睡，世界上任何催眠术、镇静药都无济于事。这真是一大奇迹，人们对睡眠的认识也因此打破了。

人们对睡眠有不同的需求，差别非常大。交响乐指挥大师托斯卡尼尼每天只睡5小时就够了，卡尔文·柯立芝总统的睡眠时间却超过他两倍以上，柯立芝每天需要11个小时的睡眠。也就是说，柯立芝总统的一生花在睡眠上的时间差不多有一半，而托斯卡尼尼只要五分之一就足矣。

我的一个学生因为失眠几乎要自杀。失眠带来的忧虑所造成的危害远远超过失眠本身。这位学生对我说：

> 原来我的睡眠很正常，闹钟都不能叫醒我，所以经常迟到，总挨老板的骂，他甚至说要开除我。
>
> 我的一个朋友建议我睡前注意闹钟的声音。结果可以想象，那讨厌的滴答声搅得我不得安宁。结果我整夜都不能安眠，甚至无法入睡。好不容易熬到天亮，我没有一点儿精神，像得了一场大病。失眠后，我的精神几乎崩溃，整夜焦躁不安地在房间里走动，甚至想从窗户跳下去。
>
> 我去找心理医生，他说："我帮不了你，只有靠你自己解决。你晚上躺下时，就不要想睡觉这回事，告诉自己：有什么大不了的，不就是一夜不睡吗？然后闭上眼，什么都不要想就行了。"
>
> 也怪，经过两个多星期的试验，我渐渐能睡着了。不到一个月我就恢复了正常。

睡不着而想自杀，原因不在失眠，而是失眠引起的焦虑。

芝加哥大学著名的失眠研究权威克莱德曼教授说："失眠没什么可怕的，其引发的生理伤害也比无故而生的心理压力要小，而后者才是健康的最大敌人。"他说，那些担心自己失眠的人，通常比自己想象的睡得多。那些发誓自己一整夜都没合眼的人，事实上很可能睡了几个小时。

举个例子：

> 斯宾塞是19世纪著名的思想家，他一直到老年都没有结婚。他每天不停地说自己失眠的事情，大家都被他弄得很烦。为了睡觉，他会用耳塞塞住耳朵以抵御外界的吵闹声，甚至吃鸦片催眠。一个晚上，他和牛津大学教授塞斯在旅馆同一个房间住，第二天早上斯宾塞说他一夜都睡不着，实际上，一夜未眠的是塞斯，因为斯宾塞的鼾声吵得他没法睡觉。

有安全感是睡安稳觉的第一个必要条件。大卫·哈罗·芬克博士曾写过一本名叫"消除神经紧张"的书，提出了和自己身体交谈的方法。他认为语言是所有催眠法的关键。如果你想摆脱失眠困扰，就要对你身上的肌肉说："放松下来，放松下来。"每个人都知道，人的肌肉紧张时，思想和神经也会跟着紧张。因此，想要入睡，就要先放松肌肉。让自己的下颚、眼睛、手臂和双腿都放松下来，这样我们就能很自然地睡着了。

此外，还有一种治疗失眠的有效方法，就是让自己疲惫。你可以去种花、游泳、打网球、打高尔夫球、滑雪……著名作家德莱塞就是这样做的。当他还是个为生活苦恼的年轻作家时，也曾经因为失眠而忧虑过。他在纽约中央铁路公司找了一份铁路工人的工作。在做了一天打钉和铲石子的工作之后，累得吃着晚饭就睡着了。

如果我们疲惫到了极点，走在路上都能睡着，即使是在打雷，或者打仗，都能睡得很香。著名的神经科医生福斯特·肯尼迪博士告诉我，1918年，英国第五军在欧洲战场上撤退时，他就见过一些士兵，累得倒在地上就睡，像昏死过去一样。就算撑开他们的眼皮，他们也不会醒来。他们每个人的眼球都在眼眶里向上翻起。"从那时起，每当我睡不着，就把眼珠那样翻起。不到几秒钟，我就会开始打哈欠，很想睡觉，这是一种自动反应，我没有办法控制。"

从没有人会选择不睡觉的方式来自杀。大自然不管一个人的控制力多强，都会迫使他们进入睡眠。长时间不喝水或不进食，我们都可做到，不睡觉却是无法做到的。

>作为心理障碍诊所的副总裁，亨利·林克博士曾多次与因忧虑而沮丧的人交谈。他曾在《人的再发现》一书中的"消除恐惧与忧虑"这章里，谈到他对一个坚持要自杀的人说的话："既然你要自杀，何不像个英雄那样，绕街道跑至力竭而亡。"
>
>果然，那个人去试了，不只试了一次，而是好几次，每次都会让他感到舒服一些。直到第三天晚上，林克博士最初的目的终于达到了——这个病人很沉地睡着了，因为他的身体十分疲劳（同时也放松了肉体）。后来他加入了一个体育俱乐部，以便尝试多种体育项目，不久便打消了自杀的念头。

预防失眠,以下五种方法可供尝试:

1. 失眠时不妨先起来做其他事,不要勉强自己入睡。
2. 失眠不会导致死亡,导致健康下降的原因是由失眠而引发的紧张情绪和精神压力。
3. 多做祈祷,多唱赞美诗。
4. 经常锻炼身体,使心情放松。
5. 以超常的运动来消耗更多体力,这样也可使人入睡。

轻经典

出 品 人：许　永
责任编辑：许宗华
特邀编辑：林园林
装帧设计：海　云
印制总监：蒋　波
发行总监：田峰峥
投稿信箱：cmsdbj@163.com
发　　行：北京创美汇品图书有限公司
发行热线：010-59799930

创美工厂　　创美工厂
微信公众平台　官方微博